Estado e Gestão Pública

VISÕES DO BRASIL CONTEMPORÂNEO

Estado e Gestão Pública

VISÕES DO BRASIL CONTEMPORÂNEO

2ª edição

Organizadores
PAULO EMÍLIO MATOS MARTINS
OCTAVIO PENNA PIERANTI

FGV
EDITORA

ISBN 85-225-0547-0

Direitos desta edição reservados à
EDITORA FGV
Rua Jornalista Orlando Dantas, 37
22231-010 — Rio de Janeiro, RJ — Brasil
Tels.: 0800-021-7777 — 21-3799-4427
Fax: 21-3799-4430
e-mail: editora@fgv.br — pedidoseditora@fgv.br
web site: www.fgv.br/editora

Impresso no Brasil / *Printed in Brazil*

1ª edição — 2006
2ª edição — 2006
1ª reimpressão — 2007
2ª reimpressão — 2008
3ª reimpressão — 2009

Revisão de originais: Claudia Martinelli Gama

Editoração eletrônica: FA Editoração Eletrônica

Revisão: Aleidis de Beltran e Mauro Pinto de Faria

Capa: Inventum design

Ficha catalográfica elaborada pela Biblioteca
Mario Henrique Simonsen/FGV

Estado e gestão pública: visões do Brasil contemporâneo / Organizadores Paulo Emílio Matos Martins, Octavio Penna Pieranti. — 2. ed. — Rio de Janeiro : Editora FGV, 2006.

340p.

Inclui bibliografia.

1. Administração pública — Brasil. 2. Políticas públicas — Brasil. I. Martins, Paulo Emílio. II. Pieranti, Octavio Penna, III. Fundação Getulio Vargas.

CDD — 353

Sumário

Prefácio

Transformações sociais, econômicas e políticas no mundo contemporâneo, aliadas à recorrência de críticas contundentes e de ineficiência crônica na gestão pública, acentuaram as pressões para maior eficácia ou natureza diferente do setor público. Por vezes, os ataques constantes ao *status quo* administrativo colocam em causa a própria viabilidade da administração pública, ou seja, sua capacidade de promover o progresso e a ação redistributiva.

Na verdade, a administração do desenvolvimento tem sido a gestão da ineficiência e da escassez aguda de recursos, acalentada pelos sonhos de eficácia e de abundância.

No entanto, a consciência sobre a ineficácia da administração em relação à eqüidade política, econômica e social tem reacendido as propostas não só para redefinir as funções do Estado, mas, também, para rever seus métodos de ação e forma de contornar as instituições públicas existentes. Frustrações dos cidadãos e desejos de reforma tornam o repensar a administração algo sempre atraente, principalmente quando se proclama a reconstrução da administração pública como algo oposto ao tradicional.

Durante algum tempo, presumiu-se que a modernização efetiva viria naturalmente com o avanço da democracia: haveria uma redistribuição dos recursos de poder e a alteração dos canais de comunicação entre o público e sua administração. Mas a prática da democracia não ocasiona por si só o desenvolvimento almejado. A democracia é uma precondição para o debate e para o envolvimento das pessoas. Produz participação, cidadania e a esperança como companheira.

A administração brasileira necessita experimentar o inusitado de maneira mais efetiva e vigorosa. As formas, os sistemas, as modas e os estilos devem ceder lugar a novos enfoques e pensamentos.

Reconstruir ideais e rever propostas revigora as expectativas para um novo desenvolvimento e dá, àqueles que têm o dever de ingerência e a paixão por realizar, alternativas para aprimorar suas ações.

Estado e gestão pública: visões do Brasil contemporâneo fornece uma nova consciência sobre problemas, necessidades e possibilidades administrativas: mostra o valor do saber acumulado para propor alternativas e dar novo alento à transformação das práticas de gestão.

Nas páginas seguintes, há um convite generoso à reflexão: os leitores são conduzidos a um passeio por questões relevantes e que têm representado desafios para a gestão pública brasileira. Pesquisadores experientes lançam olhares aguçados, penetrantes e sábios sobre vários temas. Como empreendedores do saber, questionam o tradicional e se aplicam com vigor na busca do inusitado. Vão além do óbvio, do lugar-comum, do familiar e do conhecido. Produzem novas perspectivas para melhor compreender e atuar na administração pública.

Pela amplitude rara, a obra demonstra a própria complexidade do tema. Não se trata de uma seleção aleatória, mas de uma escolha cuidadosa de autores e temas. Apesar da diversidade, há uma consistência na qualidade das análises.

O livro revela, ainda, o vigor da Ebape na produção do conhecimento e na análise de dimensões críticas da gestão pública. Assim, sinto-me honrado e feliz por oferecer o prefácio a este livro tão bem planejado por Paulo Emílio Matos Martins e Octavio Penna Pieranti.

Paulo Roberto Motta
Coordenador do Curso de Doutoramento em Administração
Ex-diretor da Ebape/FGV

A sociedade tecnoglobal e o trabalho*

*Paulo Emílio Matos Martins***

A revolução científico-técnica e o trabalho

Num primeiro momento, a evolução do conhecimento revoluciona apenas o mundo da ciência. Foi assim que Galileu (1564-1642), ratificando a tese copernicana do heliocentrismo (1543), revogou o geocentrismo de Ptolomeu como modelo de concepção do cosmos. Do mesmo modo, Einstein (1879-1955), questionando o absolutismo da física newtoniana, propôs a sua teoria da relatividade (1905), e o modelo atômico moderno vem se tornando cada vez mais complexo desde que nossos ancestrais da Hélade proclamaram a indivisibilidade da partícula elementar da matéria.

Com a ampla difusão e aplicação do conhecimento científico, o mundo da tecnologia constrói máquinas, equipamentos e ferramentas que, incorporando novos saberes, introduzem mudanças no nosso modo de vida. Quando essas transformações revolucionam a organização social, vivemos o alvorecer de uma nova era, com suas também novas formas de relacionamento social. Não foi de outro modo que a evolução do conhecimento

* Este ensaio desenvolve idéias antes propostas em Martins (1994a, 1994b).

** Professor titular e coordenador do Programa de Estudos de Administração Brasileira na Escola Brasileira de Administração Pública e de Empresas (Ebape) da Fundação Getulio Vargas (FGV).

sobre astronomia e da arte de navegação e de construção naval resultou na invenção da bússola, do sextante, da caravela e na "descoberta" do Novo Mundo. Ato seguinte, o contato com os novos povos iria transformar radicalmente (tragicamente, para os ameríndios) o futuro, ao mesmo tempo em que introduziria significativas mudanças nas sociedades de todo o mundo.

Muito mais tarde, a evolução do conhecimento teórico sobre a termodinâmica e a eletricidade propiciaria a construção das máquinas térmicas e elétricas, bem como a fantástica transformação que o universo da produção – a partir de então, de grande escala – sofreria. Nascia assim a Revolução Industrial, com novos papéis e novas formas de relacionamento social e um novo conceito de espaço de vida coletiva e de viver.

Na seqüência revolução científica, revolução técnica, revolução social, nova revolução científica, nova revolução técnica etc., é possível historiografar todo o processo civilizatório.

O surpreendente desenvolvimento da eletrônica e das tecnologias de informação, nomeadamente a partir da segunda metade do século passado, tem provocado mudanças significativas no nosso dia-a-dia e na forma de nos relacionarmos. É certo que essas relações (entre comunidades nacionais, Estados, culturas, Estado e sociedade, trabalho e capital, mercados e mesmo entre atores individuais) hoje se redesenham com estonteante velocidade e alcance universal, sendo factual que essas mudanças, agora propelidas por uma revolução de base informacional, nos surpreendem ainda prisioneiros do velho paradigma da revolução anterior (de base energética) e, assim, perplexos e desarmados de uma teoria social adequada aos novos tempos e capaz de dar conta do desafio de interpretar uma sociedade sob o impacto da informação de abrangência global e efeito instantâneo. Assim visualizadas, as grandes transformações que hoje experimentamos estão mais próximas (na sua natureza) das mudanças que a invenção dos tipos móveis de Gutemberg nos legou do que daquelas introduzidas pelas máquinas termelétricas da Revolução Industrial.

Não é esse, entretanto, o tema deste ensaio. Ainda que muito sedutora, essa temática será aqui abordada apenas como pano de fundo das grandes transformações por que passa a humanidade nos tempos atuais, tendo o trabalho como vetor dinamizador e transformador da vida social no limiar de uma nova era histórica.

Uma leitura semiológica da evolução do trabalho

Em um artigo publicado na revista *Human Resource Management*, Posner, Randolph e Wortman (1975), estudando a evolução histórica do significado do trabalho, propõem um modelo de análise bidimensional, em que uma das dimensões é o tempo (história) e a outra a "distinção entre trabalho e não-trabalho" (dimensão simbólica). A figura 1 apresenta esse modelo.

Figura 1
História x significado do trabalho

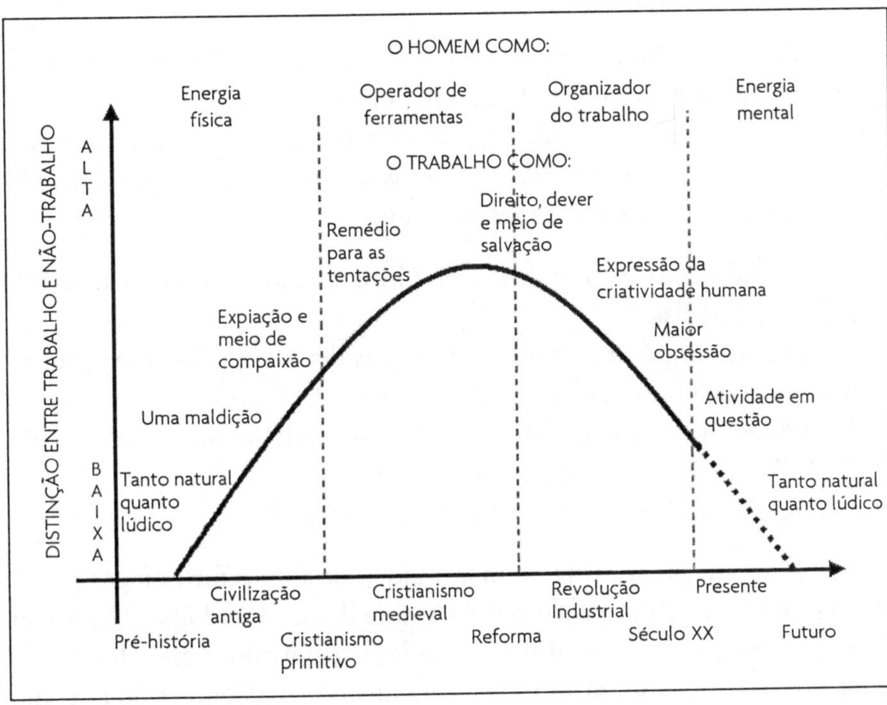

Fonte: Posner, Randolph e Wortman (1975).

De acordo com a visão otimista desses autores, a partir de sua origem pré-histórica – quando, supostamente, inexistia a distinção entre trabalhar e não-trabalhar e essa atividade era tanto natural quanto lúdica – até os dias atuais (uma jornada de mais de 500 mil anos), o esforço na labuta humana assumiria os seguintes significados:

- na pré-história: uma atividade lúdica;
- na antiguidade: maldição divina ou dos vencidos e escravizados;
- nos primórdios do Cristianismo: forma de expiação do pecado e meio de compaixão;
- no Cristianismo da Idade Média: remédio para as tentações;
- com a Reforma protestante: direito, dever e meio de salvação;
- na Revolução Industrial: expressão da criatividade humana;
- no início do século XX: maior obsessão;
- nos dias correntes: uma atividade em questionamento;
- no porvir, resgatando o seu sentido prazeroso original: uma prática tanto natural quanto lúdica.

O modelo dos autores de "A new ethic for work?" divide a história em quatro grandes períodos, de acordo com as revoluções técnicas que o trabalho conheceria e os papéis que estas reservariam para seus executores. Segundo a citada trinca de autores, são os seguintes esses papéis em cada um dos segmentos históricos mencionados:

- da pré-história até os primórdios do Cristianismo (c. 500000 a.C.-400 d.C.): energia física;
- da queda do império romano às primeiras décadas da Reforma protestante (400-1700): operador de ferramentas;
- do período pré-Revolução Industrial até as primeiras décadas do século XX (1738-1911):[1] organizador do trabalho;
- do início do século XX em diante: energia mental.

Sem dúvida, otimista, num mundo onde alguns futurólogos profetizam sombrios cenários para o devir, a tese de Posner, Randolph e Wortman parte de uma constatação histórica – o já mencionado caráter lúdico do trabalho nas sociedades primitivas – para uma visão redentora do trabalho – o resgate de seu significado original e do prazer experimentado por seus realizadores –, como conseqüência das novidades que a nova revolução técnica (microeletrônica) introduz.

[1] Admiti, como a data-limite superior deste intervalo, a da publicação da obra de Frederick Winslow Taylor, *The principles of scientific management* (1911).

Se, por um lado, o determinismo da previsão daqueles estudiosos sobre o futuro do trabalho é questionável, por outro, há o reconhecimento de que, entre os povos das sociedades humanas primitivas, as atividades de construção, caça, pastoreio, artesanato, assistência aos enfermos e acidentados e, até mesmo, as da guerra estavam tão impregnadas de significados sagrados e festivos que seria mais apropriado identificá-las como formas de celebração, diversão ou jogo, do que, propriamente, como maldição e sofrimento – idéia esta que surgiria mais tarde com a difusão, no Ocidente, do pensamento judaico-cristão.

Ratificando o significado de atividade lúdica da semiose do referente trabalho nas primeiras sociedades humanas, o nativo brasileiro Thini-á, da nação Fulni-ô, respondendo à questão sobre como traduzir para a língua do seu povo o verbo "trabalhar" (de nossa cultura), por mim formulada em um seminário acadêmico, disse, após algum tempo de silêncio e reflexão: "fingir viver" (Martins, 2001).

Em reforço a essa tese, Guerreiro Ramos destaca:

> O trabalhador pré-industrial era privado de refinadas atividades de lazer, mas era dono de si mesmo, não um fator de produção a ser tratado como mercadoria, e avaliado de acordo com a lei da oferta e da procura. Seu trabalho deixava-lhe amplo espaço para propósitos através dos quais podia atualizar livremente seu potencial individual.
>
> (Ramos, 1981:106)

Referindo-se especificamente ao trabalho nas culturas da antiguidade clássica e da Idade Média, como ilustração do seu paradigma paraeconômico e de sua lei dos requisitos adequados, assim se manifesta aquele mesmo autor (Ramos, 1981:173):

> No passado as pessoas tinham numerosas oportunidades de se entregar a formas genuínas de convivência e à busca de esforços pessoais, completamente livres de qualquer relação com o mercado.
>
> Ao proporcionar a seus membros essas oportunidades, as sociedades antigas interpretavam-se como réplicas do cosmos, e assim se conformavam a prescrições de caráter sagrado, ou quase-sagrado. Em tais

> sociedades, as pessoas dispunham de muito tempo, não relacionado à sua condição de trabalhadoras, no qual se poderiam engajar em objetivos autogratificantes. Em seu calendário, o caráter das horas, dos dias, dos meses e dos anos refletia o interesse que tinham pelas múltiplas implicações da dimensão sagrada da vida.

Ainda de acordo com o mesmo autor:

> Na Idade Média, 167 dias em cada ano eram dias de não trabalhar, incluindo 52 domingos. Os dias destinados a festividades e a feriados excediam os dias de trabalho, na Grécia do fim do primeiro século antes de Cristo. Em Roma, mais ou menos no mesmo período, 65 dias eram reservados para os jogos. Na Roma da segunda metade do segundo século da era cristã, os jogos ocupavam 135 dias e, mais tarde, no quarto século, 175 dias (...) Agora, mal se pode captar o sentimento de festividade e de celebração que animava aquelas datas calendárias. Ao contrário, é fundamental nas sociedades contemporâneas o fato de que não há dias, no calendário, livres da penetração das prescrições temporais inerentes ao mercado, que se apoderou das funções das agências sagradas e se transformou no árbitro da temporalidade como um todo. (Ramos, 1981:173)

Se os dias de festividades abundavam no calendário das sociedades antiga e medieval do Ocidente, também o caráter escravista e feudal, respectivamente, desses períodos fazia com que apenas muito poucos pudessem usufruir a riqueza produzida pelo trabalho do escravo ou do servo – o "homem energia" e o "operador de ferramentas" da taxionomia de Posner, Randoph e Wortman.

Na mitologia grega, Sísifo – o rei-sábio que encontrava solução e remédio para tudo – é condenado a carregar uma grande pedra até o cimo das colinas do Tártaro, para vê-la rolar montanha abaixo repetidas vezes. Esse esforço inútil e sem fim do herói, que ousara delatar Zeus a Asopo como raptor de sua bela filha Egina, ficaria como metáfora da angústia que o trabalho penoso e desprovido de sentido provoca.

Assim, os povos fundadores da civilização ocidental têm significado o trabalho como atividade imposta, sofrida, sem sentido – forma de expiação do pecado e maldição dos vencidos. Herdeiros do mais pesado legado da tradição judaico-cristã – o estigma do trabalho como punição e forma de expiação do "pecado original" –, esses povos, a partir da cristianização da cultura ocidental, foram buscar no primeiro capítulo da Bíblia – seu livro sagrado – a significação de trabalho que ditariam às classes oprimidas desde então:

> Maldita seja a terra por tua causa!
> Com o trabalho penoso dela tirarás o sustento todos os dias de tua vida. (...)
> Com o suor do teu rosto, comerás o pão; até que voltes ao solo, donde foste tirado.
>
> (Gênesis, 3, 17.19, p. 15)

Para essas culturas, afeitas à prática do escravismo – onde poucos usufruem o resultado da labuta de muitos –, o trabalho assumiria o significado de condenação dos vencidos.

O padecimento de Adão – expulso do Éden e condenado a trabalhar para prover seu próprio sustento – ou o de Sísifo – vendo, impotente, desperdiçar-se o esforço de uma sofrida e inútil labuta – institucionalizaram na cultura ocidental a *semiose* de castigo do referente trabalho.

Com a expansão do império romano, as atividades hoje ditas produtivas iriam confundir-se com o sofrimento dos condenados ao *tripalium*,[2] raiz etimológica da palavra trabalho nas línguas neolatinas.

Também em outros idiomas ocidentais o referente trabalho tem sido associado a castigo/sofrimento. No latim clássico, *labor* denota fadiga e tem como conotações doença, desgraça e dor. Em grego, *pónos* significa pena, sofrimento, cansaço. Em alemão, *arbeit* se origina do antigo verbo designativo das pesadas atividades físicas impostas aos órfãos como condição de sobrevivência. No inglês (língua do povo da antiga província romana da Britannia), o significante de trabalho é também a expressão latina *labor*.

---

[2] Do latim: três paus – instrumento de tortura ou para ferrar cavalos.

Por outro lado, a cultura oriental, a partir de outros fundamentos filosóficos, éticos, religiosos e políticos, reserva para o trabalho dezenas de signos, entre os milhares de ideogramas de sua escrita. No mandarim, língua falada em grande parte da China continental, Kae Lih Luostarinen relaciona oito significantes (de dois ideogramas cada um) utilizados para representar a atividade produtiva: *láo dong* (esforço + movimento), *gong zuò* (operar + realizar), *zuò jè* (realizar + função), *gong jiàn* (operar + algo), *zhi jè* (exercer + função), *jè wu* (função + serviço), *zhi wù* (exercer + serviço), *ling huó* (espalhar + movimentar). Nenhum destes, todavia, associado às idéias de pena, sofrimento ou maldição, como na cultura do ocidental (Martins, 2002).

No japonês tradicional, *arubaito* (atividade temporária) é a representação mais comum para o referente trabalho. Neste mesmo idioma, após a chegada dos estrangeiros e *dekasseguis* (em busca de ocupação remunerada), essa atividade passaria a ser representada por "três K" – *ktsui* (penoso), *kitanai* (sujo) e *kiken* (perigoso) –, numa flagrante ilustração de contaminação de uma cultura por outra.

Ainda que se possa questionar, com base na idéia imperativa do pleno abastecimento social, a proposta de redução da jornada produtiva sugerida pelas novas tecnologias, parece claro que o sentido que o trabalho iria assumir na sociedade industrial está completamente impregnado do espírito da racionalidade utilitarista da economia capitalista em substituição ao seu caráter sagrado anterior, como adverte Guerreiro Ramos nos excertos já destacados.

Em sintonia com o otimismo dos autores do modelo analisado, o sociólogo italiano Domenico de Masi salienta: "O progresso tecnológico eliminará cada vez mais trabalho humano, (...) todo esforço físico e parte do esforço intelectual poderão ser delegados a máquinas e (...) ao homem restará o monopólio das atividades criativas" (Masi, 1993:48). Ilustrando essa afirmativa, aquele autor destaca que a nossa vida média (80 anos) é seis vezes mais longa que a do homem de Neandertal e superior ao dobro da dos nossos avós (34 anos), que trabalhavam cerca de 120 mil horas ao longo de suas vidas, enquanto nós trabalhamos aproximadamente 80 mil – 60% a mais do que a jornada de trabalho dos nossos filhos (prevista em 50 mil horas), os quais, por sua vez, terão uma expectativa de vida aumentada para cerca de 103 anos (Masi, 1993: 45-46).

Também para Drucker (1993:48), as previsões sobre o trabalho na sociedade pós-industrial são bastante otimistas: "A única política em longo prazo que promete sucesso aos países desenvolvidos é transformar a manufatura, para que ela deixe de ser baseada na mão-de-obra e se torne baseada no conhecimento". Como o processo manufatureiro tradicional é intensivo em energia física e/ou em horas de operação de ferramentas e as novas tecnologias exigem o conhecimento de um considerável repertório de teorias e modelos (energia mental), podemos concluir que a idéia de Drucker leva à mesma visão redentora do trabalho de Posner, Randolph e Wortman, formulada quase duas décadas antes da publicação de *A sociedade pós-capitalista.*

Hammer e Champy (1994:54-55), discorrendo sobre o modismo da reengenharia, assim se expressam:

> À medida que o trabalho se torna mais multidimensional, ele também se torna mais substantivo. A reengenharia elimina não apenas o desperdício, como também o trabalho não-adicionador de valor. (...)
> Após a reengenharia, o trabalho se torna mais satisfatório, pois o trabalhador obtém, de seus serviços, uma sensação maior de conclusão, fechamento e realização (...).
> O trabalho em um ambiente pós-reengenharia exibe um aspecto instigante: se os serviços são mais gratificantes, eles também são mais desafiadores e difíceis. Grande parte do antigo trabalho rotineiro é eliminada ou automatizada. Se o antigo modelo se compunha de tarefas simples para pessoas simples, o novo se constitui de serviços complexos para pessoas espertas, ò que torna mais seletivo o ingresso na força de trabalho. Poucos serviços simples, rotineiros e não-especializados serão encontrados em um ambiente pós-reengenharia.

Corroborando a idéia de um futuro onde o trabalho resgataria o seu caráter lúdico original e sua riqueza de desafios, ainda que se tornando mais elitista, Hammer e Champy reafirmam a tese de recuperação de seu sentido original (perdido), com a superação da visão utilitarista-racional-instrumental que a era industrial propagou universalmente. A análise desses autores sugere, assim, a mesma visão romântica: o trabalho não-rotineiro, mais complexo e gratificante, em outras palavras, desafiador, criativo e lúdico.

É interessante observar, todavia, que esse trabalho desafiador e prazeroso está associado à realização de atividades intensivas em criação, como é o caso da pesquisa científica, do fazer artístico e da invenção. Isto é, aquele que conserva as características do modo artesanal de trabalhar. O depoimento de Louis Lumiére (1893) – um dos pais do cinema – é riquíssimo como ilustração desse fato: "Durante toda uma carreira já tão longa, se fui levado a resolver problemas de ordens diversas, e se pude chegar a realizações felizes, que tiveram alguma repercussão, foi porque, guiado pelo desejo e pela necessidade de conhecer, eu me diverti loucamente no trabalho, em toda a minha vida".

A bela poesia de Gonzaguinha na canção "Um homem também chora" é uma revelação inequívoca do conteúdo sagrado que o trabalho assume para aqueles que o praticam na plenitude racional-emocional de sua natureza: "Um homem se humilha/ se castram seus sonhos./ Seu sonho é sua vida/ e vida é trabalho/ e, sem o seu trabalho,/ um homem não tem honra/ e, sem a sua honra,/ se morre/ se mata./ Não dá pra ser feliz (...)" (Gonzaguinha, 1983).

Outro ponto a considerar no modelo dos autores de "A new ethic for work?" é a aparente imprudência de localizar o ponto de inflexão de sua curva de evolução histórica do significado de trabalho coincidentemente com a Reforma protestante. Com efeito, não é evidente que as idéias reformadas do Cristianismo tenham tido poder suficiente para determinar a reversão da tendência ascendente daquela curva. Ao contrário, Weber não deixa dúvida sobre como o modo de produção capitalista, que a nova ética protestante consagra, veio contribuir ainda mais para a dicotomização dos significados etimológicos de *negócio* (do latim: *nec* + *otium* = não ócio) e *lazer* (do latim: *licere* = ser lícito), denunciando, assim, o capitalismo industrial como uma "ordem de coisas inalterável", na qual o trabalhador deve viver e à qual deve submeter-se. Na realidade, o pensamento weberiano sobre a ética do trabalho aprofunda ainda mais a distinção entre os significados de trabalho e não-trabalho, elevando-a ao grau de dicotomia entre vida e não-vida (Weber, 1974:188):

> A empresa nos dias atuais é um imenso cosmos, no qual o indivíduo nasce, e que se apresenta a ele, pelo menos como indivíduo, como uma

ordem de coisas inalterável, na qual ele deve viver. Obriga o indivíduo, na medida em que ele é envolvido no sistema de relações de mercado, a se conformar às regras capitalistas. O fabricante que permanentemente se opuser a estas normas será economicamente eliminado, tão inevitavelmente quanto o trabalhador que não puder ou não quiser adaptar-se a elas será lançado à rua sem trabalho.

Kujawski (1988:46) metaforiza na ditadura do relógio – instrumento de uso enormemente difundido a partir da Revolução Industrial – a forma que o trabalho assumiria nesse novo modo de produção e, ainda, como o modo de relacionamento social então introduzido rapidamente se universalizaria:

> O industrialismo veio consagrar o trabalho industrial como o padrão absoluto e universal de qualquer trabalho. O símbolo do trabalho industrial é o relógio, tiranizando a sociedade ao jugo do tempo abstrato, rigidamente dividido, de modo a mecanizar a conduta humana segundo a mesma regularidade daquelas engrenagens delicadas, concebidas e construídas na atmosfera silenciosa e recolhida de tantos cantões idênticos à Genebra de Calvino. O padrão do trabalho mecanizado invadiu e dominou os mais diferentes setores da indústria, ameaçando transformá-la, desde o século XIX, em indústria e comércio cultural. O espírito do trabalho industrial penetra a literatura, a pintura, a música, em tantas tendências modernistas e futuristas. Stravinski chega a definir a música como a combinação de sons segundo certo intervalo. Como se fosse possível impor esse ritmo férreo a um escritor como Jean-Jacques Rousseau, que se confessava irregular e preguiçoso. Ou a um Goethe, sempre tão sujeito aos caprichos da inspiração, ou a um Nietzsche, oscilante entre suas visões e sua embriaguez.

A crítica à visão negativa de trabalho introduzida com a nova ordem capitalista industrial parece não se esgotar nos pensamentos transcritos. Dejours (1992:129) chega a afirmar:

> A loucura do trabalho e, em particular, sua caricatura no sistema taylorista e na produção por peças é capaz de neutralizar completamente a vida mental durante o trabalho. Nesse sentido, o trabalhador encontra-se, de certo modo, lesado em suas potencialidades neuróticas e obrigado a funcionar como uma estrutura caracterial ou comportamental. Efetiva-se assim, artificialmente, pelo choque com a organização do trabalho, o primeiro passo para uma desorganização psicossomática experimental.

Integrante da mesma corrente crítica do pensamento social, Forrester (1997:136), no seu livro com o sugestivo título de *O horror econômico,* denuncia o caráter singular da nova revolução técnica no que concerne a essa atividade e à economia de modo geral:

> Houve, sem dúvida, tempos de angústia mais amarga, de miséria mais acerba, de atrocidades sem medidas, de crueldades infinitamente mais ostensivas; mas jamais houve outro tempo tão fria, geral e radicalmente perigoso.
>
> Se a ferocidade social sempre existiu, ela tinha limites imperiosos, porque o trabalho oriundo das vidas humanas era indispensável para aqueles que detinham o poder. Ele não o é mais; pelo contrário, tornou-se incômodo. E aqueles limites esboroam-se. Será que se entende o que isso significa? Jamais o conjunto de seres humanos foi tão ameaçado na sua sobrevivência.

Do mesmo modo Rifkin (1995:5), refletindo sobre os impactos da revolução da microeletrônica nas economias desenvolvidas, destaca:

> Mais de 75% da força de trabalho na maior parte das nações industrializadas estão desempenhando funções que são pouco mais do que simples tarefas repetitivas. (...) Só nos Estados Unidos, isto significa que, nos próximos anos, mais de 90 milhões de empregos, de uma força de trabalho de 124 milhões de pessoas, estão seriamente ameaçados de serem substituídos pelas máquinas.

Uma crítica às teses de Posner, Randolph e Wortman

A força do legado das formas tradicionais de organização do trabalho em diferentes tempos-espaços e a natureza política de construção do simbólico fazem com que a reflexão de Posner, Randoph e Wortman, que tem o mérito de destacar as dimensões semiológica e histórica na sua análise, se enfraqueça ao pretender universalizar suas conclusões e ao não considerar três aspectos: os diferentes tempos históricos das sociedades contemporâneas; os determinantes culturais de diferentes sociedades no processo de significação do mundo (o modelo retrata a cultura do Ocidente com sua tradição judaico-cristã); e a dimensão política do fenômeno estudado.

Por outro lado, as idéias apresentadas nas citações feitas anteriormente não esgotam o horizonte de cenários que os analistas propõem nesse ingresso em mais uma era histórica. O pavoroso mosaico de algumas análises convida-nos a questionar: será que já experimentamos a inflexão salvífica na curva de significados históricos do trabalho que a tese de Posner, Randolph e Wortman propõe?

A idéia de que, no processo civilizatório, o trabalhador desempenharia, primeiro, os papéis de energia física e operador de ferramentas e, em seguida, os de organizador da produção e energia mental (criativa) parece desconsiderar o fato de que a grande transformação social que o trabalho conheceria – a introdução do modo assalariado de produção, com sua prática em escala universal a partir da Revolução Industrial – se situa na separação dos papéis de idealizador e dirigente do esforço produtivo do papel de elaborador do bem ou do serviço produzido. Sem considerar a novidade do controle social do trabalho que o modo de produção capitalista industrial de grande escala traz, e que reclama a introdução de uma terceira dimensão (política) no modelo estudado, a análise formulada por Posner, Randolph e Wortman fica sensivelmente prejudicada.

A introdução dessa nova dimensão no plano definido pelo binômio tempo-simbólico do modelo analisado – aqui entendida como a que representa o *continuum* de possibilidades teóricas de divisão (organização) social do trabalho, ou, ainda, como o poder se manifesta nas organizações, variando da condição extrema (só idealmente admissível) na qual todo o processo decisório, a informação e o controle se concentram (heterogestão absoluta) até a concepção, também ideal, de total distribuição dessas variáveis entre os atores organizacionais (autogestão ou rede pura) – visa reconhecer na *semiose* do trabalho (de qualquer cultura-tempo) a natureza predominantemente ideológica e política de seu processo de significação.

Uma leitura atenta dos signos culturais com os quais os povos de diferentes épocas e espaços intentam comunicar-se entre si e registrar sua história nos convida à análise do processo semiótico que se estabelece na significação do mundo, processo este que se constrói a partir da práxis social. São, portanto, elementos constitutivos da maneira como se capturam os referentes sociais os traços de identificação, diferenciação e ideológicos; os *corredores isotópicos* e os estereótipos que se estabelecem neste fazer coletivo.[3]

Ora, como é sabido, o processo cognitivo é um processo ideológico através do qual aqueles que detêm o poder em uma sociedade dão significado à dinâmica e às coisas da vida social. Assim, torna-se difícil admitir que o significado assumido pelo trabalho em cada época/sociedade possa estabelecer-se, tão-somente, pelas novas formas de transformação material/energética/informacional que as tecnologias introduzem. Conseqüentemente, a historicidade do objeto referente e a precisão de foco que a análise semiológica reclama para interpretação dos signos sugerem que o modelo bidimensional estudado se tornaria mais complexo, e, portanto, capaz de melhor retratar a complexidade do fenômeno modelado, com a introdução de uma terceira dimensão: a política (aqui entendida como a que estabelece o modo de organização do trabalho em cada sociedade).

Como já sugerido, essas diferentes formas de divisão do trabalho atuam como estruturas e estruturantes da "ideologia" dominante em cada sociedade. Entre os determinantes dessa "ideologia", temos: os valores, o pensamento ético e moral, as leis, as isotopias e os estereótipos socialmente compartilhados. Em outras palavras, os elementos que dão significado às coisas.

---

[3] Ver, por exemplo, Blikstein (1990).

A regulação do trabalho na sociedade nascente

A reflexão proposta neste ensaio conduz a uma preocupante questão da sociedade que emerge dessa nova revolução técnica: que modelo de organização do trabalho possibilitaria o pleno abastecimento social e, concomitantemente, a garantia de oportunidade de ocupação (trabalho) para todos, independentemente do nível de educação e do grau de qualificação dos trabalhadores? Esta pergunta se postula com maior complexidade quando estudamos as economias periféricas em geral – entre estas, a brasileira – e, ainda, de desenvolvimento retardatário e desigual, onde seus processos históricos não foram capazes de resolver, segundo uma dialética própria, as mazelas que as avassalam.

O fenômeno da dualidade social tem gerado sociedades em profundo desequilíbrio e desafiadora governabilidade, ao mesmo tempo que cobra de seus atores a rápida incorporação de novas tecnologias e a adoção de novos modos de viver ditados pelas sociedades mais desenvolvidas. Igualmente, esses modos "modernos" de ser reclamam uma distribuição mais equânime da riqueza/renda no contexto da grande concentração de capitais e de poder e dos baixíssimos indicadores de desenvolvimento humano das sociedades da periferia. Em outras palavras, das economias em que os problemas sociais se agigantam em progressão exponencial e os recursos disponíveis são mais escassos.

Como modernizar e gerenciar essas sociedades para a competição internacional e, ao mesmo tempo, para superar o desafio de gerar oportunidades de emprego para um enorme e crescente contingente de trabalhadores com baixíssima qualificação, submetidos à ameaça de desemprego estrutural?

Discorrendo sobre essa questão, ainda que no contexto muito mais homogêneo da sociedade européia, mais especificamente, da francesa, Lipietz (1991:105) destaca:

> Vamos admitir (e com toda razão) que a implicação coletivamente negociada dos trabalhadores regule a crise do trabalho, isto é, aumente os ritmos de crescimento da produtividade e, ao mesmo tempo, freie o

> custo da mecanização. Quem deve então aproveitar esses ganhos de produtividade e sob que forma? Como dividir os frutos do novo crescimento? Pois é evidente que, por mais interessante que seja para eles mesmos a implicação dos produtores em sua atividade, por mais importante que seja a conquista da garantia dinâmica de emprego, trata-se sempre, até agora, de oferecer mais aos empregadores! (...) Os assalariados se comprometem a achar novas ocupações em que serão explorados, da forma mais inteligente e eficaz possível!

De acordo com a análise aqui proposta, o horizonte de possibilidades que o significado de trabalho poderá assumir sob o impacto da revolução da informação na sociedade tecnoglobal situar-se-á no espaço definido pelas curvas *a* e *c* do modelo revisado de Posner, Randolph e Wortman (figura 2), dependendo da forma de organização política da sociedade que viermos a construir e das ideologias que presidirão a semiose de seus referentes, entre eles o trabalho. Como conseqüência, se essa sociedade caminhar no sentido de maior democratização das relações de trabalho, o significado deste propenderá para uma conotação positiva e o tão esperado "resgate de seu sentido lúdico" – antevisto pela trinca de autores do modelo analisado – (hipótese *a* da figura 2) poderá ocorrer. Por outro lado, nas sociedades menos democráticas e mais vulneráveis à dominação, o *gap* tecnológico que a nova revolução científico-técnica gera poderá aumentar a vulnerabilidade de estas se deixarem avassalar pelas economias cêntricas, que passariam, assim, a atuar sobre aquelas como poderosos atores no processo de superexploração do trabalho, aumentando a distinção entre a significação de trabalho e não-trabalho (curva de tendência *c* da mesma figura 2). É, todavia, pouco provável que o fantástico poder transformador das novas tecnologias não introduza qualquer mudança no significado da ação produtiva (alternativa representada pela curva de tendência *b* da mesma figura 2).

Desse modo, não parece que já tenhamos vivido aquele momento libertador de inflexão que a curva de Posner, Randolph e Wortman faz pretérito.

Figura 2
História x significação do trabalho: perspectivas

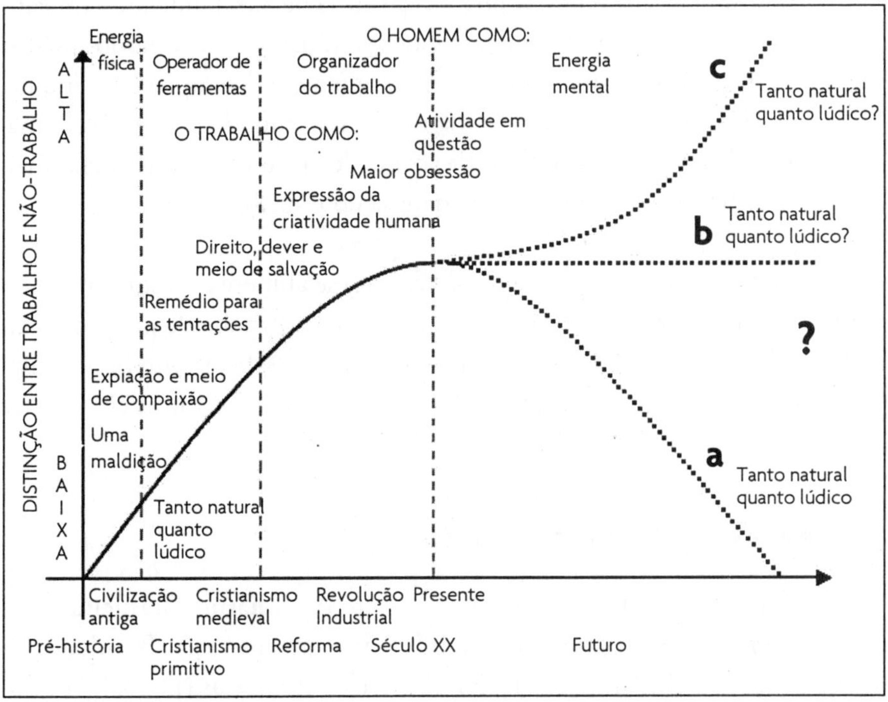

Considerações finais

A breve reflexão formulada parece vir em reforço da idéia de que é sempre tão imprudente quanto estéril alijar a questão de quem detém o controle social do trabalho (dimensão política) na análise deste fenômeno da vida em sociedade. A pedagogia de Freire nos ensina: "ninguém liberta ninguém. Ninguém se liberta sozinho. Os homens se libertam em comunhão" (Freire, 1987:52). Não houvesse apelo mais forte, este já seria bastante para iniciarmos urgentemente a construção de uma sociedade mais participativa e de modelos mais democráticos de produção coletiva. Que reflitam sobre essa questão os nossos legisladores, governantes e reformadores do Estado.

Há mais de 70 anos se sabe que (Einstein, 1933):

> Aos líderes em potencial faz falta o tempo livre de que precisam para crescer. O desenvolvimento das máquinas deveria ter produzido o efeito oposto. Deveria ter diminuído a exigência de que o indivíduo trabalhe mais para atender à demanda da comunidade. Mas o mundo não se adaptou a essas mudanças. Como resultado, o desemprego e a inquietação social espreitam por toda parte, num mundo instável. A humanidade está começando a se dar conta de que uma de suas tarefas mais urgentes é a reorganização cuidadosa do trabalho.

Se for verdadeiro que a transformação se alimenta do sonho e que a utopia é a energia que nos move para a ação, a avalanche de previsões otimistas sobre o trabalho é muito bem-vinda. Quem sabe, muito breve ouviremos o canto apaixonado e melodioso, de Orfeu para Eurídice, que fez cessar o trabalho inútil de Sísifo?

Uma escola reflete sobre o seu tempo

Esta obra coletiva, produto do projeto A Literatura Brasileira sobre Administração, do Programa de Estudos de Administração Brasileira, da Escola Brasileira de Administração Pública e de Empresas (Ebape) da Fundação Getulio Vargas (FGV), reúne 14 trabalhos com o pensamento de 13 professores, de um mestre em administração pública e de dois professores convidados, de outras instituições.

Refletindo sobre os desafios que a urgente necessidade de transformação da sociedade brasileira contemporânea impõe, no pano de fundo da nova revolução científico-técnica e no espaço da periferia de um mundo globalizado, este livro analisa os seguintes pontos dessa complexa realidade:

- o cenário político contemporâneo e seus desafios: nos capítulos "Em busca de uma nova aliança política para o desenvolvimento", de Theotonio dos Santos (UFF/UNU/Reggen), e "A conjuntura contemporânea e o sistema mundial: os desafios da América Latina no século XXI", de Carlos Eduardo Martins (Reggen);
- a gestão pública e social e a reforma do Estado: nos capítulos "O Conselho de Desenvolvimento Econômico e Social do governo Lula", de Sonia

Fleury Teixeira; "Escorços sobre gestão pública e gestão social", de Fernando Tenório e Enrique Saravia; "Condicionantes da reforma do Estado no Brasil", de Frederico Lustosa; "Reforma regulatória no Brasil da pós-privatização", de Alketa Peci;

- o processo de decisão pública: nos capítulos "Repensando políticas públicas: por que freqüentemente falhamos no planejamento?", de José Antônio Puppim de Oliveira, e "A focalização das políticas públicas de fomento à atividade empresarial no Brasil", de José Cezar Castanhar;
- governança e governo eletrônico: nos capítulos "Perspectivas de governança na era da informação: Estado e sociedade civil", de Marco Aurélio Ruediger, e "Inclusão digital no Brasil: um modelo heurístico de natureza dinâmica", de Luiz Antonio Joia;
- gestão pública: no capítulo "A gerência equalizadora: estratégias de gestão no setor público", de Bianor Scelza Cavalcanti;
- imprensa e administração pública: no capítulo "Liberdade de imprensa e administração pública brasileira: relação de dependência ou independência?", de Octavio Penna Pieranti e Deborah Moraes Zouain;
- formação em administração pública: no capítulo "O futuro dos serviços públicos no Brasil: em busca de inspiração para repensar a educação em administração pública", de Armando S. M. da Cunha.

Referências bibliográficas

BLIKSTEIN, Izidoro. *Kasper Hauser ou a fabricação da realidade*. 3. ed. São Paulo: Cultrix, 1990.

DEJOURS, Christophe. *A loucura do trabalho*: estudo de psicopatologia do trabalho. Tradução de Ana Isabel Paraguay e Lúcia Leal Ferreira. 5. ed. São Paulo: Cortez, 1992.

DRUCKER, Peter Ferdinand. *A sociedade pós-capitalista*. Tradução de Nivaldo Montigelli Jr. 2. ed. São Paulo: Pioneira, 1993.

EINSTEIN, Albert. Liberty. *Magazine/BP Singer Features*, 1933.

FORRESTER, Viviane. *O horror econômico*. Tradução de Álvaro Lorencini. São Paulo: Editora da Universidade Paulista, 1997.

FREIRE, Paulo. *A pedagogia do oprimido*. 17. ed. Rio de Janeiro: Paz e Terra, 1987.

GÊNESIS. In: *A Bíblia*; Antigo e Novo Testamentos. São Paulo: Abril, 1965. p. 15. cap. 3, A queda. vv. 17 e 19.

GONZAGUINHA [Luiz Gonzaga Jr.]. Um homem também chora. In: ______. *Alô, alô, Brasil*. 1983. 1 disco sonoro, 33 1/3 rpm.

HAMMER, Michael; CHAMPY, James. *Reengenharia*: revolucionando a empresa em função dos clientes, da concorrência e das grandes mudanças da gerência. Tradução de Ivo Korytowski. 16. ed. Rio de Janeiro: Campus, 1994.

KUJAWSKI, Gilberto de Mello. *A crise do século XX*. São Paulo: Ática, 1988.

LIPIETZ, Alain. *Audácia*: uma alternativa para o século XXI. Tradução de Estela dos Santos Abreu. São Paulo: Nobel, 1991.

MARTINS, Paulo Emílio Matos. Trabalho e as organizações pós-industriais: maldição de Sísifo ou divertimento dos Jocis? *Administração de Negócios*, ano 7, n. 40, p. 474-479, 4-7 out. 1994a.

______. Trabalho e as organizações pós-industriais: maldição de Sísifo ou divertimento dos Jocis? *Política e Administração*, v. 2, n. 4, p. 114-117, 1994b.

______. Notas do Seminário "O *Manifesto antropófago*, Macunaíma e as organizações brasileiras". Rio de Janeiro: Ebape/FGV, 2001.

______. Notas da disciplina Dinâmica das Organizações, Curso de Pós-Graduação em Gestão de Negócios e Tecnologia da Informação. Rio de Janeiro: Ebape/FGV, 2002.

MASI, Domenico de. Em busca do ócio. *Veja*, São Paulo: Abril, 1993. Número especial de 25 anos: Reflexões para o futuro.

POSNER, Barry Z.; RANDOLPH, Alan; WORTMAN, Max S. A new ethic for work? The worth ethic. *Human Resource Management*, Fall 1975.

RAMOS, Alberto Guerreiro. *A nova ciência das organizações*: uma reconceituação da riqueza das nações. Tradução de Mary Cardoso. Rio de Janeiro: FGV, 1981.

RIFKIN, Jeremy. *O fim dos empregos*: o declínio inevitável dos níveis de emprego e a redução da força global de trabalho. Tradução de Ruth Gabriela Bahr. São Paulo: Makron, 1995.

WEBER, Max. *A ética protestante e o espírito do capitalismo*. São Paulo: Abril, 1974. (Os pensadores, v. 36).

Em busca de uma nova aliança política para o desenvolvimento

*Theotonio dos Santos**

Um novo consenso?

Várias notícias apresentam um conjunto de manifestações no sentido do fim da ortodoxia neoliberal. Elas provêm de várias origens e indicam realmente um descenso da ortodoxia do pensamento único que se impôs a partir da década de 1980.

Uma demonstração dessas mudanças são as declarações do ex-secretário-geral da Cepalc, Antonio Ocampo, que deixou a instituição para ocupar a secretaria adjunta da Comissão Econômico-Social das Nações Unidas e manifestou, na ocasião, sua convicção quanto ao declínio final das concepções neoliberais que levaram a região a uma situação econômica e social extremamente negativa. Ele aproveitou a oportunidade para reafirmar o ponto de vista da Cepalc sobre a necessidade de um "crescimento com eqüidade".

Essa consigna, elaborada por Fernando Fanzilbert no final dos anos 1970, não conseguiu converter-se numa prática política, ao ser atropelada pelo pensamento único neoliberal. Ela era, contudo, uma tentativa de ajustar as antigas teses sobre o desenvolvimento econômico-social da Cepal às

* Professor titular da UFF; coordenador da Cátedra e Rede da Unesco e da UNU sobre Economia Global e Desenvolvimento Sustentável. Disponível em: <www.reggen.org.br>.

realidades criadas pelo esgotamento da fase chamada fácil da substituição de importações.

Fanzilbert imaginava a possibilidade de uma política exportadora mais agressiva, buscando uma competitividade internacional da região que se utilizaria de um sistema de planejamento econômico flexível, ao mesmo tempo em que se incorporariam políticas sociais capazes de formar recursos humanos em proporção suficiente para avançar competitivamente no campo industrial e nos serviços.

Seria interessante rever a problemática que levou à concepção de desenvolvimento que abraçou a Cepalc dos anos 1980. Nela se buscava superar o debate sobre estabilização e crescimento, imposto pelas primeiras investidas do monetarismo abrigado no FMI desde o começo dos anos 1950. Os monetaristas tinham sido derrotados nesses anos pela ortodoxia neokeynesiana, que afirmava a importância da intervenção estatal através do aumento da demanda e até da ação estatal direta para garantir o crescimento econômico e o pleno emprego.

Entre neokeynesianos, transformados em estruturalistas na América Latina (devido à sua interpretação da inflação, vista como resultado da dificuldade de a oferta atender à demanda da região, em conseqüência das debilidades estruturais que limitavam a produção local), e monetaristas (num período, adaptados à ortodoxia neokeynesiana, ao aceitar a importância do crescimento econômico como meta, mas sempre reafirmando a necessidade de controlar a oferta de moeda e crédito como fator de estabilidade), havia uma polêmica na qual se radicalizavam os instrumentos de interpretação do fenômeno inflacionário, considerado inimigo absoluto pelos monetaristas e possível aliado pelos estruturalistas.

A prática é o critério da verdade para as lutas sociais. E a prática neokeynesiana estava ligada ao êxito de suas recomendações, na medida em que avançava a industrialização da região e sua capacidade de gerar emprego para a sociedade, lucros para os capitalistas nacionais e, sobretudo, para os internacionais, que aqui instalavam suas empresas multinacionais, aproveitando-se dos mercados nacionais em expansão.

Nessa época, as multinacionais estavam contentes com as altas restrições tarifárias impostas pelos governos locais para garantir suas vantagens em monopolizar os mercados nacionais. A literatura econômica sempre se esquece da importância do livre-câmbio quando as classes dominantes necessitam de mercados nacionais protegidos. Era a época das teorias do desenvolvimento econômico-social e o debate se concentrava na maior ou menor capacidade de lográ-lo.

As dificuldades geradas por um crescimento econômico baseado na importação de capitais que visavam e visam sobretudo captar todos os recursos disponíveis nos mercados nacionais protegidos começaram a aparecer na metade dos anos 1960. O golpe de Estado de 1964 no Brasil entregou o poder aos monetaristas com o objetivo de assegurar a estabilidade monetária, contra a proposta estruturalista de ampliar os mercados nacionais pela via da reforma agrária e outras reformas capazes de distribuir a renda e ampliar o consumo.

Os monetaristas de então não deixavam de preocupar-se com o desenvolvimento e terminaram por atender as ambições dos militares de produzir crescimento sem distribuição da renda e sem rompimento com as multinacionais. Como demonstramos na época, esse modelo de desenvolvimento conduziria ao endividamento internacional, à concentração econômica e à centralização do capital, à dependência, à concentração da renda e à exclusão social. Apontávamos também a implantação do capital financeiro na região, o que levaria ao triunfo do enfoque monetarista. Em seu primeiro momento, esse enfoque se mostrava capaz de enxugar o aparelho produtivo deixado pelo protecionismo *à outrance*, gerado pela prática estruturalista, e seus artífices foram capazes de provocar um novo período de crescimento, como o demonstramos na época (1964), apesar da quase unanimidade da opinião contrária dentro das forças progressistas.[1]

Esse caminho de um desenvolvimento autoritário e concentrador explicava-se também pelas dificuldades do capital multinacional em superar as tensões geradas no centro do sistema mundial, devido aos limites que

---

[1] Ver meu artigo "A ideologia fascista no Brasil" (Santos, 1964), que foi divulgado em toda a América Latina. Posteriormente, meus livros *El nuevo carácter de la dependencia* (Santos, 1967), *Socialismo fascismo: dilema de América Latina* (Santos, 1989) e vários artigos levaram esta temática a todos os continentes. É interessante notar que esses livros nunca foram traduzidos para o português.

se impunham ao processo de acumulação do capital naquela conjuntura. Os mercados externos tendiam a esgotar-se, como o indicamos. Apostar na sua expansão tinha altos custos políticos que as grandes metrópoles não queriam pagar. Daí a idéia de mudar, para esses países de desenvolvimento médio, grande parte da atividade industrial de menor valor agregado. Estava-se criando o "modelo de desenvolvimento secundário exportador", que a literatura econômica crítica da região tão bem estudou.

Na década de 1980, entretanto, o projeto do capital multinacional se viu cada vez mais atropelado pelas dificuldades da acumulação internacional de capital e pela ascensão do capital financeiro, no qual se concentravam os excedentes econômicos bloqueados pela dificuldade de ampliar os investimentos produtivos. A crise obrigou o grande capital a se apoiar cada vez mais no Estado, como forma de dirimir suas dificuldades.

Foi assim que a sra. Thatcher, na Inglaterra, e o sr. Reagan, nos Estados Unidos, iniciaram um período da economia mundial baseado nos mais espetaculares déficits fiscal e cambial da história humana. Em 1973, os Estados Unidos abandonaram a convertibilidade do dólar em ouro, estabelecida em Bretton Woods, realizando a maior quebra de contratos conhecida na história. Esse ato de aventura econômica foi realizado por um conservador, que teve de admitir que "todos somos keynesianos". Tratava-se de salvar os Estados Unidos dos efeitos negativos de sua política de déficit fiscal (levada ao extremo durante a guerra do Vietnã) e de seu déficit comercial (ampliado pela especialização da economia norte-americana na tecnologia de ponta de signo militar). Era necessário que o resto do mundo pagasse o devido custo dessa política, vendo seus dólares se desvalorizarem maciçamente (do valor oficial de US$ 35 por onça-ouro para o valor de mercado de aproximadamente US$ 350 por onça-ouro).

A derrota no Vietnã pôs em crise a política aventureira de déficit fiscal, enquanto os Estados nacionais do chamado Terceiro Mundo se fortaleciam, sobretudo os países petroleiros que formavam um cartel – a Opep –, que lhes permitiu elevar o preço do petróleo mais ou menos na mesma proporção que a desvalorização do dólar em relação ao ouro. Os exportadores de matérias-primas buscavam mudar as regras das relações internacionais através do estabelecimento de uma nova ordem econômica mundial, em aliança com os países socialistas. Ao mesmo tempo, os aliados

dos Estados Unidos, como o Japão e a Alemanha, se mantinham em crescimento, alterando a correlação de forças entre os países centrais do sistema mundial.

O restabelecimento do poder hegemônico norte-americano, ameaçado nessas novas condições, baseou-se numa retomada do valor do dólar e de sua capacidade de atrair capitais do resto do mundo para os Estados Unidos, abrindo o mercado norte-americano para o exterior, através de um gigantesco déficit comercial, enquanto se ampliava a demanda deste país enormemente através de um extraordinário déficit público, coberto pela compra de títulos da dívida estatal norte-americana.

É incrível constatar como a maior intervenção monetária da história humana se realizou em nome do Estado mínimo e do equilíbrio fiscal e cambial, gerando o maior desequilíbrio fiscal e cambial da história. As taxas de juros passaram a ser o principal instrumento de política econômica, provocando uma transferência colossal de recursos do resto do mundo para os Estados Unidos e do setor produtivo para o financeiro.

É incrível constatar como se produziu, então, um verdadeiro assalto aos Estados nacionais para salvar as taxas de lucro do capital privado, custasse o que custasse. Como foi possível recorrer aos neoliberais para justificar o maior movimento de endividamento estatal da história?

Como se conseguiu elevar os desequilíbrios fiscais e cambiais aos níveis mais altos da história, em nome de uma doutrina que se baseia na tese do equilíbrio geral como condição para o bem-estar social?

Como aumentaram desmesuradamente a dívida e os gastos públicos sob o auge das teses neoliberais?

Foi a constatação desses fatos que fez o "teórico" neoliberal Milton Friedman, em seus 92 anos, autocriticar-se e dizer que, hoje em dia, não está mais seguro de sua defesa do controle da emissão monetária e do gasto público, pois, nos anos de hegemonia de seu pensamento, o que mais aumentou no mundo foi o gasto público. Este só foi controlado na década de 1990, através de uma administração democrática, para seu desencanto político, e agora se encontra ameaçado novamente por um presidente republicano, "tão gastador como seu pai". O neoliberalismo seria uma piada, como seus teóricos eram tratados nos anos 1950, quando ninguém lhes dava bola. Mas infelizmente ele se converteu num poderoso instrumento ideológico para servir a interesses econômicos muito concretos. Apesar da crise que se expande no mundo em função de suas políticas aventureiras, eles procuram disfarçar-se de sérios e austeros, escondendo-se atrás de uma "teoria" que nada mais fez do que disfarçar a verdadeira realidade: a crise, o desequilíbrio, a concentração, a pobreza e a exclusão.

Foi esse panorama internacional que demarcou o processo político brasileiro recente, em particular a partir da eleição presidencial de 2002, que passamos a analisar.

A caminho de um novo bloco histórico

Se analisarmos cuidadosamente os dois turnos da eleição presidencial de 2002, veremos que os dados são muito expressivos: a votação de Lula no primeiro turno foi em torno de 46%. Se somarmos os votos dos demais candidatos de oposição, chegamos a 77% dos votos para presidente.

Essa cifra era absolutamente igual aos resultados apresentados por pesquisas de opinião, segundo as quais essas mesmas percentagens de entrevistados não votariam jamais no governo FHC. Os 23% de votos obtidos por Serra no primeiro turno coincidiam também com a proporção de cidadãos que apoiavam o governo Fernando Henrique Cardoso.

Esses dados indicavam claramente as dificuldades que teria o candidato do governo para crescer no segundo turno. Seu principal recurso publicitário era o de tentar separar-se do governo. Mas Serra tentou usar essa tática no primeiro turno, sem muito êxito. Restava-lhe somente utilizar o recurso do ataque pessoal ao adversário, que foi muito útil para derrubar as candidaturas de Roseana Sarney e Ciro Gomes no primeiro turno. Ao optar por essa tática, encontrou um rechaço muito forte dos eleitores. As pesquisas de opinião indicavam uma desaprovação muito grande da população a esse tipo de manobras. Elas permitiram, contudo, aumentar sua votação para 33%, manejando o tema da "ameaça" do "caos" que significaria a vitória do PT e de Lula.

Por outro lado, Luiz Inácio Lula da Silva encontrava-se na necessidade de ganhar os votos correspondentes ao eleitorado que apoiou os demais candidatos de oposição. Para que isso acontecesse, teve de reconstituir a frente de esquerdas que funcionou para as eleições de 1998 (e que se manteve por um ano, mais ou menos, depois das eleições) e ampliá-la numa frente de centro-esquerda, que incluía, sobretudo, o Partido Liberal e setores do PMDB e do PTB.

Deveria voltar à baila, conseqüentemente, o tema da frente de esquerdas agora ampliada numa frente de centro-esquerda, sua possível composição, seus métodos de atuação, seu programa e seu alcance. Sobre a sua composição, impunha-se uma definição. Desde 1998 até 2002, afastaram-se da frente os principais partidos de esquerda aliados ao PT.

O Partido Socialista Brasileiro lançou a candidatura presidencial de Anthony Garotinho, ex-governador do estado do Rio de Janeiro, e o Partido Democrático Trabalhista articulou uma Frente Trabalhista que serviu de apoio à candidatura de Ciro Gomes, lançada originalmente por outro membro da frente de 1998, o Partido Popular Social (ex-Partido Comunista Brasileiro).

Ao mesmo tempo, de 1998 a 2002, estabeleceu-se uma nova participação na frente de apoio a Lula, com a inclusão do Partido Liberal, que indicou o vice-presidente de Lula, o empresário José de Alencar. Os três partidos excluídos na confrontação do primeiro turno (PSB, PDT, PPS) voltariam a compor uma nova frente, ampliada com a inclusão do PL no segundo turno. Essa foi, contudo, uma questão que não se resolveu muito facilmente.

Mais complicado ainda foi definir o caráter da nova frente. Quando se tratou de estendê-la ao plano parlamentar, para assegurar maioria ao novo governo, foi necessário incorporar outras forças políticas.

Estabeleceu-se, então, a opção entre a participação de membros individuais de vários partidos ou uma negociação mais ou menos ampla com partidos como o PMDB (que apoiou oficialmente Serra, mas que teve e tem duas amplas dissidências que apoiaram Lula). Ou com o PTB (que apoiou oficialmente Ciro Gomes e que apoiou Lula no segundo turno), tornando-se pouco a pouco um dos seus mais fiéis aliados.

A incerteza sobre até que ponto esses partidos comporiam uma frente de centro-esquerda ou se somente aceitariam fazer acordos parlamentares em torno de projetos específicos empurrava grande parte das conversações para o período pós-eleitoral. Essas indefinições poderiam debilitar a candidatura Lula no segundo turno, estabelecendo dúvidas sobre a viabilidade de sua proposta de governo.

Entretanto, o fato mais importante das eleições foi, sem sombra de dúvida, o fortalecimento do Partido dos Trabalhadores, como opção política e ideológica e como um amplo e disciplinado aparato institucional que se estende a todo o país. Temos de assinalar que um país com as dimensões continentais do Brasil tem muita dificuldade de criar instituições de dimensão nacional.

As Forças Armadas e a Igreja eram, talvez, as únicas instituições verdadeiramente nacionais com que contava o país até 1940. A criação de um sindicalismo estatal, de âmbito nacional, durante o governo Vargas, gerou as condições de uma estrutura nacional popular e de esquerda, depois de muitas idas e vindas da nossa vida constitucional, comprometida pelo golpe de Estado de 1964. O PT contou ainda com o apoio das organizações de base da Igreja em sua formação e conseguiu um respaldo em todo o país que poucos poderiam imaginar.

É necessário assinalar que, diante da desnacionalização da economia e do compromisso tão acentuado com as políticas norte-americanas realizados pelo governo FHC, as Forças Armadas brasileiras se aproximaram significativamente do PT e de outras forças da oposição, em nome da segurança nacional. A frente política que se armou no país durante o processo eleitoral ganhou, assim, a dimensão de um bloco histórico com um vasto projeto nacional.

Esse caráter mais profundo torna-se ainda mais claro quando se constata a adesão crescente do empresariado ao programa da esquerda brasileira. O fato de o vice-presidente da chapa de Lula ser um importante empresário, ex-presidente da Federação das Indústrias de Minas Gerais, era talvez uma demonstração bastante evidente da amplitude e profundidade do bloco de forças que se unificou na eleição de 2002.

É um fato evidente que um amplo contingente dos empresários do setor produtivo se aliou às candidaturas de esquerda e à de Lula em especial. Eles se uniram devido à confrontação crescente com as vantagens obtidas pelo setor financeiro, que advêm, entre outras razões, das altíssimas taxas de juros (as mais altas do mundo) que lhes pagava e ainda paga o Estado, em detrimento dos interesses da produção e dos serviços.

Eles se uniram também devido ao reconhecimento da necessidade de um planejamento estratégico do país que permita retomar o crescimento econômico e desenvolver o mercado interno. Tratava-se particularmente de proteger-se contra uma abertura indiscriminada da economia que tem favorecido somente o capital internacional. Essa preocupação ampliava-se ainda mais com relação à adesão do Brasil à Alca, que parecia implicar a quebra generalizada da indústria brasileira.

Por último, esse novo bloco histórico se apoiava na necessidade de integrar os mercados do subcontinente sul-americano, e até latino-americano, ao mesmo tempo em que abrigava expectativas positivas de maior aproximação com a África e de uma relação mais ativa com a China, Índia e Rússia no cenário internacional, no sentido de um intercâmbio comercial e tecnológico mais forte e uma política internacional convergente.

Esse projeto nacional opunha-se drasticamente ao projeto neoliberal que domina a cabeça dos intelectuais que representam as forças econômicas prevalecentes. Não há dúvida de que setores do PSDB se sentiam atraídos por um programa com essas características. Mas eles temiam sobretudo um possível choque com os Estados Unidos e com o sistema financeiro internacional. Contudo, não há dúvida de que a demonstração da possibilidade de uma política de crescimento sem inflação, de distribuição de renda sem fortes crises sociais, de soberania nacional sem choques internacionais muito graves os faria mudar rapidamente de lado.

Essa foi a opção da grande maioria do povo brasileiro, conforme sua manifestação nas eleições de 2002. Mais de 100 milhões de brasileiros foram às urnas para enviar um recado muito claro à elite política brasileira. E escolheram um operário de origem extremamente popular para dirigir essa nova etapa da história do Brasil, que vem tendo fortes repercussões no mundo inteiro, apesar de as concessões desse governo ao pensamento neoliberal que ele era chamado a liquidar terem gerado enormes dúvidas em todo mundo. Vejamos mais de perto o que representou e ainda representa esse governo.

O governo Lula e a auto-estima

Estamos na metade do mandato de Lula como presidente do Brasil. Ainda temos de aprofundar bastante a análise sobre o verdadeiro significado dessa vitória. Neste ensaio, gostaria de destacar um aspecto fundamental desse grande avanço democrático que ainda estamos vivendo: o papel da subjetividade na postulação de um novo bloco de poder e no seu reconhecimento como capaz de gerir uma nação independente.

Foi a auto-estima do povo brasileiro que se atreveu a colocar Lula no governo, confiando em uma virada histórica. Darcy Ribeiro e outros antropólogos brasileiros insistem na especificidade da civilização brasileira. Talvez exagerem. Quem sabe possamos falar de uma civilização afro-americana, que se estende do Brasil ao sul dos Estados Unidos, passando, sobretudo, pelo Caribe. Não devemos deixar de considerar a unidade histórico-cultural dessa vertente afro com a força da herança indígena, que se levanta no mundo andino, na América Central e no México. De qualquer forma, o povo brasileiro reivindica sua identidade e, através dela, pretende ainda comandar uma virada histórica, a partir do governo Lula.

Tudo indica que essa auto-estima influenciou bastante a formação do primeiro gabinete de Lula. Sob forte pressão do chamado "mercado" – quer dizer, um grupo de especuladores que domina a cobertura jornalística das operações financeiras –, Lula partiu para uma ação arriscada. Convidou e conseguiu atrair para a presidência do Banco Central nada menos que o ex-presidente internacional do Banco de Boston.

O "mercado" – através de alguns de seus principais representantes, ex-ministros da Economia que levaram o país ao desastre, mas que mantêm um protagonismo inexplicável junto à imprensa – acusou o mais bem-sucedido colega de "demasiado político". E esses representantes tinham razão: o novo presidente do Banco Central estava tão por cima de todos eles que não tinha de escutar suas bobagens nem se deixar intimidar por elas. Sua carreira bancária já estava feita, não pode chegar mais alto, e ele não tem de garantir um emprego quando sair do Banco Central. A ele somente pode interessar agora uma consagração política. Pelo menos é assim que uma visão otimista deveria encarar a questão, apesar de as medidas de elevação da taxa de juros, na primeira e na segunda reuniões do Copom, terem causado de imediato uma grave decepção que se prolonga até nossos dias.

Por outro lado, atendendo ao clima de otimismo geral que circundou sua eleição, Lula buscou formar um ministério de alto nível, com poucas concessões ao espírito de clã dos partidos e dos *lobbies.* Isso era essencial: um ministério desse tipo afirmava a auto-estima do povo brasileiro. Se o futebol brasileiro volta à época de Pelé e Garrincha, valorizando o espetáculo e a eficiente ofensiva, a política deve também voltar aos grandes protagonistas, regidos agora por um homem do povo, sem pretensões de brilhar sozinho, senão a de reger uma orquestra, que esteve sem tocar por um longo período, devido às conseqüências da ditadura militar, que elegeu a mediocridade como princípio administrativo.

Entre 1950 e 1964, a política brasileira foi marcada por personagens de ponta, como os que cercaram Vargas, Kubitschek e Goulart. A arquitetura de Niemeyer e Lúcio Costa fez Brasília (contra os medíocres economistas oficiais, como Roberto Campos, que odiavam essa "aventura" econômica que, entretanto, colocou o povo brasileiro de pé); a música fez a bossa nova e depois se renovou no tropicalismo; as artes cênicas fizeram o "teatro do oprimido", que se desdobrou no Teatro de Arena e na dramaturgia televisiva; a pedagogia do oprimido de Paulo Freyre redefiniu a educação básica e se articulou com a nova fase da "escola nova" de Anísio Teixeira e de Darcy Ribeiro, que teve na Lei de Diretrizes e Bases da Educação e na Universidade de Brasília suas mais altas expressões; a poesia e as artes plásticas criaram o concretismo, movimento de modernização extremamente ousado; as ciências sociais abriram o caminho da teoria da dependência, depois do avanço representado pelo Iseb. E assim por diante...

Pode-se inter-relacionar essas e muitas outras demonstrações da auto-estima nacional, que se expressaram popularmente no futebol-arte e no desenvolvimento espetacular das escolas de samba e no carnaval brasileiro, com seus muitos acompanhantes nas várias formas da música popular brasileira, no balé de Klauss Viana e seu encontro com o ritmo e a dança brasileira, que ganhou sua expansão maior no conjunto Corpo de Ballet.

Tudo isso refletia um arranque cultural que teve no Movimento Modernista, iniciado em 1922, sua pré-história e alcançou seu auge nos anos 1950, para finalmente ser bloqueado pelo golpe de Estado de 1964. Somente agora podemos retomar, em sua plenitude, a força desse movimento cultural afirmativo de todo um processo civilizatório.

Ousadia, decisão, compromisso com a realidade e com as aspirações do povo vão acumulando atos transformadores que apontam para mudanças substanciais. As formas culturais são absolutamente necessárias. O tom europeu, antiutópico, elitista, racionalista que Fernando Henrique Cardoso deu ao seu governo refletia uma ideologia tecnocrática que procurava consagrar o papel de uma lógica formal, pretensamente científica, e uma frieza emocional, pretensamente moderna, como método de governo e administração. Esse estilo entrava em contradição com a realidade de um povo que luta com espontaneidade e vontade contra a miséria e o analfabetismo que lhe impôs a classe dominante.

A ascensão de Lula ao governo reintegrou a emoção na vida política, valorizou a simplicidade e substituiu os tecnocratas por figuras de ponta, por protagonistas e criadores que não precisam dos rituais burocráticos para consagrar sua liderança. Não podemos dizer a mesma coisa da reforma ministerial de 2004. Ela começou a eliminar as "estrelas" para atender as pressões políticas menores, deixando a esperança de lado pelo pragmatismo sem resultados.

O povo brasileiro participou de todas essas mudanças políticas e sobretudo culturais antes mesmo da chegada de Lula ao poder. Os cidadãos latino-americanos e de todo o mundo também tiveram a oportunidade de entrar em contato com essa nova realidade, na medida em que o governo Lula interveio ativamente na defesa da democracia na Venezuela e prometeu mudanças mais profundas que repercutem em todo o planeta. Esse clima de expectativa se apresentou no Fórum Social Mundial, no qual Lula foi recebido com extremo carinho. Ao mesmo tempo, as forças do estabelecimento internacional o recepcionaram no Foro Econômico de Davos com expectativas favoráveis, e a imprensa européia e internacional apresentou como altamente positiva sua visita à Alemanha e à França. Nesse caso elogiou a "serenidade e responsabilidade" das medidas econômicas e se compartiu a necessidade de uma postura mais decidida pela paz mundial. Sua posição ativa pela paz levou ao convite de Chirac para participar da reunião do Grupo dos 7 mais 1, ao lado de outros países em desenvolvimento, o que ocorreu em seguida.

Os brasileiros sentem-se enormemente reconhecidos nessa situação nova. Desenvolveu-se um clima de autoconfiança na população e um redimensionamento de nosso papel no mundo. São forças extraordinárias que estão despontando do seio da nação. Espera-se que elas rompam em pedaços a crosta autoritária e elitista neoliberal que oprime nosso povo e conduz o mundo à insanidade da guerra, ao desequilíbrio social e ao atraso.

Por tudo isso, torna-se enorme a decepção do povo brasileiro com o lado negativo dos primeiros 18 meses de governo. A concessão à política econômica ortodoxa, mesmo quando assume a versão confusa de uma "política de transição", gera dúvidas fundadas sobre a necessidade e a duração dessa transição e a possibilidade de superá-la. A aceitação dos argumentos ortodoxos para conduzir a reforma fiscal e a reforma da previdência parece mais uma capitulação do que um ajuste "necessário" para retomar o crescimento. Os juros altos transferem colossais recursos para o capital financeiro, já locupletado das poupanças forçadas do contribuinte brasileiro. Anuncia-se, no horizonte político, a perspectiva de um desastre econômico similar ao promovido por De la Rúa na Argentina, ao prosseguir nos erros das políticas neoliberais que levaram à crise atual.

A perspectiva de um recuo ideológico e político tão profundo seria uma horrível frustração para o povo brasileiro, que já se expressa nos estudos de opinião, na luta interna do PT e nas manifestações dos demais partidos da frente do governo, inclusive nas críticas dos industriais que apoiaram a perspectiva de uma nova coligação de forças sociais, um novo bloco histórico capaz de conduzir a retomada do desenvolvimento econômico com justiça social.

É enorme a responsabilidade que se coloca aos políticos, aos intelectuais e aos técnicos para estar à altura dessa nova fase da vida brasileira. É hora do debate franco, da ousadia do pensamento, do rigor da análise e das propostas decididas.

Como sair do neoliberalismo

O debate político no Brasil postula uma nova problemática para a teoria da economia política. O governo do presidente Lula pretende aplicar uma nova política econômica que privilegie o crescimento econômico e a distribuição da renda, e que garanta autodeterminação no plano econômico e a integração nacional e regional da economia. Ao mesmo tempo, pretende manter a inflação sob controle e assegurar o equilíbrio e, sobretudo, a moralidade das contas públicas.

Para realizar essas metas, o novo governo teria, sobretudo, de reverter a política econômica do anterior, que levou o país à recessão, à concentração de renda, à desintegração do aparato econômico nacional e ao debilitamento da integração regional (comprometida pela aplicação de políticas econômicas instáveis e mesmo opostas). Ao mesmo tempo, nos últimos anos do Plano Real, verificamos um aumento da inflação, assim como uma acumulação de escândalos financeiros que comprometem gravemente a moralidade pública.

Contudo, o novo governo se confrontou com graves bloqueios ideológicos, psicológicos e, sobretudo, científicos. O chamado "pensamento único" colocou na cabeça das pessoas a idéia de que a "ortodoxia financeira" é a única capaz de garantir a "estabilidade econômica" e orientar corretamente as políticas econômicas. Ainda que sua aplicação tenha levado à acentuação dos desequilíbrios econômicos, à recessão e ao fracasso de suas metas durante 20 anos, o aparato publicitário que a implantou continua sustentando sua correção e a impossibilidade de substituí-la.

Mas não se trata somente de um bloqueio mental. Há vastos interesses que reivindicam a manutenção da política do desastre. Trata-se, principalmente, do poderoso capital financeiro nacional e internacional que conseguiu organizar, nos últimos 20 anos, um aparato de sucção dos superávits fiscais e cambiais disfarçados de políticas públicas respeitáveis e sobretudo insubstituíveis. Ao mesmo tempo, amplos setores das classes médias, especialmente os fundos de pensão dos trabalhadores, controlados em grande parte por militantes do PT, se comprometeram com as facilidades derivadas dos investimentos em títulos da dívida pública.

É interessante notar como o aparato ideológico é contraditório. Ele apresenta como seu objetivo a realização do equilíbrio automático da economia, assegurado pela força estabilizadora do mercado, que é, ao mesmo tempo, uma garantia de eficiência através da sua capacidade de assinação racional dos recursos. Na prática, as políticas neoliberais têm dado origem aos desequilíbrios cambiais, fiscais e monetários mais dramáticos (Santos, 2004). Contudo, com o auxílio dos meios de comunicação e do terrorismo intelectual, os responsáveis por esses desatinos conseguem transformá-los numa razão a mais para continuar as políticas que os geraram.

É o caso do Brasil neste momento. Os derrotados nas eleições presidenciais de 2002, devido à gravidade de seus desatinos técnicos e morais, conseguiram paralisar, até o momento, a aplicação de uma nova política econômica, em conseqüência das dificuldades geradas pelas políticas que seguiram. Assim, vejamos os pontos principais.

Está em primeiro lugar a questão inflacionária. Por terem derrubado a hiperinflação que se acumulara nos anos 1980, eles se apresentavam como insubstituíveis. Aquela hiperinflação fora o resultado das políticas de "ajuste estrutural" impostas pelo FMI, para pagar as dívidas da região a um sistema financeiro internacional convertido em captador de bilhões de dólares da América Latina. Foram elaboradas muitas propostas teóricas e práticas para conter essa inflação e nenhuma funcionou, até que, milagrosamente, na década de 1990 – como resultado da crise do setor financeiro mundial, da suspensão generalizada do pagamento de juros da dívida internacional e da queda generalizada das taxas de juros internacionais –, entramos numa deflação mundial. Se, no final dos anos 1980, todos os países capitalistas apresentavam inflações superiores a um dígito, na metade e no final da década de 1990 somente dois ou três apresentavam inflações superiores a um dígito. Claro que em cada país houve um "gênio" da política econômica que se responsabilizou pela sua vitória particular sobre a inflação.

Pena que esses "gênios" terminaram a sua mágica junto com a derrota eleitoral de seus governos e os escândalos que ela sempre envolve. O sr. Caballo era considerado um mago da economia até que presidiu o afundamento total da economia argentina. O sr. Salinas ia presidir a Organização Mundial do Comércio como recompensa pela sua "genial" gestão da economia mexicana. Não vamos perder tempo com esses exemplos caricatos...

É muito fácil deter a inflação de um país dependente quando se parte de um processo deflacionário mundial, da crise do setor financeiro e da queda brutal da taxa de juros internacional. Mais fácil ainda é quando a suspensão do pagamento da dívida, para negociá-la através do Plano Brady, permitiu dispor de altas reservas cambiais, ou quando os capitais internacionais estão sem perspectivas de investimentos nos países centrais e estão procurando alternativas de investimento nas chamadas economias emergentes, como ocorreu no princípio da década de 1990. Os métodos utilizados foram em geral bem-sucedidos, salvo exceções ridículas como o plano de Collor no Brasil.

Mas tudo muda quando as políticas econômicas adotadas para conter a inflação captam as divisas guardadas nas reservas e as convertem em pagamento de juros para os capitais de curto prazo atraídos para esses países exatamente com esse objetivo. Apesar dos discursos "técnicos" a favor da atração de capitais do exterior para reforçar nossas precárias economias, eles, de fato, absorvem os excedentes aqui produzidos. Até hoje ninguém conseguiu explicar como é possível reforçar a economia nacional quando seus excedentes, expressos em suas reservas, são retirados brutalmente do país através do pagamento de juros colossais, das remessas de lucros e outros mecanismos de extração do excedente gerado localmente, através de formas brutais de sobreexploração dos trabalhadores.

A todos esses mecanismos, que vimos estudando desde os anos 1960 e 1970, somaram-se, nesse novo período, as chamadas privatizações. Elas permitiram a captação de enormes recursos gerados pelos governos da região em suas empresas públicas, quase sempre degradadas adrede para justificar sua privatização. Essa foi outra fonte espantosa de transferência de recursos para o exterior, degradando ainda mais nosso esforço de geração de poupança, posta totalmente a serviço do capital financeiro internacional, que captou todos esses recursos e não deixou nenhuma obra significativa, nenhum resultado positivo para nossos países.

Pois bem, esse colossal sistema de extração e transferência de recursos para o sistema financeiro internacional se transformou em instituições respeitáveis e intocáveis, que assumiram o pomposo título de "contratos", que devem ser respeitados de qualquer maneira, independentemente de seus resultados desastrosos para nossos povos. Que contratos são esses, onde estão, quais os seus fundamentos jurídico e, sobretudo, de direito – são questões que não podem ser tocadas porque têm um caráter subversivo.

Mas o fato é que a inflação tende a voltar à cena, não como resultado de uma pressão inflacionária internacional que não existe neste momento preciso, senão como resultado da manutenção de uma política econômica desestabilizadora como a atual. Esse é exatamente o caso do Brasil. Uma das origens da nova fase inflacionária iniciada em 1999 é precisamente a elevação irresponsável da taxa de juros básica paga pelo setor público, com o objetivo de atrair esses famosos dólares do exterior (que já saíram em quantidades muito superiores às que entraram, sobretudo aproveitando a não-desvalorização do real durante o ano eleitoral de 1998, como o denunciamos amplamente na ocasião, sem nenhuma repercussão na imprensa brasileira, ainda no período eleitoral).[2]

Além da elevação da taxa básica (Selic), os gênios financeiros fixaram inusitados limites ao crédito para o setor privado, através do estabelecimento de encaixes colossais para os empréstimos normais. Isso converteu o Brasil no

---

[2] Veja-se a entrevista que dei, no México, ao prestigiado jornal *Reforma* (México, 20 feb. 1998. Sesión Negocios, p. 3):

"La crisis devaluatoria que se espera en Brasil, después de las elecciones de octubre o noviembre próximos, pondrá en riesgo el liderazgo financiero de Estados Unidos porque demandará un rescate muy cuantioso", dijo Theotonio dos Santos, autor de numerosos libros para varias generaciones de estudiantes de economía en América Latina.

"La situación es muy grave en Brasil, pero nadie quiere decir nada para no precipitar los acontecimientos", señaló Dos Santos en plática con Reforma.

Explicó que, a pesar de que la situación de corto plazo parecer buena, el real brasileño está sobrevaluado hasta en 40 por ciento.

"En este momento el Fondo Monetario Internacional (FMI) está a favor de una devaluación. Incluso en la reunión de Australia, hubo presiones muy fuertes sobre el ministro de Hacienda (Pedro Malan), pero las autoridades brasileñas convencieron el Fondo de que no pueden devaluar ahora. De hecho, el FMI quería una devaluación del 15 por ciento ahora", relató.

Explicó que las mini devaluaciones, que propuso el gobierno de Fernando H. Cardoso, forman parte de una estrategia para aguantar hasta después de las elecciones presidenciales de octubre, que muy posiblemente se irán a una segunda vuelta en noviembre.

"Calculo que, con un acontecimiento así, rápidamente se fugarían 60 a 70 mil millones de dólares, en país con un déficit primario de 32 mil millones de dólares. ¿Cómo cubriríamos eso?", exclamó, sin dejar de considerar los ingresos esperados por las grandes privatizaciones.

Analistas de la correduría JP Morgan señalan que Brasil apuntaló al real con una tasa de interés interbancaria promedio de 37.13 por ciento en enero, y al cierre de 1997 registró un déficit de 4.3 por ciento en cuenta corriente: una baja de 1.3 por ciento en producción industrial, una deuda externa total oficial de 199 mil 493millones de dólares (240 mil millones según otros analistas) y deberá destinar el 20.4 por ciento de sus exportaciones al pago de intereses en 1998.

país de mais altos juros do mundo. E ainda pretendem que os "fundamentos" da economia brasileira sejam "excelentes", negando o fato de que o Brasil está catalogado como uma das três maiores taxas de risco do mundo!!!

Dessa forma, a taxa de juros é apresentada como um resultado do "mercado", quando é claramente uma taxa administrada pelo Estado para atender a objetivos não muito honestos. O efeito dessa taxa de juros absurda e antimercado (pois serve somente a interesses monopolistas e especulativos) é claramente inflacionário. De um lado *gera* (isto sim: *gera*) um déficit fiscal que não existe. Desde o começo da década de 1990, as contas públicas do Brasil apresentam superávits fiscais primários ou, no máximo, pequenos déficits. O país gerou uma gigantesca dívida pública de maneira nenhuma para financiar déficits primários significativos que nunca existiram.[3]

Situación que de estallar seria probablemente, alertó, la puntilla para el liderazgo financiero internacional de EU porque Brasil requeriría un rescate superior al de Corea del Sur (60 mil millones de dólares). Cantidad que no tiene el FMI, mientras el Congreso de EU no parece dispuesto a apoyar la inyección de más recursos.

"El FMI tiene disponibles 44 mil millones de dólares ahora, los cuales están ya comprometidos en los paquetes de rescate para Asia. Es decir, que si estallara la crisis en Brasil, no tendría más dinero", acotó el ex banquero central estadounidense Walker Todd.

Dos Santos destacó también que no hay que confiarse con las abundantes reservas monetarias internacionales de Brasil, 53 mil 200 millones en enero, porque una crisis devaluatoria tendría efectos negativos inmediatos.

Como se vê, era possível calcular a época da desvalorização e o seu montante exato um ano antes, desmentindo os que consideravam "impossível" a desvalorização e seus efeitos. Claro que uma entrevista como esta não podia sair em nenhum órgão da grande imprensa brasileira.

[3] Se considerarmos os 16 países cujos dados macroeconômicos são acompanhados pelo *The Economist*, o Brasil tem a mais alta inflação (6%) entre eles, exceto os casos da Venezuela (que alcança 22,3% sob ataque golpista e boicote a suas exportações petroleiras), Uruguai (10,5%), Rússia (em moratória) e Indonésia (6,8%). Se compararmos com os países desenvolvidos, vemos que temos, em geral, uma inflação 12 vezes mais alta que a do Japão (0,5%), duas vezes mais alta que a dos Estados Unidos (3,1%), quatro vezes mais alta que a da Grã-Bretanha (1,6%) ou da Alemanha (1,7%) e duas vezes e meia mais alta que a da França (2,4%) etc.

A dívida pública criada no país nos últimos 10 anos teve, pura e exclusivamente, o objetivo de pagar juros elevados para atrair capitais do exterior, ou de atender um princípio mais ridículo ainda de política econômica: limitar a demanda, devido ao perigo terrível que vive este país de 34 milhões de famintos, de produzir uma explosão de... demanda que o leva-

---

É curioso destacar que temos a taxa de juros básica mais alta de todos (16%), exceto a da Venezuela (16,26%), que se equipara à nossa. Próximo a nós, só a Rússia em moratória (13%). Nos países centrais ou desenvolvidos, temos taxas de juros 16 vezes menores que a nossa, como no caso do Japão, onde ela é de 0,03%. Nos Estados Unidos, ela está em 1,25%; nos outros países, em torno de 4% a 5%. No Chile, ela se encontra em 1,8%.

Se olharmos o crescimento do PIB, constatamos que estamos em último lugar (0%), se tomarmos o primeiro trimestre de 2004 como referência. Somente o Uruguai nos ganha, com –5% no terceiro trimestre de 2003.

Por fim, nas taxas de desemprego, estamos em quarto lugar entre os piores (11%), em junho deste ano (com todas as loas ao nosso crescimento). À nossa frente, só a Argentina (14,3%), a Venezuela (15,4%) e o Uruguai (15,4%), devido a situações bastante excepcionais.

Esses dados desenham um desastre macroeconômico total, que explica o fato de estarmos colocados entre as mais altas taxas de risco do mundo. Uma dívida externa mais ou menos controlada em nível extremamente alto para a presente conjuntura de desvalorização mundial de ativos e uma dívida interna absurda, construída a partir do pagamento de taxas de juros insustentáveis, pintam um desequilíbrio fiscal colossal que nos coloca entre os casos de maior irresponsabilidade fiscal do mundo! Constatação incrível para um país que tem um superávit primário de cerca de 4,5% do PIB, o qual não alcança para pagar os serviços de uma dívida inexplicável, deixando um rombo anual de cerca de 6% do PIB.

Esse desastre econômico foi realizado nos últimos 24 anos, em particular nos últimos 10 anos do Plano Real, que ainda está em vigor. Estranhamente, essa política econômica é chamada de "ortodoxa". Na verdade, trata-se de uma aventura fiscal e de uma política econômica totalmente irresponsável. A ortodoxia monetarista talvez pudesse identificar-se em parte com essa aventura. Mas não nos esqueçamos de que um dos seus princípios básicos é o equilíbrio fiscal. E por equilíbrio fiscal não podemos entender o balanço das contas chamadas "primárias". O balanço orçamentário inclui necessariamente a conta financeira, pois pagamento de juros, queira-se ou não, é "gasto público" e está na conta de passivos do orçamento público. E a situação fiscal do Brasil é de um enorme déficit orçamentário nominal, que chega a 5% e 6% do PIB, suficiente para impedir o país de entrar em qualquer acordo monetário sério.

ria ao caos da hiperinflação! E esse zelo pela estabilidade nos conduziu à estagnação econômica dos últimos 20 anos.[4]

Como podemos acreditar em tais irresponsabilidades? Como se pode criar um terror "intelectual" com tais subníveis teóricos? Contudo, é isso que acontece no Brasil neste momento. Toda uma equipe econômica, formada nas salas da Universidade de Chicago e sucursais, defende essas idéias e, em vez de avançar na direção da queda da taxa de juros e da diminuição do superávit primário, realiza exatamente o contrário, em nome do comba-

---

[4] "Estudo do BC mostra que a dívida líquida do setor público cresceu R$ 759,981 bilhões entre 1995 e 2003, passando de R$ 153,163 bilhões para R$ 913,145 bilhões. A relação entre a dívida e o PIB aumentou de 30,01% para 58,74%. A maior fonte de crescimento está nos juros nominais, que são os encargos efetivamente pagos pelo governo. Eles somaram R$ 706,936 bilhões em nove anos.

Para conter a alta dos juros, o setor público (União, estados, municípios e estatais) precisou acumular superávits primários, que somaram R$ 224,969 bilhões de 1995 a 2003. O esforço, entretanto, foi insuficiente para cobrir a despesa total dos juros. Por isso, apesar do ajuste fiscal rigoroso, iniciado em fins de 1998, o governo continua registrando déficits nas suas contas.

Os dados do BC mostram também que o reconhecimento de dívidas antigas, os chamados esqueletos, teve um peso importante na composição da dívida pública – mas muito menor, se comparado ao peso dos juros. Foram reconhecidos, nos nove anos de estabilidade econômica, R$ 98,015 bilhões de esqueletos. São dívidas como a capitalização dos bancos privados (Econômico, Nacional), o saneamento dos bancos estatais (Banespa, Banerj) e o fundo para contratos antigos da casa própria (FCVS).

Boa parte das despesas decorrentes dos esqueletos foi neutralizada no estoque da dívida pública pelos recursos obtidos com a privatização. O governo usou R$ 64,565 bilhões para abater a dívida pública de 1995 a 2003" (*O Globo*, Rio de Janeiro, 26 jul. 2004. Economia, p. 17).

Caros leitores, pode-se chamar de "ajuste fiscal rigoroso" esse desastre fiscal? Então "rigor fiscal" é cortar os gastos públicos essenciais e aumentar o pagamento do principal gasto público, que são os juros da dívida pública, que, ademais, são a *origem* desta dívida? Que justificativa existe para o Estado pagar esses juros absurdos senão "teorias econômicas" altamente discutíveis? Sobre esse tipo de teoria, poderíamos refletir a partir da seguinte notícia:

te à inflação. O resultado é exatamente o contrário, a subida da taxa de juros nos tem feito aumentar a inflação. Mas os dados não comovem esses senhores, cujo esquema mental não contempla em nada a realidade. E conseguem buscar milhares de razões externas ao seu modelito para justificar o comportamento real da economia que nunca se ajusta às suas previsões.

Fica a pergunta que se faz como se se falasse de alta ciência econômica: como baixar a taxa de juros? Da mesma forma em que ela aumentou irresponsavelmente, contrariando as tendências do mercado mundial para satisfazer interesses pouco defensáveis. Daí inventar essa explicação insustentável de que essas altas taxas de juros são um efeito do "mercado". O Fed norte-americano baixou a taxa de juros básica dos Estados Unidos de 6,5% para 1% em aproximadamente 10 meses e ninguém se atreveu a chamar o sr. Greenspan de irresponsável. Apesar de que mereceria esse epíteto, não pela queda que promoveu, mas pela alta da taxa de juros que praticou entre 2000 e 2001, sem nenhuma razão, tendo gerado uma situação de recessão mundial extremamente grave.

Vamos pôr os pés no chão. Devido ao gigantismo das dívidas públicas e à importância dos títulos públicos desde os anos 1980, como resultado dos desequilíbrios provocados pelas políticas neoliberais de Reagan e Thatcher, a taxa de juros é o instrumento-chave das políticas macroeconômicas que são comandadas radicalmente pelos bancos centrais, que rei-

---

"FMI admite erros, mas o governo quer compensações. O Escritório de Avaliação Independente do FMI (Fundo Monetário Internacional) reconheceu que o Fundo foi longe demais ao apoiar por muito tempo o regime de câmbio fixo na Argentina e que se guiou mais por expectativas do que por dados macroeconômicos, entre 1999 e 2002, sobre o país. Mas o *mea-culpa* não foi suficiente para o governo argentino, conforme revelam os jornais locais. O ministro da Economia, Roberto Lavagna, quer que, além da autocrítica, o FMI assuma a responsabilidade por ter apoiado as políticas aplicadas no país na década de 90. Lavagna também vai enviar um relatório. Segundo o *La Nación*, ele dirá que 'os erros do FMI favoreceram a capacidade dos governos argentinos de endividarem-se sem disciplina fiscal e de enganar a opinião pública com veleidades do Primeiro Mundo'" (*Folha de S. Paulo*, São Paulo, 28 jul. 2004. Dinheiro, p. B10).

vindicam cada vez mais autonomia para servir aos interesses do capital financeiro internacional e nacional. Se isso não é compreendido, não se compreende nada da história econômica do final do século passado e do início deste. E não se fará transição a nenhuma parte.

Lula na parede

O governo Lula viveu a sua primeira crise estrutural em função da reunião do Copom em 21 e 22 de maio de 2004. Em torno dessa reunião, abriu-se uma luta política de grande importância estratégica, independente do seu resultado imediato, que foi extremamente frustrante.

De um lado, estão os quadros políticos preocupados com os efeitos recessivos das altas taxas de juros no quadro eleitoral e os empresários impossibilitados de investir devido a essas práticas de política econômica.

De outro lado, encontram-se os funcionários do Banco Central e o segundo nível do Ministério da Economia, apoiados pelo seu titular e pelo presidente do Banco Central, que pretendem manter a altíssima taxa de juros atual em nome da luta contra a inflação.

Pode parecer estranho que existam tais preocupações num momento em que os Estados Unidos, a Europa e o Japão lutam contra a deflação. Em que todos os ativos mundiais, as principais moedas, as principais *commodities* (exceto o petróleo, por razões políticas), as propriedades, os títulos de dívidas públicas etc., as taxas de juros e os produtos em geral (os industriais, sobretudo) manifestam uma tendência nítida à queda de preços e valores.

Essa incongruência é possível porque os funcionários e técnicos do sistema financeiro internacional são economistas de "terceira linha", como bem demonstrou o prêmio Nobel de Economia Joseph Stiglitz. Eles se formaram em manuais de economia que desconhecem o fenômeno da deflação e a história econômica em geral. Denunciamos em várias oportunidades o estado lamentável da "ciência" econômica que manejam esses delfins do setor financeiro. Contudo, eles ainda encontram ressonância entre s leigos, os políticos e os comunicadores, depois de 20 anos de terror electual manejado pelo pensamento único neoliberal.

Isso é possível também porque, por trás desses senhores, se encontram os setores mais irresponsáveis do capital financeiro internacional, que não querem renunciar às colossais transferências de recursos da população, realizadas em seu benefício pelas políticas dos bancos centrais.

Nos Estados Unidos, as forças da produção conseguiram desarmar a bomba preparada por seu banco central (o Fed), ao elevar a taxa de juros de 3,5% para 6,5% em 2000, levando a economia mundial para a ameaça de uma recessão, que, todavia, nos ronda. Em 2003, conseguiu-se baixar a taxa de juros para 1% em poucos meses e retomou-se o caminho do crescimento econômico sem inflação. Apesar disso, voltam as pressões irresponsáveis pelo aumento da taxa de juros, que já conseguiram elevá-los para 1,25% nos Estados Unidos. Contudo, terão de recuar logo, pois esse pequeno aumento vai diminuir o crescimento e, sobretudo, as perspectivas de emprego.

Como já afirmei, em várias ocasiões, a taxa de juros norte-americana tem de cair pelo menos para 0,7%, a fim de permitir uma retomada do crescimento em bases mais firmes. Não há possibilidade de um crescimento de grande alento sem uma taxa de juros negativa, como a história e as análises teóricas mais sérias têm demonstrado.

Quando as coisas se tornam difíceis para o capital financeiro nos centros hegemônicos mundiais, ele corre para as províncias do sistema, para arrancar aí as rendas que não pode obter no centro. Acontece que as crises que provocam essas sangrias colossais dos minguados recursos das zonas periféricas terminam por afundar suas moedas nacionais e determinam corridas na direção contrária em prazos relativamente curtos, como já vimos várias vezes (a última na segunda metade de 1998).

Essa é a situação que criam as políticas ortodoxas, ditas conservadoras, mas na realidade terrivelmente desestabilizadoras, que são deflagradas pelos técnicos e funcionários do grande capital incrustados na administração financeira dos Estados. Essa é a situação que enfrenta neste momento o Brasil, cuja dívida pública alcança uma proporção crescente do PIB, alimentada pelo pagamento de juros.

O mais grave, contudo, ocorre quando as justificativas oficiais desse retrocesso tático começam a apresentar tais políticas como "necessárias" para alcançar o equilíbrio fiscal, quando todos sabem que a última coisa produzida por esses gastos colossais em juros é equilíbrio fiscal. Mais grave ainda é a tentativa de transformar a pequena recuperação decorrente da queda da taxa de juros de 26,5% para 16% no começo de uma recuperação sustentável e do desenvolvimento econômico.

Do outro lado, encontram-se as forças que formaram uma ampla frente que levou o candidato Lula à presidência da República, com uma amplíssima vantagem de votos, como vimos no começo deste ensaio. Forças que se expressaram em parte na campanha eleitoral do candidato oposto a Lula e mais claramente através do conjunto dos candidatos da oposição, que obtiveram 77% dos votos no primeiro turno eleitoral.

É importante relembrar a extensão dessa frente, que não representa simplesmente um acordo eleitoral, mas um bloco histórico que pretende retomar o crescimento econômico como centro da política econômica, aceitando algum grau de distribuição da renda e de ampliação do mercado interno.

Entre seus principais setores, além dos trabalhadores assalariados em geral que formam a base imediata do Partido dos Trabalhadores, encontram-se os industriais e comerciantes aprisionados pelo aumento da taxa de juros e da carga fiscal; as igrejas, interessadas numa melhor distribuição da renda e da propriedade; os militares, preocupados com a entrega do setor público e das empresas brasileiras ao capital internacional. Todos eles participaram ostensivamente na campanha de Lula, exigindo uma mudança na política econômica.

É hora de reconstruir a frente eleitoral que elegeu Lula, e a questão da taxa de juros é o ponto nevrálgico do bloco histórico que se formou no Brasil e que tende a estender-se para toda a América Latina, com maior ou menor êxito em cada país, devido à correlação de forças neles existentes. Essa retomada do desenvolvimento em si não representa uma solução ideal para o nosso povo, mas permitirá elevar o patamar da problemática econômico-social na região desgastada gravemente por 24 anos de incompetência profissional dos oportunistas técnicos e pelo "entreguismo" de sua classe dominante. O povo brasileiro decidiu um caminho de reformas em 2002 e ninguém poderá deter isso.

O que está acontecendo?

Enquanto o Brasil aumenta seu prestígio internacional, particularmente nas comemorações do ano França e Brasil, ocorre em seu interior um furacão de denúncias que procuram desmoralizar o Partido dos Trabalhadores e ameaçam, inclusive, o próprio presidente da República.

O que está acontecendo? Essa é a pergunta que assusta os brasileiros. A oposição, sob a liderança do PSDB de Fernando Henrique Cardoso, fala de um "mar de lama" que desmoraliza um governo "incompetente e corrupto". Mas não há um só crime do qual acusem o PT que eles não tenham cometido também. A opinião pública está ciente, e isso desmoraliza ambos os lados. É um confronto suicida. O PSDB tem uma vantagem contra seu adversário, mas não a seu favor: o PT sempre pretendeu ser um partido ético, e sua conduta no poder decepciona seus militantes e eleitores. Isso quer dizer somente que o PT é igual ao PSDB, ao PFL *et caterva*.

Toda a questão está, então, na capacidade de as forças em choque controlarem o presente confronto. Procura-se evitar que as denúncias investigadas pelo Congresso e pela Justiça cheguem até o presidente Lula e conduzam a uma crise institucional. Mas a oposição procura também impedir que Lula se transforme num mártir. Esse é o quadro em que a briga se apresenta.

A história recente do Brasil (como, em geral, a da América Latina) está marcada pelo conflito entre os liberais e os chamados "populistas". Os liberais querem tratar como "cidadãos", imitando a Europa, uma população de excluídos, desempregados e miseráveis que às vezes não possuem nem um documento de identidade. Esses excluídos, por sua vez, procuram apoiar-se onde podem, para dividir a classe dominante e buscar brechas para aproximar-se do poder e arrancar dele o que puderem. Seus métodos correspondem a sua situação social e não se enquadram nos marcos aceitáveis para as classes médias.

A teoria social e política liberal (inclusive em suas formas renovadas pelo neoliberalismo, combinado com avanços teóricos regionais dos anos 1960 e 1970) insiste em apresentar os subprodutos do desenvolvimento capitalista dependente como origem do nosso subdesenvolvimento econômico e político. A concentração da renda e a conseqüente ausência de um setor competitivo de ponta em economias sem mercado interno reproduzem não só a desigualdade social, mas também criam as formas urbanas e modernas de marginalização social, das economias informais, da violência social etc. Nossa miséria não vem de um atraso do desenvolvimento capitalista, mas é uma conseqüência da maneira como esse desenvolvimento se faz na periferia, em condições de dependência.

Esse é o caso do Brasil no presente momento. O país encontra-se paralisado economicamente em sua capacidade produtiva e competitiva em conseqüência do grande avanço de seu setor mais moderno de serviços, isto é, o setor financeiro, que compete em qualidade e sofisticação com os países mais desenvolvidos. Quantos capitalistas dos Estados Unidos, Europa e Japão não gostariam de ter um sistema estatal capaz de arrecadar 40% do PIB em impostos de toda a população e repassar-lhe sem riscos 10% do PIB, sob a forma de pagamentos de juros da dívida pública!

Entretanto, qualquer um sabe que um modelo econômico desse tipo só pode existir numa sociedade colonizada, com alta concentração de poder, que ele impede o desenvolvimento e o crescimento econômico e que uma sofisticação desse tipo só pode sustentar-se por um período limitado. É evidente também que a combinação desse sistema com uma democracia eficiente é impossível a longo prazo. A grande maioria votará sempre contra os que estão no poder. Para esse sistema sobreviver, é necessário criar mecanismos de crise política que comprometam cada governo, visando criar novas expectativas positivas sobre os governos seguintes, as quais serão destruídas com a implantação destes. Falar de um liberalismo e de uma cidadania organizada em partidos sólidos nessas condições é muito pouco sério.

Por isso, a crise do Partido dos Trabalhadores é tão séria. Ele se organizou em torno do ideal de um funcionamento cada vez mais aperfeiçoado do sistema liberal. Sempre acreditou possível consolidar um partido de cidadãos nas condições socialmente negativas em que se restaurou a democracia política no país. Por isso também a crise do PT pode transformar-se numa crise institucional extremamente séria que pode afetar toda a região. O exemplo da vizinha Bolívia é muito claro. Como conciliar um grande avanço democrático com uma economia política da miséria?

O PSDB, sob a inspiração de Fernando Henrique Cardoso, sociólogo da dependência, defendeu claramente a combinação entre democracia liberal e desenvolvimento dependente, concentrador e excludente. O Campo Majoritário do PT seguiu a mesma linha, sob a inspiração de Francisco Weffort (que deixou a secretaria geral do PT para converter-se no ministro da Cultura de FHC).

As coisas estão claras: a sorte do chamado Campo Majoritário do PT está associada à sorte do PSDB. Mas, para marcharem juntos, os dois partidos têm de explicitar suas posições comuns, com o que perderão certamente o apoio da maioria da população, a qual põe claramente a solução econômica sobre qualquer proposta política. Isso inclui um setor significativo dos empresários que desejam desenvolvimento econômico, mercado interno e regional sólido, competição com tecnologia própria e que olham com esperança para o Oriente, onde descobrem que admitir as bases modernas do atraso e avançar na distribuição da renda e na capacitação da população pode ser melhor que a condição de classe dominante dominada pelo capital internacional.

Para esses amplos setores da população, o sistema político deve garantir a segurança institucional para o pleno desenvolvimento econômico. Isso provoca um imaginário político muito curioso, que se manifesta em propostas do seguinte tipo: que bom seria ter um Partido Comunista Chinês para dirigir nosso desenvolvimento (mas sem uma revolução chinesa, por favor), ou uma socialdemocracia européia (sem as duras lutas de classe que a geraram), ou um Partido dos Trabalhadores sólido (sem os sem-terra, sem os movimentos sociais ativos, sem sua esquerda, por favor). A hipótese de um partido ou de um comando fascista está provisoriamente descartada, depois do fracasso das ditaduras latino-americanas.

Nesse ambiente, há muito pouco espaço para um liberalismo político autêntico. Ele é, na verdade, um dos disfarces do chamado "populismo" ou do liberalismo conservador. Ou será que podemos pensar efetivamente em verdadeiras democracias sem mudar as condições econômicas fundamentais? A resposta depende do lado em que se está.

As forças de esquerda (inclusive a esquerda do PT) têm consciência da correção dessa tese aceita pela maioria da população: a democracia tem de ser um instrumento de desenvolvimento humano e social. Como convertê-la em fato político é a questão fundamental que se apresenta nestas circunstâncias históricas, nas quais o formalismo liberal revela sua verdadeira face conservadora.

Referências bibliográficas

SANTOS, Theotonio dos. A ideologia fascista no Brasil. *Revista Civilização Brasileira*, Rio de Janeiro, n. 3, jan./jun. 1964.

______. *El nuevo carácter de la dependencia.* Santiago: Ceso, 1967.

______. *Socialismo fascismo*: dilema de América Latina. Santiago: Pla, 1989.

______. *A economia mundial*: integração regional e desenvolvimento sustentável. 4. ed. Petrópolis: Vozes, 1999.

______. *A teoria da dependência*: balanço e perspectiva. Rio de Janeiro: Civilização Brasileira, 2000.

______. *Do terror à esperança*: auge e declínio do neoliberalismo. Aparecida: Idéias & Letras, 2004.

A conjuntura contemporânea e o sistema mundial: os desafios da América Latina no século XXI*

*Carlos Eduardo Martins***

Apresentação

Descrever as tendências da conjuntura mundial contemporânea é um formidável e necessário desafio num mundo onde o tempo histórico se acelera com a velocidade das transformações materiais e sociais introduzidas pela humanidade. Essa aceleração acentua a obsolescência das análises que se restringem ao plano do tempo imediato e exige a utilização de instrumentos conceituais da longa duração, capazes de articular a prospectiva e a retrospectiva, para teorizar a história como fluxo.

Mas determinações da longa duração não devem ser vistas como restrições à liberdade de os homens criarem sua própria história. Baseiam-se nessa capacidade criativa que estabelece estruturas de poder de dimensões econômicas, sociais, políticas e ideológicas articuladas. Estas apresentam contradições em seu desenvolvimento que abrem o espaço para a guerra

---

* As idéias aqui desenvolvidas foram anteriormente apresentadas à mesa-redonda "O impacto das novas tecnologias no mundo do trabalho e a inclusão social" do Reggen 2005, Seminário Internacional "Alternativas à globalização: potências emergentes e os novos caminhos da modernidade". Rio de Janeiro, Reggen 2005/Unesco/UNU, 8-13 out. 2005.

** Doutor em sociologia (USP) e organizador do Reggen 2005.

de posição e a contra-hegemonia que, em períodos determinados, podem desdobrar-se no estabelecimento de grandes rupturas.

Para nós, latino-americanos, questões decisivas se colocam: como situar o tempo presente e a conjuntura contemporânea? De que forma a América Latina se situa nesse contexto e quais são seus grandes desafios? Que instrumentos teóricos e metodológicos são capazes de responder essas perguntas?

Neste ensaio, pretendemos traçar, em linhas gerais, as grandes tendências da conjuntura mundial e as perspectivas que se abrem à América Latina para atuar sobre seu desenvolvimento. Para isso, partimos da aproximação das teorias do sistema mundial, da dependência e da revolução científico-técnica e de suas vinculações com as múltiplas dimensões do tempo. Os resultados a que chegamos serão necessariamente polêmicos. Mas buscam iluminar o horizonte nebuloso e de perplexidades, em que vivemos, e conduzir a transformações sociais em defesa dos interesses da humanidade, das grandes maiorias sociais de nosso planeta e, em particular, de nosso continente.

A conjuntura contemporânea e a longa duração

Fernand Braudel (1986), em *História e ciências sociais*, assinala que o tempo expressa uma longa duração que se constitui numa tripla e simultânea dimensão: o tempo das estruturas, o tempo das conjunturas e o tempo do cotidiano. O tempo das estruturas é mudança e irreversibilidade. Ele significa o lento desgaste da arquitetura que organiza de forma suficientemente fixa a relação entre a realidade e as massas sociais. O tempo das estruturas remete, portanto, aos padrões civilizatórios que sustentam a formação e o desenvolvimento dos grandes processos sociais. Ele pode ser aproximado ao tempo dos modos de produção, entendidos como processos civilizatórios milenares ou seculares. O tempo das conjunturas é o tempo das regularidades cíclicas que produzem inflexões significativas nas estruturas e as modificam, sem alterar seus componentes fundamentais. E o tempo do cotidiano é o tempo anárquico do dia-a-dia, contido, entretanto, pelas prisões da larga duração das quais os homens não podem emancipar-se.

As conjunturas combinam, portanto, irreversibilidades, regularidades e imprevisibilidades. Mas o alcance das últimas parece estar fortemente limitado pelas primeiras, que fixam suas margens de atuação. Torna-se objeto crucial da teoria social situar a combinação de irreversibilidades e regularidades para descrever os marcos gerais das diversas conjunturas que se estabelecem. Como situar então essa combinação de irreversibilidades e regularidades para descrever a conjuntura atual?

A nossa hipótese é a de que a conjuntura contemporânea pode ser descrita como a de decadência do moderno sistema mundial, que integra e impulsiona a mundialização do modo de produção capitalista. Essa decadência inicia-se nos anos 1970 e manifesta-se em várias dimensões, entre elas, a crise do liberalismo, ideologia mediante a qual o capital incorporou e neutralizou antagonismos à sua hegemonia. Entretanto, a decadência não representa o fim imediato de um sistema, mas sim um longo e doloroso período, onde o novo se insinua e se estabelece sem a força suficiente para superar, na guerra de posições, a decrepitude do velho e reconduzir o sistema mundial a um novo processo civilizacional. O resultado é uma profunda crise de legitimidade das instituições contemporâneas que se projeta como uma grande incerteza, trazendo possibilidades e ameaças à vida humana.

Mas quais são as razões profundas dessa evolução da conjuntura que aprofunda a decadência do capitalismo contemporâneo como processo civilizacional? Em que momentos estamos nesse processo de decadência?

A decadência e, em particular, sua etapa atual se explicam pela articulação de três movimentos de larga duração: a revolução científico-técnica, seus impactos sobre a taxa de lucro e as tendências seculares do capitalismo; a fase descendente do ciclo sistêmico, expressa na crise de hegemonia dos Estados Unidos; o surgimento de um novo ciclo de Kondratiev na economia mundial desde 1994.

A revolução científico-técnica e a crise de hegemonia exercem efeitos depressivos sobre a taxa de lucro, os quais são parcialmente contidos pela fase ascendente do Kondratiev. Mas esta possui limites para conter o movimento depressivo das primeiras. A convergência entre a inversão cíclica do Kondratiev e os movimentos depressivos anteriores deverá abrir uma crise revolucionária no sistema mundial e pôr fim à prolongada decadência, quando se decidirá o formato de um novo sistema mundial. Para que este seja socialista e democrático, é de grande importância o avanço do movimento popular na guerra de posição que se desenvolve durante a decadência. Este deverá impedir o aprofundamento do caos sistêmico e o estabelecimento de uma nova guerra mundial que ameaça a sobrevivência da humanidade. Vejamos em detalhe esses movimentos da longa duração e como sua articulação desenha uma conjuntura específica.

A revolução científico-técnica significa uma modificação radical nas forças produtivas que atua sobre as tendências seculares do capitalismo, associadas à acumulação ilimitada e à tendência decrescente da taxa de lucro, com profundos impactos civilizacionais. Ela põe em crise a Revolução Industrial, cuja origem remonta aos séculos XVIII e XIX. A ciência, seu principal componente, assume o protagonismo sobre a tecnologia e a técnica e substitui o princípio produtivo mecânico pelo automático. Sua mundialização se estabelece a partir da microeletrônica, nos anos 1970, e reinventa o fundamento da produtividade. A Revolução Industrial baseou a produtividade numa organização do trabalho coletivo fundamentada na desqualificação dos trabalhadores manuais. Estes eram apartados das tarefas de concepção, tinham seus saberes simplificados e reduzidos a um mínimo de movimentos para aumentar sua intensidade. O sistema de máquinas organizava esse processo e o resultado era o aumento do valor do trabalho e, simultaneamente, a desvalorização da força de trabalho, em relação à complexidade tecnológica, impulsionando a taxa de mais-valia. O capitalismo encontrou aí a base da sua expansão mundial e conquistou o globo ao final do século XIX, derrubando as muralhas da China, com a artilharia pesada das mercadorias baratas, incorporando Ásia, África e Oceania. Mas a revolução científico-técnica, ao redefinir a base social da produtividade, ameaça a mais-valia e a expansão da civilização do capital. A automação estabelece uma trajetória de eliminação progressiva do trabalho manual, da mesma forma que a mecanização o fez com o trabalho rural, ao deslocar a humanidade do campo para as cidades, sobretudo as populações dos países centrais, onde a industrialização se desenvolveu mais amplamente. A intensidade do trabalho deixa de ser o fundamento da produtividade. Este se desloca para a qualidade do trabalho e, para desenvolvê-la, será necessário não mais a redução relativa do valor da força de trabalho, mas o seu inverso:

o aumento do valor da força de trabalho em relação ao valor do trabalho. A elevação dos níveis de educação e de democratização do poder torna-se o fundamento de um processo indissociável de acesso e geração do conhecimento que submete a técnica e as tecnologias às subjetividades.

A revolução científico-técnica, ao impulsionar a aproximação entre os valores do trabalho e da força de trabalho, pressiona negativamente as taxas de mais-valia e de lucro, num movimento de largo prazo que o capital só parcialmente pode negar. A necessidade de manter em expansão a taxa de mais-valia, principal fundamento da acumulação de capital, torna o capitalismo incapaz de realizar a conversão em massa do trabalho predominantemente manual ao trabalho predominantemente intelectual. A incorporação do aumento do valor da força de trabalho se realiza através de altos níveis de desemprego, que levam à queda dos preços da força de trabalho abaixo de seu valor, neutralizando a pressão negativa sobre a taxa de mais-valia ao generalizar a superexploração do trabalho. O alto grau de concentração entre os jovens do desemprego mundial indica a operatividade desse mecanismo. Entretanto, os seus resultados sobre a taxa de lucro são contraditórios. O aumento da taxa de mais-valia aprofunda suas contradições com a massa de mais-valia e, ao restringi-la a médio e longo prazos, põe em crise o assalariamento, levando à máxima realização da tendência decrescente da taxa de lucro, a lei mais importante da economia política, segundo Marx. Essa restrição baseia-se não apenas no alto dinamismo do desemprego, sua forma mais aguda e aberta, que restringe a massa de trabalhadores, mas também na precarização do trabalho, que desloca o trabalhador para os setores de baixa produtividade, em razão de sua expulsão dos segmentos de ponta, e limita a geração da massa de mais-valia. Outro movimento de longa duração, ainda que sem o mesmo alcance secular e civilizacional da revolução científico-técnica, é o da crise da hegemonia dos Estados Unidos.

Essa crise é parte do movimento cíclico superestrutural que acompanha o desenvolvimento do capitalismo, analisado e denominado de sistêmico por Giovanni Arrighi e Immanuel Wallerstein. A grande contribuição da teoria do sistema mundial, fundada por esses autores, foi a de apontar no sistema interestatal a superestrutura política do modo de produção capitalista. Esse sistema baseia-se num conjunto de unidades políticas que, ao se reconhecerem entre si, têm suas soberanias limitadas. O sistema interestatal é atravessado por fluxos de capitais e mercadorias de uma economia-mundo, que constitui sua base, e não dispõe de nenhum instrumento político central para submeter o seu funcionamento ao monopólio legítimo da violência. Os Estados, incapazes de internalizar pela violência esses fluxos, tendem a apoiar os interesses do capital que se tornam protagonísticos no conjunto do sistema. Entretanto, para que a acumulação se realize mundialmente, é necessário evitar a anarquia política na economia-mundo, através do desenvolvimento de mecanismos de coordenação do sistema interestatal. Essa coordenação se realiza através do Estado hegemônico que estabelece a moeda mundial, capaz de dinamizar a circulação de mercadorias e capitais na economia-mundo, e o direito internacional, para regular os contratos e as relações entre os Estados e indicar os limites da diplomacia, da paz e da guerra.

Diferentemente do império que exerce seu poder pela força, a hegemonia é exercida pela combinação de coerção e persuasão. Para um Estado estabelecer sua hegemonia, é necessário que alcance uma liderança produtiva incontestável na economia mundial, que lhe permita vender seus produtos nos países da economia-mundo a preços mais baratos que estes o fazem em seu próprio mercado interno. Essa liderança se desdobra então em liderança comercial, financeira, ideológica e militar. Entretanto, para o exercício da hegemonia, não é necessário a convergência de todas essas lideranças. A hegemonia divide-se em ciclos onde, em sua fase expansiva, há de fato a convergência dessas dimensões de liderança. Durante o descenso, o país hegemônico perde sua incontestável liderança produtiva e comercial, e por vezes militar, e se apóia numa liderança financeira e ideológica. Durante essa fase, a valorização da moeda do país hegemônico compensa a deterioração do seu poder produtivo, mantendo, para sua burguesia, uma fonte de riqueza independente. Essa valorização aprofunda a deterioração produtiva, implicando déficits comerciais e em conta corrente que se acumulam e, a partir de certo momento, não podem mais ser financiados pela sobrevalorização monetária, fonte de atração para dentro do país hegemônico do capital que circula na economia mundial. Abre-se então um período de caos sistêmico, quando se estabelece uma bifurcação na economia mundial que expressa a luta entre os poderes estatais para substituir a hegemonia anterior e reconduzir o sistema para uma etapa superior de expansão. Essa etapa tem implicado guerras mundiais de 30 anos para decidir: em 1618-48, a sucessão do protagonismo espanhol-genovês; em 1792-1815, a sucessão da hegemonia holandesa; em 1914-45, a sucessão da hegemonia britânica. Durante o caos sistêmico, têm se desenvolvido, historicamente, dois projetos: o do liberalismo político, que é impulsionado pelo grupo que reconduz o sistema interestatal a nível superior, e é normalmente apoiado pela antiga potência hegemônica, em busca de lugar privilegiado na ordem a ser estabelecida; e o imperial, impulsionado pelo grupo que termina por ser derrotado na luta pela hegemonia e busca compensar pela força a desvantagem econômica que possui em relação ao bloco anterior. Diferentemente do bloco anterior que usou o imperialismo nas periferias do sistema para anexar regiões externas à economia-mundo capitalista, este pretende usar a força no interior do sistema, levando-a ao centro da economia mundial, casos da França napoleônica e da Alemanha fascista.

O período que vivenciamos no presente momento é o de uma trajetória avançada de crise de hegemonia dos Estados Unidos. Esta se inicia entre 1968 e 1973 e possui várias etapas. Entre 1968 e 1979, quando a deterioração da liderança produtiva estadunidense se expressa numa taxa de crescimento inferior à da economia mundial, em modestos déficits comerciais e na derrota político-militar dos Estados Unidos no Vietnã. Entre 1980 e 1993, que Arrighi denomina *o último brilho do outono*, quando os Estados Unidos reagem a sua crise de hegemonia através da financeirização e do neoliberalismo. Elevam-se unilateralmente o valor do dólar e as taxas de juros, e liberaliza-se a circulação de mercadorias e capitais. Os Estados Unidos drenam grande parte da liquidez mundial e retomam, por esta razão, um crescimento superior à média mundial. Destroem os segmentos mais atrasados de sua economia, elevam o desemprego e reduzem os salários internos, que passam a ser contidos pelos impactos sobre a taxa de lucro das mercadorias baratas e concorrentes com a produção estadunidense que se exportam desde a economia mundial. Mas sua reestruturação apresenta grandes falhas: não detém a deterioração da sua liderança produtiva, nem impede o deslocamento do dinamismo econômico mundial para o Leste asiático e cria vultosos déficits comerciais, ou em conta corrente, e um enorme endividamento internacional através da venda de títulos da dívida pública. Uma terceira etapa se estabelece entre 1994 e 2015/20(?) e está vinculada ao desenvolvimento da fase ascensional de um novo ciclo de Kondratiev na economia mundial. Ela desloca para a taxa de lucro a prioridade dos investimentos na economia mundial, impulsiona um novo período de crescimento de largo prazo do capitalismo, mas aprofunda a decadência da hegemonia estadunidense.

Os ciclos de Kondratiev estão ligados a mudanças de paradigmas tecnológicos, duram em média 50-60 anos e se dividem em: fases A, de expansão, e centralidade da taxa de lucro, quando as inovações tecnológicas radicais são acompanhadas de mudanças organizacionais e institucionais adequadas para gerenciá-las; e fases B, de crise, quando não há essa convergência institucional e a acumulação se desloca para a taxa de juros e a financeirização. Esses ciclos têm sido estudados por um amplo conjunto de autores, sendo os principais Nicolai Kondratiev, Van Gelderen, Joseph Schumpeter, Ernst Mandel, Christopher Freeman, Carlota Perez e Theotonio dos Santos, ainda que com substantivas diferenças teóricas e analíticas de enfoque.

Um dos pontos mais decisivos para a análise desses ciclos é o estudo de sua morfologia. Para uma interpretação mais precisa da conjuntura, devemos aprofundar suas divisões e etapas. Schumpeter já havia postulado a necessidade de um modelo analítico que o desdobrasse em quatro subfases, onde a expansão se dividiria em recuperação e prosperidade, e a crise, em recessão e depressão. Na mesma direção desse autor, postulamos o detalhamento da análise desses ciclos, dividindo-os em seis importantes subfases.

Tanto Nicolai Kondratiev como Schumpeter, ao analisarem seus determinantes, destacaram, entre eles, a periodicidade da renovação dos meios de produção básicos ou inovações primárias, denominados na literatura contemporânea de paradigmas tecnológicos. Essas inovações básicas e primárias se desdobrariam em inovações secundárias e terciárias, às quais se articulariam, estabelecendo trajetórias tecnológicas vinculadas. Chave para esse desdobramento é a geração e renovação dos meios de produção de tempo médio, que, como assinala Nicolai Kondratiev, estão na base dos Juglars, períodos de oscilação de aproximadamente 10 anos. Cada oscilação do Kondratiev comportaria três Juglars e poderíamos caracterizá-las da seguinte forma: a fase de expansão, que se dividiria em retomada, prosperidade e maturidade; e a de crise, em recessão, depressão e recuperação. A passagem de cada subfase à seguinte é caracterizada por uma pequena oscilação descendente que desorganiza a tendência prevalecente para institucionalizar a nova.

Em âmbito econômico, os principais indicadores da ocorrência desse ciclo são as variações das taxas de crescimento do PIB *per capita*, da taxa de lucro e da taxa de juros. Períodos cíclicos de expansão implicam o deslocamento do eixo da acumulação para o setor produtivo e apresentam aceleração consistente do PIB *per capita* e alta sustentada da taxa de lucro. Nesses períodos, em seu conjunto, a taxa de lucro supera a de juros real que está limitada pelo crescimento do PIB. Os juros sofrem queda abrupta ao final da recuperação que antecede a expansão longa, expandem-se lentamente a partir da retomada, ganham maior fôlego durante o conjunto da expansão e ao aproximar-se o esgotamento de cada subfase, particularmente ao final da maturidade, quando ultrapassam as taxas de expansão do PIB. Durante as crises de curta duração, que intermediam a transição para cada subfase da expansão, os juros são nivelados abaixo das taxas de crescimento para estimularem a recuperação econômica. A expansão eleva o investimento, o nível de emprego, a organização da classe trabalhadora, e tende a reduzir a dívida pública. Inversamente, durante as crises de longa duração, a queda do crescimento econômico e da taxa de lucro desloca a acumulação para a taxa de juros. Sua elevação se desenvolve, principalmente, durante a depressão, uma vez esgotadas as tentativas de políticas anticíclicas, e conduz ao desemprego, à queda do investimento produtivo, à desorganização da classe trabalhadora, à centralização financeira, tendendo a elevar a dívida pública.

Uma vez apresentados, em linhas gerais, os instrumentos conceituais para a análise da conjuntura contemporânea, convém fazermos duas ressalvas metodológicas antes de a abordarmos mais diretamente.

Em primeiro lugar, o esquema geral dos ciclos e tendências seculares necessariamente simplifica a realidade. Os ciclos e as tendências seculares não são forças automáticas que atuam de forma independente da vontade humana. São expressões relacionais de certos padrões sociais dominantes de organização da vida humana e afirmam a dinâmica mais profunda do desenvolvimento do capitalismo. A sua expressão histórica supõe importantes contradições que fazem parte de sua própria temporalidade e podem desarticulá-la. Situamos, a partir de Marx, a teoria como um movimento que parte do abstrato ao concreto de uma totalidade que se desenvolve. No desdobramento do simples ao complexo, surgem contradições que podem ser incorporadas às suas tendências fundamentais e ampliar sua escala e força de atuação, ou, inversamente, desarticulá-las para construir uma nova totalidade. Dessa forma, os ciclos e tendências seculares expressam não apenas movimentos econômicos, mas políticos, sociais e ideológicos.

Em segundo lugar, a conjuntura contemporânea deve ser descrita pela articulação dessas três tendências da longa duração, que se condicionam e se modificam reciprocamente ao se integrarem para a criação de um contexto histórico determinado. As de alcance mais longo exercem, entretanto, os efeitos condicionantes mais potentes e as de menor duração sofrem maior alteração em seu funcionamento.

Dessa forma, podemos situar na economia mundial contemporânea, entre 1967 e 1993, a crise de um ciclo de Kondratiev que se inicia em 1939. A partir de 1994, se estabelece um novo Kondratiev, cuja retomada podemos localizar entre 1994 e 2000. Os anos 2001/02 são de crise e transição para a fase de prosperidade que se inicia em 2003 e deverá ter duração similar à retomada. É provável que a fase de maturidade se inicie na próxima década e se esgote em sua segunda metade.

Esse Kondratiev tem, entretanto, características especiais. Ele não apresenta a força econômica, social, política e ideológica do Kondratiev anterior, que se inicia ao fim dos anos 1930. Sobre ele pesam forças depressivas de mais larga duração que limitam sua capacidade de inflexão histórica. Essa limitação manifesta-se na mediocridade de seus resultados econômicos, políticos e ideológicos. No plano econômico, embora haja uma significativa elevação do crescimento do PIB *per capita*, este não alcançará os níveis do período anterior, nem a sua extensão.[1]

---

[1] Entre 1994 e 2002, período que indica a recuperação da economia mundial e seu intervalo para a prosperidade, o PIB *per capita* mundial se expande em 2%, bem acima do desempenho alcançado por esta entre 1974 e 1993, de 1,2%. Consideramos esse período paradigmático para a prospectiva de crescimento da fase expansiva do Kondratiev e de sua durabilidade. Ele associa à expansão seus pequenos intervalos recessivos, uma vez que em

No plano político e ideológico, sua radicalidade é contida pela incapacidade de desarticular as forças que prolongam a decadência do *hegemón* com o poder que detém sobre a institucionalidade mundial, criada sob a liderança estadunidense. Há um paralelo entre a fase ascensional do novo Kondratiev e a que se desenvolveu durante a crise da hegemonia britânica. Esta não conseguiu desmontar as tensões políticas e sociais que derivavam da crise da organização imperialista da economia mundial, liderada pela Grã-Bretanha, e que se expressa na forma aguda que adquire a partilha do mundo nos anos 1870-90. Apenas com a organização de um novo ciclo sistêmico e o estabelecimento de uma nova hegemonia, associada a um novo Kondratiev, reformulou-se amplamente a institucionalidade da economia mundial.

Da mesma forma, o presente Kondratiev parece incapaz de gerar forças sistêmicas que reformulem significativamente a organização institucional, política e ideológica da economia mundial. O neoliberalismo permanece como a força ideológica dominante do mundo contemporâneo. Adotado pelos Estados Unidos, a partir de 1979, e da vitória neoconservadora de Reagan, como instrumento para solucionar a crise de hegemonia, fracassa em seus objetivos mais profundos, mas a prolonga, aumentando a sua gravidade. A alternativa ideológica que o novo Kondratiev criou em relação às forças que dirigem a trajetória da crise de hegemonia é a da *terceira via*. Em sua atual formulação, significa um conjunto de forças que, embora

---

2001/02 a expansão do PIB *per capita* cai para níveis de crise, alcançando 1,4%. Uma análise comparativa evidencia que apresenta desempenho inferior ao alcançado pela economia mundial no período de expansão longa de 1939-73, quando esta atravessa o final do caos sistêmico e se expande em 2,3% e, principalmente, ao seu período dourado, entre 1950 e 1973, posterior ao caos, quando se expande em 2,9%. Atribuímos parte da resistência dos cientistas sociais em aceitar o ingresso em uma nova fase expansiva do Kondratiev à mediocridade dos seus resultados econômicos e ao fato de que se toma, como referência de expansão longa, os anos dourados do *Kondratiev* anterior, e não, como deve ser, toda a extensão de sua fase expansiva, o que inclui a II Grande Guerra do século XX (Groningen Growth and Development Centre, 2005; Council of Economic Advisers, 2005; Maddison, 2001).

mantenha a liberdade de circulação de capitais e de mercadorias ou a sacralidade dos direitos contratuais dos mercados, busca limitar a financeirização, reduzindo a escalada dos juros e da dívida pública, e os efeitos mais excludentes da competição monopólica, ao criar um espaço limitado para as políticas compensatórias. Essa hegemonia ideológica do neoliberalismo restringe amplamente a possibilidade de realizar uma reformulação institucional do mundo contemporâneo para democratizar os espaços intergovernamentais de poder: ONU, FMI, Banco Mundial e OMC.

Entretanto, o Kondratiev gera alternativas políticas não apenas sistêmicas, mas anti-sistêmicas. Se as primeiras buscam reformular o moderno sistema mundial para renovar a vitalidade de seu componente mais fundamental, a acumulação de capital, as últimas buscam superá-lo e criar outro sistema mundial. Nicolai Kondratiev, socialista, mas interessado em demonstrar a existência dos ciclos, enfatizou principalmente as primeiras, que se desencadeavam na transição da crise para uma nova fase expansiva. Ernst Mandel, por sua vez, preocupado em viabilizar as alternativas revolucionárias, enfatizou as perspectivas anti-sistêmicas que se configuravam na primeira década da crise, que encerrava a longa expansão. Podemos afirmar que o balanço histórico dos séculos XIX e XX favorece a Nicolai Kondratiev.

As forças transformadoras da economia mundial atuaram predominantemente em direção capitalista, mas é importante mencionar que não teriam êxito se o fizessem de maneira isolada e unilateral, sem capturar, em seu favor, elementos anti-sistêmicos e socialistas. O desenlace de um novo Kondratiev em meados do século XX e a reorganização mundial da economia capitalista não podem ser explicados sem a vitória do socialismo na União Soviética e sua expansão em direção ao Ocidente, para derrotar o fascismo europeu. Vencida a guerra, a sua existência e a suposta "ameaça" que representava ao "Ocidente" foi o pretexto engendrado para que o governo dos Estados Unidos viabilizasse, junto ao Parlamento estadunidense, o novo papel internacionalista e hegemônico de seu Estado, financiando a recuperação de zonas estratégicas do sistema mundial. E, do ponto de vista da gestão da economia, o alto nível de intervenção do Estado, indispensável para geração do Kondratiev do pós-guerra, baseou-se amplamente na experiência soviética de planejamento estatal.

Entretanto, se o balanço histórico das forças transformadoras, nos séculos XIX e XX, favoreceu a direção capitalista, isso também será verdade para o século XXI? Em nossa opinião, dificilmente. Junto com o desenvolvimento do Kondratiev em curso, avançam as tendências seculares depressivas, impulsionadas pela revolução científico-técnica. Estas inviabilizam o relançamento dos ciclos sistêmicos e de Kondratiev e abrem o espaço para que as forças anti-sistêmicas tenham efetivamente protagonismo mundial. A revolução científico-técnica não apenas entra em contradição crescente com o assalariamento, como mencionamos, fundamento do modo de produção capitalista, mas com as hegemonias, pilar fundamental de sua superestrutura política. A ciência é altamente intensiva em difusão e contradita a concentração do monopólio tecnológico e sua sustentação em um Estado. A aceleração tecnológica da economia mundial já vem reduzindo a extensão dos ciclos sistêmicos, mas, com o desenvolvimento da revolução científico-técnica e a globalização, que esta impulsiona, cria-se um fenômeno novo, pois a difusão deixa de ser apenas um componente para se tornar o eixo dinâmico do progresso técnico.[2]

Durante o desenvolvimento do Kondratiev em curso, deverão armar-se as forças sociais anti-sistêmicas que, diante do esgotamento do moderno sistema mundial, buscarão configurar um poderoso bloco histórico, capaz de estabelecer um novo sistema mundial, baseado numa civilização planetária que expressará um novo tipo de socialismo. Este estará fundado na democracia radical para reformular os espaços mundiais, regionais, nacionais e locais, e na diversidade cultural. Quanto mais avançar o Kondratiev, em suas subfases, na direção do esgotamento de sua expansão, maior será a

[2] O deslocamento do dinamismo da economia mundial para o Leste asiático, região que concentra cerca de 40% da humanidade, expressa essa tendência e apresenta forte restrição às hegemonias. Estas requerem instrumentos de gestão que garantam o protagonismo da lógica econômica da acumulação sobre as pressões sociais e políticas. Por isso, basearam-se em Estados que nunca ultrapassaram mais de 5% da população do planeta e que recusaram a centralização institucional do sistema mundial, pela via do império ou da democracia globais, meios pelos quais a lógica da política tenderia a prevalecer sobre a economia.

sua necessidade histórica. Esse projeto coloca-se como uma possibilidade estrutural, cujo êxito, entretanto, dependerá de capacidade ideológica, política e organizativa.

A mudança do panorama político, ao final da retomada que inicia o novo Kondratiev, deixa bastante evidente essa necessidade e expressa a crescente radicalização política e social que acompanha o esgotamento da retomada do novo Kondratiev. Do pensamento único e da vitória da civilização liberal preconizada por Fukuyama, no começo dos anos 1990, passamos, a partir do final da década, às manifestações globais contra o neoliberalismo, à organização do Fórum Social Mundial, ao atentado de 11 de setembro contra o World Trade Center e o Pentágono, aos protestos globais contra a guerra e a ocupação estadunidense do Iraque. Na América Latina, assistimos a uma ampla crise de legitimidade do neoliberalismo e à conquista de governos por forças de centro-esquerda ou nacionalistas, que se dividem entre o compromisso com versões de terceira via, abandonando uma importante oportunidade histórica, ou radicalizam, com aparente êxito, suas posições diante das resistências das oligarquias internacionais e nacionais, casos de Hugo Chávez, na Venezuela, e, em menor medida, de Nestor Kirchner, na Argentina.

Todavia, se o Kondratiev, que se inicia nos anos 1940, precisou incorporar elementos socialistas para sua realização, uma reformulação socialista da economia mundial necessita, por sua vez, incorporar elementos de capitalismo. Isso implica que a luta por um sistema mundial socialista só pode obter êxito a partir da conquista de posições socialistas no âmbito da economia mundial capitalista. A construção de um sistema mundial socialista exige uma colossal articulação de forças estatais, partidos políticos e movimentos sociais. Ele deverá ultrapassar os limites da civilização capitalista e proceder à democratização radical das relações internacionais e dos Estados nacionais. Os caminhos históricos dessa construção são de difícil previsão, mas partirão da anarquia relativa da economia-mundo capitalista para combinar guerras de posição e de movimentos em dimensões locais, nacionais, regionais e globais. Entre os desafios do movimento socialista, está o de garantir a paz nessa transição e impedir que a tentativa de substituir a hegemonia por um imperialismo global de caráter fascista, que parte do setor mais agressivo da alta burguesia estadunidense – diante das dificuldades de preservar a hegemonia ou de apostar num novo ciclo que lhe garanta um lugar privilegiado no sistema mundial –, dirija a humanidade para uma nova guerra mundial que a aniquile.

Como a América Latina deve situar-se diante desse contexto? Essa é a questão que buscaremos responder na próxima seção.

A América Latina e a conjuntura contemporânea

Situada na conjuntura contemporânea, do ponto de vista sistêmico, como zona de hegemonia regional de um *hegemón* decadente, a América Latina desmonta o projeto desenvolvimentista que estabeleceu entre 1930 e 1980, quando se projetou como uma região de destaque da periferia da economia mundial, e passa a ter um dos piores desempenhos econômicos e sociais de sua história, perdendo relevância política e ideológica.

Na origem desse desempenho, está sua dependência regional a um *hegemón* decadente. Se essa dependência, apesar de suas importantes contradições, foi útil nos anos 1950-70 para redefinir o modelo de substituição de importações e prolongar seus limites, desde os anos 1980, quando os Estados Unidos propagam o neoliberalismo para responder a sua decadência, se converte em uma importante restrição ao desenvolvimento da região.

A difusão do neoliberalismo à América Latina por parte dos Estados Unidos tem por objetivo melhorar sua posição competitiva na economia mundial e prolongar sua decadência. Isso se realiza por dois mecanismos.

Inicialmente, durante a fase depressiva do ciclo de Kondratiev, pela apropriação de importantes excedentes financeiros por mecanismos especulativos. A isso corresponde a brutal elevação das taxas de juros nos Estados Unidos, em 1979-92, e seus impactos na dívida externa da região. Nesse período, a América Latina, em sua maior parte, mantém a estrutura protecionista da substituição, mas compromete os seus superávits com o pagamentos dos juros e serviços da dívida externa.

Posteriormente, busca-se conter os déficits em conta corrente nos Estados Unidos, calcanhar-de-aquiles de sua hegemonia, através da geração de superávits comerciais com a América Latina e utilização de sua força de trabalho superexplorada para baratear a elaboração de partes e componentes, incorporados às mercadorias finais estadunidenses, mas cuja produção é parcialmente descentralizada à região. Essa estratégia envolveu a formação do Consenso de Washington e a exigência da aplicação de políticas neoliberais na América Latina, fundadas na liberalização comercial e financeira. Estabelecem-se duas gerações de políticas públicas: na primeira, em que a América Latina pratica o câmbio fixo sobrevalorizado, prioriza-se a geração de superávits comerciais e preserva-se a especulação como importante fonte de acumulação e apropriação de excedentes financeiros, o que repercute intensamente em suas dívidas interna e externa; na segunda, utiliza-se o câmbio flutuante para gerar-se, através da descentralização produtiva à região, o aumento da competitividade nos Estados Unidos. Essa última estratégia não elimina, para a América Latina, o déficit comercial como sua conseqüência, mas o torna menos agudo. Durante as crises, quando o capital estrangeiro intensifica suas saídas da região, geram-se importantes saldos comerciais que financiam os déficits comerciais e em conta corrente criados nos períodos de expansão. O resultado geral da balança comercial tende a ser negativo ou, na melhor das hipóteses, um magro superávit incapaz de financiar os egressos de capital que predominam sobre as entradas no balanço de pagamentos de uma região dependente.

O neoliberalismo, portanto, gera para a América Latina a insustentabilidade de seu crescimento econômico pela incapacidade de estabelecer uma arquitetura institucional para financiá-lo. Em conseqüência, aprofundam-se a desnacionalização, o endividamento e a superexploração da região. O futuro medíocre que nos oferece a atual vinculação à hegemonia em curso reforça a necessidade de se buscarem alternativas.

O desafio da América Latina, enquanto região periférica do sistema mundial, é duplo: de um lado, erradicar a pobreza e reduzir as disparidades de renda e propriedade internas; de outro lado, projetar-se em direção ao centro da economia mundial para superar sua condição de periferia. Se, para o primeiro desafio, o socialismo nos pode dar a resposta, o segundo desafio exige, sem abandoná-lo, matizá-lo. Para ascender ao centro da economia mundial, é necessário que a região evite seu isolamento no sistema-mundo e inverta a relação que tradicionalmente estabeleceu com o capital estrangeiro, tornando-o um instrumento de sua capitalização e não de descapitalização. Mas como fazê-lo? Pois este utiliza a região como um espaço de acumulação que lhe proporciona saídas de capital superiores às entradas e o auxilia a concentrar capital nos grandes centros de expansão mundial.

A única forma de inverter essa lógica é alterando o atrativo de investimento que a América Latina oferece à economia mundial capitalista. Esta tem lhe proporcionado ativos baratos e de baixa qualidade, que encontram sua principal expressão na força de trabalho superexplorada. Entretanto, estes limitam a continuidade dos investimentos, pois os baixos salários restringem o mercado interno e a exposição do subdesenvolvimento tecnológico à competição pressiona negativamente a taxa de lucro.

Numa era de desenvolvimento da revolução científico-técnica, a qualidade da força de trabalho torna-se o principal ativo tecnológico. Para proporcioná-la, a América Latina deverá romper com a sua superexploração, pois esta limita o investimento no aumento do seu valor, ao reduzir os seus preços abaixo deste. Mas a ruptura com a superexploração é também a ruptura com o capitalismo dependente ao qual esta se articula. O aumento do valor da força de trabalho exige a liberação dos compromissos financeiros externos e internos que impedem o investimento maciço em ciência e tecnologia, educação, saúde, infra-estrutura habitacional, gêneros de primeira necessidade, cultura e lazer, capazes de elevar os níveis de vida e de consumo dos povos latino-americanos.

Sustentamos que um projeto desse tipo, que se inscreve nos marcos de transição ao socialismo, embora se confronte num primeiro momento com as diretrizes do sistema mundial, terá amplas condições de se impor na economia-mundo, por duas grandes razões.

Em primeiro lugar, a erradicação da miséria e da pobreza, a elevação dos níveis de consumo popular e a limitação dos egressos de capital, combinadas a uma gestão macroeconômica que garanta um superávit estrutural na balança comercial, elevariam as taxas de investimento e abririam uma perspectiva de crescimento intenso e sustentado na região. A construção da eqüidade interna num espaço de forte desigualdade garantiria, por si mesma, uma trajetória intensa e prolongada de expansão. Isso proporcionaria um papel estratégico aos países mais avançados da periferia e aos processos de integração regional, por sua maior capacidade de combinar a articulação das capacitações locais e a reversão das desigualdades.

Em segundo lugar, uma vez superado o choque com as estruturas internas e externas da dependência, o êxito econômico do processo de desenvolvimento garantiria apoio do capital estrangeiro à sua expansão e renovação. Isso ocorreria porque a construção da eqüidade na América Latina disponibilizaria, para o capital internacional, uma força de trabalho qualificada e, ainda, relativamente barata para os padrões internacionais, redirecionando os seus investimentos e proporcionando, à periferia mais avançada e sua influência regional, fluxos sustentáveis de entrada de capital para inverter a lógica das relações de dependência.[3] Como vimos, a revolução científico-técnica tende a elevar o valor da força de trabalho em relação à produtividade e a pressionar negativamente a taxa de mais-valia. Essa contradição é resolvida nos países centrais com o desemprego e a precarização do trabalho que permite aos preços da força de trabalho cair abaixo de seu valor. Mas esse procedimento gera um subinvestimento nesses países, a ser disponibilizado a quem, no mercado mundial, proporcionar uma força de trabalho cuja relação valor/preço seja mais atrativa ao capital internacional. Os países periféricos, ao liquidarem sua dependência e seu vínculo histórico com a superexploração do trabalho, podem, elevando o valor de sua força de trabalho e ainda, mais que proporcionalmente, os preços desta – que seriam, ao final, incorporados ao valor como dimensão histórico-moral mais avançada da classe trabalhadora –, cumprir esse papel.

Há, portanto, um certo "espaço de consenso" a ser buscado pelos países dependentes na conjuntura internacional de crise sistêmica do capitalismo, que remete à combinação entre guerras de posição e de movimento no mundo contemporâneo, anteriormente referida. Estes, ao liquidarem a superexploração, fundamento de sua dependência, não se estariam isolando do sistema mundial, como supõe a versão conservadora da teoria da dependência, liderada por Fernando Henrique Cardoso. Estariam criando as condições para dirigir uma ofensiva sobre o sistema mundial capi-

---

[3] O alto grau de competição na economia internacional que acompanha a crise de hegemonia e a aceleração tecnológica seria outro fator relevante para postular o êxito dessa alternativa na América Latina e que dificultaria a unidade política do capital internacional contra a região.

talista, capaz de, no médio prazo, prolongar sua decadência, mas simultaneamente de questionar uma de suas bases mais fundamentais: a divisão da economia mundial entre centro e periferia. O papel cumprido pela China e por um "socialismo de mercado" na periferia parece, quanto a isso, exemplar e ilumina as complexidades da transição do sistema mundial capitalista a uma civilização superior.

Referências bibliográficas

ARRIGHI, Giovanni. *A ilusão do desenvolvimento*. Petrópolis: Vozes, 1997.

BAMBIRRA, Vânia. *El capitalismo dependiente latinoamericano*. México, DF: Siglo XXI, 1974.

BORON, Atilio. *A coruja de Minerva*: mercado contra democracia no capitalismo contemporâneo. Petrópolis: Vozes, 2001.

BRAUDEL, Fernand. História e ciências sociais. 5. ed. Lisboa: Presença, 1986.

CAPUTO, O.; PIZARRO, R. *Dependencia y relaciones internacionales*. Costa Rica: Educa, 1973.

COUNCIL OF ECONOMIC ADVISERS. *Economic report of the president*. Washington: United States Government Printing Office, 2005.

GRONINGEN GROWTH AND DEVELOPMENT CENTRE. Groningen Growth and Development Centre and The Conference Board, Total Economy Database. 2005. Disponível em: <www.ggdc.net>.

KONDRATIEV, Nicolai. *Los ciclos largos de la coyuntura economica*. México: Unam, 1992.

MADDISON, Angus. *La economía mundial 1820-1992*: análisis y estadísticas. Paris: OECD, 1997.

______. *Chinese economic performance in the long run*. Paris: OECD, 1998.

______. *The world economy*: a millennial perspective. Paris: OECD, 2001.

MANDEL, Ernst. *Long waves of capitalism development*: the Marxist interpretation. Cambridge: Cambridge University Press, 1980.

MARINI, Ruy Mauro. *Dialéctica de la dependencia*. México, DF: Ediciones Era, 1973.

______. Procesos y tendencias de la globalización capitalista. In: ______; MILLÁN, M. (Coords.). *La teoría social latinoamericana* 4: cuestiones contemporáneas. México, DF: Unam, 1996.

MARTINS, Carlos Eduardo. *Globalização, dependência e neoliberalismo na América Latina*. 2003. Tese (Doutorado) – Departamento de Sociologia, Universidade de São Paulo, São Paulo, 2003.

SANTOS, Theotonio dos. *A teoria da dependência*: balanço e perspectivas. Rio de Janeiro: Civilização Brasileira, 2000.

WALLERSTEIN, I. *The essential Wallerstein*. New York: The New Press, 2000.

O Conselho de Desenvolvimento Econômico e Social do governo Lula

*Sonia Fleury**

Uma das primeiras medidas do governo Lula foi a criação do Conselho de Desenvolvimento Econômico e Social (CDES),[1] órgão de consulta da presidência à sociedade civil e, ao mesmo tempo, um canal institucionalizado de negociação de pactos entre diferentes atores societários e o governo, em relação à agenda das reformas econômicas, políticas e sociais.[2]

O objetivo deste estudo é analisar a recente criação do CDES, examinando a experiência nacional comparativamente aos seus congêneres em

---

* Doutora em ciência política; professora da Escola Brasileira de Administração Pública e de Empresas da Fundação Getulio Vargas, onde coordena o Programa de Estudos da Esfera Pública. Disponível em: <www.ebape.fgv.br/pp/peep>.

[1] Medida Provisória nº 103, de 1-1-2003.

[2] O art. 1º do Regimento Interno do CDES define-o como órgão colegiado de assessoramento direto e imediato do presidente da República, com a missão de:

I – propor políticas e diretrizes específicas, voltadas ao desenvolvimento econômico e social, produzindo indicações normativas, propostas políticas e acordos de procedimento;

II – apreciar propostas de políticas públicas e de reformas estruturais e de desenvolvimento econômico e social que lhe sejam submetidas pelo Presidente da República, com vistas à articulação das relações de governo com representantes da sociedade civil organizada e a concertação entre os diversos setores da sociedade nele representados.

âmbito internacional e à luz da teoria democrática, discutindo a efetividade dessa forma de participação relativa à criação de um espaço institucionalizado de democracia deliberativa.

Trata-se de uma análise produzida a partir da experiência vivida como conselheira durante os últimos dois anos e meio, bem como pela possibilidade de utilizar as categorias de análise social de forma a permitir um distanciamento mínimo e um olhar sociológico sobre este objeto.

Estado e sociedade no Brasil: patrimonialismo, autoritarismo e exclusão

O Brasil experimentou, no século XX, um processo intenso e muito rápido de transformações, saindo, nos anos 1930, de uma sociedade tradicional organizada em torno da economia agroexportadora de produtos como a cana-de-açúcar e o café, para construir o que chegou a ser, na década de 1980, a oitava economia industrial do mundo. A concretização desse salto para uma sociedade urbana e uma economia industrializada foi capitaneada por um Estado desenvolvimentista, que fundamentou seu poder na manutenção de uma ampla coalizão conservadora e na capacidade dos dirigentes de usarem o aparato estatal para incluir e cooptar as frações urbanas da classe trabalhadora e da emergente burguesia industrial, por meio de mecanismos institucionais que consolidaram o pacto corporativo. Da mesma forma, a impossibilidade de romper com os interesses do tradicional setor agroexportador, de cujo excedente dependia o projeto de industrialização, teve implicações profundas na manutenção de uma cultura política e uma institucionalidade excludentes.

A autonomia estatal não foi, entretanto, suficiente para impedir o enfeudamento das estruturas estatais pelos diferentes interesses incorporados ao pacto sociopolítico, gerando o paradoxo de um Estado forte e interventor, porém fragilizado por sua incapacidade de distanciar-se dos interesses particulares e atuar em prol do capitalismo em sentido genérico. O capitalismo politicamente orientado institucionaliza um tipo de domínio cuja legitimidade se assenta no tradicionalismo (Faoro, 1993:733), demonstrando a persistência secular da estrutura patrimonial, sua compatibilidade com a produção capitalista e sua transformação de patrimonialismo pessoal em patrimonialismo estatal.

Ainda que o modelo corporativo de relação entre Estado e sociedade incluísse tanto os trabalhadores sindicalizados como os empregadores, certo é que as elites econômicas sempre mantiveram, paralelamente à estrutura corporativa, outras modalidades de organização não controladas pelo Estado, que passaram a ter assento privilegiado no planejamento da política industrial. Já a política em relação à classe trabalhadora combinou repressão, exclusão e incorporação controlada da participação e das demandas sociais.

A ruptura constitucional de 1964 eliminou o modelo populista de ativação dos trabalhadores, reprimindo suas atividades políticas e sua participação na gestão das políticas sociais, mas deu prosseguimento ao modelo econômico desenvolvimentista e gerou novas formas de intermediação de interesses entre empresários privados e burocracia pública, aprofundando as articulações e solidariedade entre empresa pública, empresa privada e capital internacional.

A partir dos anos 1970, com o esgotamento do milagre brasileiro e com as transformações subseqüentes na economia mundial globalizada, ficou patente que a estrutura de intermediação de interesses montada nos anos 1930 e persistente até os dias atuais – o chamado pacto corporativo – já não era capaz de dar vazão às demandas de uma sociedade cada vez mais complexa, com um tecido social adensado pelas transformações dos antigos atores do pacto corporativo – empresários e trabalhadores – e com o surgimento de uma miríade de novas formas organizativas – movimentos sociais e organizações não-governamentais.

Foram emergindo novas formas de organização, negociação e concertação, o que demonstrava que o país já assimilava uma nova estrutura de intermediação de interesses, paralelamente à estrutura tradicional de corporativismo estatal. Enquanto o corporativismo estatal dos anos 1930-40 indicava um crescimento do Estado sobre a sociedade debilmente organizada, as novas formas de negociação tripartite que emergiram no final da década de 1980 indicavam o amadurecimento das formas organizativas dos principais agentes econômicos, bem como sua autonomização do Estado. Nesse sentido, tratava-se de uma modalidade de intermediação de interesses de caráter societário, também identificada como um tipo de neocorporativismo, o que nos aproximava da experiência européia de negociação e concertação.

Conselhos de desenvolvimento e democracia

A experiência internacional de conselhos de desenvolvimento remonta à metade do século passado, com a criação dos primeiros conselhos na França (1946-58) e Holanda (1950), vinculando-se à tradição de negociação e representação corporativa que fundamentou a experiência da socialdemocracia européia. Atualmente também existem conselhos na Áustria (1963), em Portugal (1991/92), na Espanha (1991), na África do Sul (1995), além do Comitê Econômico e Social Europeu (Cese, 1957).

A maioria dos conselhos existentes possui uma composição corporativa, com representação dos empregadores, trabalhadores e governo (com a exceção da Áustria, onde o governo não participa). Além destes, compõem em geral o conselho representantes dos consumidores e/ou da comunidade e alguns intelectuais considerados personalidades qualificadas. A perspectiva de negociação entre capital e trabalho é reforçada pela vinculação de alguns conselhos aos ministérios do Trabalho (África do Sul, Espanha), ou por serem originados em acordos entre centrais sindicais e patronais (Áustria), ou por terem como fonte de financiamento uma contribuição específica do setor produtivo (Holanda). Conseqüentemente, a maioria dos conselhos funciona através de câmaras setoriais voltadas para questões trabalhistas e outras que as afetem, como aquelas relativas ao desenvolvimento regional, financeiras, internacionais, econômicas e sociais. Como explicitado na definição da missão do conselho da Holanda (Sociaal-Economische Raad, SER), sua tarefa principal é aconselhar o governo sobre temas de natureza econômica e social, de acordo com os objetivos de crescimento econômico balanceado e desenvolvimento sustentável, com a maior participação dos trabalhadores, com vistas a uma distribuição justa de renda.

A composição e a estrutura desses conselhos denotam sua inserção como parte da construção do capitalismo organizado, instituído pelos socialdemocratas, gerando um compromisso de classes, no qual a classe trabalhadora abre mão dos ideais revolucionários de abolição da propriedade privada, em troca das medidas de redistribuição da riqueza que se efetua por meio das políticas públicas.

Segundo Przeworski (1989:174), "a democracia capitalista simultaneamente estrutura as atividades políticas na forma de participação política e reduz os conflitos políticos a questões materiais de curto prazo. Gera conflitos sobre questões materiais ao mesmo tempo em que reduz os conflitos a essas questões".

A estruturação das atividades políticas que permitiu a compatibilização entre democracia de massas e o capitalismo é identificada por Offe (1984:361) como decorrente de dois arranjos institucionais que permitiram a mercantilização da política e a politização da economia privada, quais sejam, a democracia partidária competitiva e o *welfare state* keynesiano.

Dessa forma, o modelo hegemônico de concepção da democracia no século XX afasta-se das origens clássicas do conceito, visto como governo dos cidadãos e tendo como base uma crítica ao despotismo, encontrando em Rousseau o ideal igualitário com o ideal republicano, cujo fundamento do poder político é a noção da soberania popular, que se expressa como vontade geral inalienável e indivisível (Bobbio, Matteucci e Pasquino, 1995).

Schumpeter (1984:336) critica a concepção clássica da democracia fundada na realização do bem comum, para defini-la em termos procedimentais, como um método: "o método democrático é aquele acordo institucional para se chegar a decisões políticas em que os indivíduos adquirem o poder de decisão através de uma luta competitiva pelos votos da população". Ou seja: um conjunto de regras que assegure a autorização para a tomada de decisões em nome da maioria (Bobbio, 1986:18-19).

O modelo institucional que concretiza essa concepção de democracia é a representação, por meio da qual as vontades individuais expressas através do voto, em alternativas que são oferecidas pelos partidos políticos, são agregadas e autorizam o exercício do poder de forma legítima. As regras da democracia dizem respeito a como se deve chegar às decisões, mas não ao conteúdo dessas decisões. O esvaziamento do conteúdo moral da democracia absolutiza os aspectos formais e procedimentais, em detrimento dos valores relacionados ao bem comum, à igualdade e à participação ativa dos cidadãos.

Esse modelo hegemônico da democracia representativa desconhece a experiência corporativa dos conselhos como mecanismos de confrontação dos interesses e de negociação de consensos entre atores socialmente constituídos. No entanto, a experiência mostra que o modelo liberal da democracia representativa, ainda que hegemônico na teoria política, foi acompanhado de formas coletivas de concertação, em países que experimentaram o fenômeno histórico da socialdemocracia. Recentemente, países que passaram por situações de transição à democracia também inauguraram a modalidade de conselhos (Portugal, Espanha, África do Sul, Brasil), como um formato institucional para transacionar os conflitos entre os interesses sociais organizados.

Em grande parte, isso se explica pelo crescente descrédito em relação à democracia representativa como mecanismo eficaz de agregação de interesses e resolução de conflitos e pelos problemas de governabilidade que vêm sendo crescentemente enfrentados, devido à desconfiança nas autoridades governamentais e nos processos decisórios sobre as políticas públicas. Fatores como o crescente poder de veto do capital, a progressiva complexidade, burocratização e tecnicização do processo de planejamento governamental, as negociações informais entre grupos de interesse e burocratas, são apontados como responsáveis pelo baixo potencial de criação de unidade política através da democracia representativa (Offe, 1990).

Entre os muitos críticos da democracia representativa, encontra-se Hirst (1992), que aponta como seus limites a ausência de mecanismos que assegurem a prestação de contas, a influência e a possibilidade de participação da população. Ele defende o corporativismo como forma de representação funcional dos interesses que tem como vantagens a introdução, na classe política, de pessoas que não são puramente políticos profissionais e a democratização da influência informal, que atualmente só existiria para os grupos mais poderosos. Sua proposta é uma combinação virtuosa, baseada na diferenciação funcional entre a democracia representativa e os mecanismos corporativos de representação dos interesses (1992:22):

> Assim, não precisamos de dispositivos sociais fixos para ter uma representação corporativa efetiva. Isto só ocorreria se atribuíssemos ao corporativismo as mesmas tarefas da democracia representativa e, portan-

> to, procurássemos criar uma câmara ou assembléia corporativa formal e dotada de verdadeira "representatividade" social. O corporativismo deveria suplementar a democracia representativa, não suplantá-la. Suas funções são muito diferentes: os fóruns corporativos servem para facilitar a consulta (e com isto a comunicação) e a coordenação (e com isto a negociação) entre interesses sociais e órgãos públicos. Servem como canais para a influência recíproca de organismos governantes e governados. Isto propiciaria à influência governada e aos governantes os meios para orquestrar efetivamente a política, minimizando ao mesmo tempo a coerção.

Na sua visão, os fóruns corporativos não têm o propósito de legislar ou supervisionar o governo; seu objetivo é a consulta, a coordenação da atividade econômica e a negociação de ganhos e sacrifícios. Os conselhos europeus atendem plenamente a essas proposições, sendo concebidos como um mecanismo eficiente de geração de consenso entre os agentes econômicos, a partir da institucionalização de uma arena pública, em geral regulada pelo Estado, para coordenação da atividade econômica, assegurando maior legitimidade e governança.

Esses conselhos são também, em sua maior parte, fruto do ciclo ascendente da economia capitalista, que gerou as condições materiais necessárias para o consenso acerca de como distribuir melhor o excedente produzido em cada sociedade. Já os conselhos mais recentes, e também a experiência de concertação espanhola que gerou o pacto de Moncloa, são fruto de outro contexto, no qual o consenso decorre de um acordo em relação a valores democráticos, em sociedades que experimentaram regimes autoritários e excludentes. Nestes últimos casos, não existiriam as bases materiais para o consentimento, apontadas por Przeworski (1989), como fundamento da hegemonia capitalista durante a etapa da socialdemocracia keynesiana. Em outras palavras, a eficácia dos conselhos em contextos recessivos dependeria, fundamentalmente, do grau de adesão dos diferentes atores sociais a um programa político democrático, que fornecesse a base imaterial para geração de consensos acerca de como distribuir perdas, sem com isso ameaçar a ordem institucional em construção.

Recentemente, fenômenos universais, como a perda de legitimidade das instituições democráticas, tais como os partidos e o Parlamento, a fragmentação, progressiva complexidade e auto-organização da sociedade civil e a redução do poder dos Estados nacionais, têm levado a uma demanda crescente de uma nova e radical institucionalidade democrática, capaz de introduzir o direito à participação como parte da condição de cidadania.

Além da ausência de condições materiais que assegurem o consentimento, o contexto atual difere profundamente da etapa da socialdemocracia keynesiana, considerando-se a relação atual entre Estado e sociedade, já que a política foi descentrada, deslocando a ênfase dada ao processo decisório estatal para as práticas do cotidiano. Vários autores chamam a atenção para a profunda transformação cultural representada pelo papel ativo dos movimentos sociais na ampliação do político, no reconhecimento da diversidade cultural, no questionamento acerca da capacidade da democracia representativa de representar agendas e identidades específicas, enfim de representar a diferença (Santos e Avritzer, 2002).

Fraser (2001) identifica no declínio de uma dada gramática da política, correspondente à política de classe, o deslocamento do eixo da contestação desde a redistribuição até o reconhecimento das identidades e diferenças, incluindo questões relativas a gênero, raça, etnia, sexualidade etc.

A busca de uma nova institucionalidade para a democracia, que seja capaz de atender conjuntamente aos princípios de reconhecimento, participação e redistribuição, marca o momento atual. Trata-se da busca de uma articulação entre inovação social e inovação institucional que permitiria a construção de uma nova institucionalidade para a democracia. A democracia passa a ser vista, mais do que um procedimento, como uma prática social na qual se constroem as identidades coletivas, uma nova gramática de organização da sociedade que permite a redefinição dos vínculos sociais, a inclusão de novos temas e atores, a ampliação do político.

Esse modelo de funcionamento atende aos requisitos que a teoria democrática contemporânea identifica como o modelo de democracia deliberativa. Segundo Elster (1998), o ressurgimento da idéia da democracia deliberativa, depois de tantos anos de hegemonia do modelo de democracia representativa, está influenciado pela produção teórica de Habermas, que vê no processo de discussão entre cidadãos livres e iguais a possibilidade de transformação, mais que a simples agregação das preferências. Habermas (1996:297) vê o procedimento democrático como aquele que não se baseia em direitos universais ou em uma substância ética, mas nas regras do discurso e formas de argumentação, cuja normatividade é tomada da ação orientada para a busca de entendimento. Nesse sentido, além da agregação de interesses, o procedimento democrático permitiria a possibilidade de transformação dos interesses por meio da troca de informações e argumentações.

Diferentemente do modelo da democracia representativa, no qual os participantes se submetem a normas previamente aceitas para eleger entre alternativas, na democracia deliberativa as próprias normas são objeto de deliberação. A única norma previamente aceita é aquela que diz que o processo decisório coletivo deve contar com a participação de todos que serão afetados pela decisão ou por seus representantes. Esse seria o componente democrático. Já o componente deliberativo diz respeito a que o processo decisório seja feito por meio de argumentos oferecidos pelos participantes que estão comprometidos com os valores da racionalidade e da imparcialidade (Elster, 1998).

A democracia deliberativa é definida por Cohen (1998) como decisão coletiva que "emerge de arranjos que agregam escolhas coletivas estabelecidas em condições de livre e pública argumentação entre iguais, que são governados por essas decisões".

O modelo deliberativo é uma concepção substantiva e não meramente procedimental da democracia, envolvendo valores como o igualitarismo e a justiça social. "Os participantes são substancialmente iguais no sentido de que a distribuição de poder e recursos não molda suas chances de contribuir para a deliberação, nem esta distribuição desempenha um papel autorizado em sua deliberação" (Cohen, 1998).

Grande ênfase é dada à troca de informações entre os participantes, o que permitiria a transformação dos pontos de vista, e à exigência de argumentar em defesa de suas posições, o que favoreceria o entendimento e a geração de consensos mais amplos. O processo decisório não é para eleger entre alternativas, mas para gerar novas alternativas, o que possibilitaria maior inovação social. Finalmente, espera-se que as decisões assim tomadas propiciem maior justiça redistributiva e sejam mais sustentáveis.

Para viabilizar o processo de concertação, são necessárias a adesão dos participantes aos valores da democracia deliberativa – quais sejam, o reconhecimento do outro, a participação e a redistribuição – e a construção de uma metodologia que assegure a materialização desses valores em práticas discursivas e de intercâmbio entre os participantes.

A experiência brasileira

As iniqüidades socioeconômicas são resultado de uma longa tradição de cultura política autoritária e excludente. Nesses casos, só a radicalização da democracia, com a inclusão daqueles que foram alijados do poder em um jogo aberto e institucionalizado de negociação e/ou deliberação, pode romper o círculo vicioso da política, caracterizado pela alienação da cidadania, ausência de responsabilidade dos representantes e autoritarismo da burocracia.

A opção por uma democracia concertada em torno de consensos estratégicos, onde as políticas sejam negociadas com os diferentes atores sociais envolvidos no processo e cujos interesses serão afetados, é recomendada em situações de alta complexidade, envolvendo fortes expectativas e interesses altamente contraditórios, em especial em sociedades com elevado grau de fragmentação social e econômica.

No Brasil, a Constituição Federal de 1988 expressa essa demanda cidadã, tendo inaugurado uma nova institucionalidade democrática, contemplada nas inúmeras instâncias colegiadas, nas quais sociedade e Estado se responsabilizam pela formação, formulação, execução e controle das políticas públicas. Apesar de retrocessos nesse processo, em anos recentes, com o esvaziamento das instâncias colegiadas e a recentralização do poder em mãos da burocracia iluminada, as experiências do orçamento participativo e de inúmeras outras modalidades de participação nos governos locais mantiveram viva a proposição de construção de uma democracia concertada. Dessas experiências, emerge a proposta de democratização radical do Estado e da necessidade de publicizá-lo, mediante a criação de instrumentos que permitam ir além do controle social, viabilizando a construção de uma esfera pública de co-gestão dos recursos públicos (Fedozzi, 2000).

O Conselho de Desenvolvimento Econômico e Social, criado no governo Lula, pretendeu retomar o desenho da relação entre Estado e sociedade inaugurada na Constituição Federal de 1988, e avançar nesse processo, gerando um novo espaço institucionalizado e plural, no qual se encontram diferentes atores políticos e o governo, possibilitando um processo de concertação social e novas bases para garantir a governabilidade.

É verdade que havíamos conhecido outras modalidades de conselhos. O Conselho de Estado foi considerado por Joaquim Nabuco o cérebro da Monarquia (Carvalho, 1996:327), constituindo-se na principal engrenagem política do Império. Reunindo uma elite política homogênea, escolhida pelo imperador, foi responsável por importantes pareceres e projetos de lei, como os da Lei das Terras, de 1850, e a Lei do Ventre Livre, de 1871. Carvalho (1996:329), com base no número de consultas, decretos e resoluções imperiais nele originados ou baseados, conclui que houve forte influência do conselho na atuação do Executivo, sendo peça importante na consolidação e exercício do Poder Moderador.

A partir de 1930, o modelo nacional-desenvolvimentista capitaneado por um Estado autoritário e interventor gerou um padrão de relação entre Estado e sociedade que foi caracterizado por O'Donnell (1978) como de caráter bifronte. Por um lado, o Estado avança sobre a incipiente organização da sociedade civil e a subordina a ele, instalando uma institucionalidade estatal que organiza os interesses sociais. Por outro, o elemento privatista se manifesta na abertura de certas áreas institucionais estatais ligadas aos interesses das elites econômicas, privatizando assim o Estado. A criação, em 1944, do Conselho Nacional de Política Industrial e Comercial insere-se nesse contexto, contemplando a participação de setores da burocracia econômica, técnicos e especialistas e representantes de ministérios, associações da indústria e do comércio (Draibe, 1985:113). A combinação de mecanismos centralizados de planejamento com a participação de representantes do empresariado foi seguida também no segundo governo Vargas, com o Conselho Nacional de Economia, e no governo Kubitschek, com os Grupos Executivos.

A relação de negociação entre o Estado e a burguesia industrial vem a ser retomada com a introdução da experiência das câmaras setoriais, a partir de 1991, de forma similar às experiências anteriores de elaboração de metas e diretrizes acordadas entre elites estatais e representantes da iniciativa privada. O diferencial, nesse caso, seria o reconhecimento da organização dos trabalhadores gerada pelo movimento do novo sindicalismo, que passou a participar das negociações, alterando para tripartite o desenho original das câmaras (Diniz, 1997:140). Segundo Diniz, essa experiência se deu no bojo do processo de democratização e de profundas transformações econômicas em nível mundial, além de representar uma mudança de postura e estratégia do movimento operário, que passou a atuar não só como crítico mas também como partícipe na formulação das políticas públicas. Tratava-se de uma experiência pioneira de neocorporativismo, ou corporativismo societário, entre nós.

Como resultante do processo de democratização, houve o reconhecimento da emergência de vários atores políticos que construíram suas identidades a partir de carências e exclusões e organizaram-se ao redor de demandas sociais. A partir da Constituição de 1988, foram criados conselhos em vários setores, com ênfase especial nas áreas de políticas sociais. Tais conselhos setoriais foram organizados em todos os níveis administrativos, com participação paritária de governo e sociedade civil. O reconhecimento do *status* público desses novos atores e a legitimação de sua capacidade de influir na construção e controle das políticas públicas foram plasmados nas atribuições dos conselhos na legislação infraconstitucional. Analisando os conselhos de Saúde, Carvalho (1997:99) conclui que eles devem ser pensados para além de uma visão de controle social, devendo ser vistos como inovações no desenho do Estado e em sua lógica patrimonial de incorporação dos interesses exclusivos das elites. Assim, os conselhos romperiam o patrimonialismo, "onde funcionam como engrenagens institucionais com vigência e efeitos sobre o sistema de filtros, capazes de operar alterações nos padrões de seletividade das demandas".

Nessa mesma linha, compreendemos a criação do CDES como uma inovação social que amplia a esfera pública, ao introduzir em uma mesma arena de discussão atores sociais que não interatuam em outras situações, em uma sociedade marcada por clivagens e exclusões. Diferentemente das experiências anteriores, esse não é um conselho setorial, nem uma experiência de gestão local, nem também uma arena que congrega apenas representantes empresariais com os dirigentes governamentais. Trata-se, pela primeira vez na história brasileira, da existência de um órgão consultivo nacional, com a missão de discutir tanto políticas específicas quanto os fundamentos do desenvolvimento econômico e social. Sua composição é também original, já que difere do formato marcadamente corporativo dos conselhos europeus, em correspondência com o tecido e a estrutura social existentes no Brasil.

O CDES é composto pelo presidente da República, que o preside, por um ministro de uma secretaria especial ligada à Presidência, que é seu secretário-executivo, por 11 ministros e, originalmente, por 90 representantes da sociedade civil, assim distribuídos, conforme foram identificados pela Secretaria do Conselho: 41 empresários, 13 sindicatos, 11 movimentos sociais, 10 personalidades, três entidades de classe, dois representantes da cultura, dois religiosos, sendo posteriormente acrescentados, por reivindicação, sete representantes das regiões Norte e Nordeste.[3]

Essa composição, apesar de ser fruto da seleção do governo, não difere, fundamentalmente, da própria composição das bancadas na Câmara de Deputados,[4] distinguindo-se apenas pela maior presença dos empresários industriais como grupo e pela amplitude do espectro selecionado (do representante da Febraban ao representante do Movimento dos Sem Terra).

O reconhecimento de atores sociais tão distintos como partícipes de uma mesma arena pública, convocada pelo governo e cuja participação se faria sob um conjunto de regras conhecidas, é o primeiro grande passo na construção de uma nova institucionalidade democrática para o Estado. Diferentemente da experiência internacional, que tende a ser corporativa e, no máximo, incluir alguns intelectuais, no Brasil a composição do conselho deu destaque à participação da sociedade civil de extração não-corporativa.

---

[3] Foram feitas pequenas alterações na recondução dos conselheiros a um segundo mandato, de mais dois anos, que não mudam, essencialmente, a composição original. Essa composição permite outras formas de agregação, já que há pessoas que podem ser incluídas em mais de uma categoria, por exemplo, representante da cultura e empresária.

[4] Ver, a respeito da 51ª Legislatura, o estudo de Rodrigues (2002).

Fundamentalmente, no entanto, ela revela a intenção de construção de um novo pacto de poder, com o nítido predomínio do empresariado industrial e a singularidade da inclusão de organizações e movimentos sociais, além das representações sindicais, que já haviam sido reconhecidos como resultado das lutas travadas a partir do final dos anos 1970.

A composição do conselho revela alta correlação com a distribuição do PIB brasileiro, fortemente concentrado em São Paulo, reafirmando a intenção de construir um pacto de poder com aqueles que já detêm poder, ou seja, com as elites políticas e econômicas do país.

O ministro Tarso Genro, responsável pela condução do CDES no seu primeiro ano de funcionamento, afirmava a necessidade de se construir um novo contrato social: "Isto significa a formação de um novo bloco dirigente para o País, que busque pontos comuns, embora com interesses estratégicos diferentes".[5]

Explicitava-se, assim, sua intenção de forjar um novo bloco dirigente, rompendo o pacto anterior, que reunia setores modernizantes da indústria com as oligarquias tradicionais e o capital especulativo. Alternativamente a esse arranjo conservador, propunha um novo bloco dirigente com a inclusão de vastos setores médios (burguesia industrial, sindicalistas, movimentos e organizações sociais, intelectuais).

Havia, em sua concepção de dirigente, um claro projeto de poder que passava por isolar o capital financeiro especulativo com a aliança descrita, de forma a reconduzi-lo à sua função creditícia original, desvirtuada pelos altos níveis de endividamento do Estado.

Quais seriam as razões para o fracasso desse projeto?

É incontestável que o governo manteve, durante todo esse período, uma política macroeconômica de corte monetarista, utilizando a elevação freqüente da taxa de juros como mecanismo primordial de estabilização da tendência inflacionária. Nesse sentido, não houve, da parte do próprio governo, qualquer sinalização em direção a uma mudança consistente nos fundamentos da política macroeconômica.

---

[5] Entrevista a Bob Fernandes (*Carta Capital*, maio 2003).

Creio que, além disso, houve uma sobrevalorização do empresariado industrial como ator político. O empresariado industrial, embora tenha sido o maior beneficiário do processo de industrialização ocorrido no século passado, foi o resultado desse processo e não seu impulsionador. A inserção de seus interesses na agenda pública foi alcançada por meio de inúmeros artifícios de participação, disputa por subsídios e articulação com a burocracia estatal, à custa de sua subordinação e disciplinamento pelo Estado. A organização setorial em inúmeras associações terminou por acarretar a fragmentação dessas elites, incapacitadas de formular um projeto nacional de industrialização para o país. Só mais recentemente, com as profundas transformações decorrentes da implantação de políticas de cunho liberal, como abertura de mercados e privatização das estatais, as lideranças industriais perceberam a necessidade de buscar formas autônomas de organização e representação de seus interesses. Nos anos recentes, a criação e o fortalecimento de institutos como o Pensamento Nacional das Bases Empresariais (PNBE) e o Instituto de Estudos e Desenvolvimento Industrial (Iedi), as disputas no interior da Federação das Indústrias do Estado de São Paulo (Fiesp) e a crescente presença empresarial no Congresso (como congressistas e lobistas) mostram a mudança de estratégia política das lideranças empresariais, na busca de construção de um ator político com maior autonomia em relação ao Estado (Diniz e Boschi, 2004).

Outra razão pode ser encontrada na profundidade da aliança existente entre as elites brasileiras. Seus conhecimentos pessoais, sociais e mesmo articulações comerciais mostram que a aliança entre burguesia industrial e capital financeiro, ainda que envolva contradições de fundo – como a questão das taxas de juros –, preserva complementaridades na defesa do *status quo* e ameaça menos que a entrada de novos parceiros, vistos como radicais e *outsiders*.

Outro problema que não pode ser desconsiderado é a desconfiança das elites empresariais em relação ao governo, fruto de inúmeros pacotes econômicos e acordos não cumpridos, tendo sido acentuada pela origem socioeconômica das novas elites governamentais no governo do PT. É certo que os líderes sindicais haviam estabelecido relações de confiança com o empresariado industrial durante as últimas décadas, quando predominaram, primeiro, o enfrentamento e, depois, a negociação. Tratam-se pelo primeiro nome, às vezes até por apelidos, conhecem as capacidades e debilidades de cada um. Mesmo assim, a profunda renovação da elite política propiciada pela vitória do PT, colocando os líderes sindicais na cúspide do governo, representa um novo desafio para o estabelecimento de relações de confiança.

No entanto, nessa curta experiência do CDES, a barreira que pareceu ser intransponível foi aquela relativa à necessidade de reconhecimento das lideranças oriundas dos movimentos populares como parte integrante dessa esfera pública ampliada. A intolerância das elites econômicas com relação aos movimentos sociais, vistos como elementos incômodos naquele contexto, impedia a construção de uma aliança mais ampla. Representantes de sem-terra, de mulheres negras, entre outros, quando colocavam suas demandas ou questionamentos às autoridades, desde esse lugar social que representavam, eram sempre vistos como estranhos no ninho. Da mesma forma, os representantes populares, descrentes de qualquer possibilidade de aliança com os setores dominantes, adotaram, na maioria das vezes, um discurso de denúncia mais radical, entendendo que lhes cabia apenas marcar sua presença.

Certamente essa relação de estranhamento pode ser alterada ao longo do tempo, e algumas mudanças já vinham sendo percebidas nesse sentido. Nessa fase, conseguimos perceber as principais potencialidades e limites do CDES. Essa é uma experiência profundamente inovadora em uma sociedade caracterizada pela prevalência de uma cultura elitista e de práticas autoritárias. Mesmo em períodos democráticos, os grupos de interesse mais poderosos sempre tiveram canais diferenciais de circulação de suas demandas no interior do aparelho de Estado. Com relação ao Parlamento, para onde as demandas de todos os grupos sociais convergem, não existem espaços de interlocução entre os atores sociais. Cada um faz pressão sobre os parlamentares, isoladamente ou em coalizões, sem ter de se enfrentar com os demais e expor seus argumentos.

É, portanto, uma ruptura com a nossa tradição política o fato de o Conselho congregar forças tão díspares na sociedade em um mesmo espaço, onde todos são iguais e devem defender seu ponto de vista com argumentos razoáveis, podendo, inclusive, mudar de opinião ante os argumentos de outros. Nesse sentido, defendemos a efetividade política do conselho na construção de uma esfera pública ampliada, onde os diferentes são reconhecidos como politicamente iguais. Os frutos desse processo serão visíveis, cada vez mais, a médio e longo prazos.

No entanto, essa equalização ao nível político institucional não pode ser um fator que permita obscurecer as enormes diferenças sociais existentes, especialmente no acesso diferencial ao governo e na inserção dos interesses privados na agenda pública. Mais que eficácia em termos de resultados das decisões consensuais, o que permitirá a efetividade do conselho como instância de renovação democrática é a articulação de seus membros com os movimentos da sociedade, de tal forma que as diferenças estejam sempre presentes nesse espaço institucional de geração de consensos.

Seguramente, os consensos alcançados, ainda que sejam poucos, possuem maior densidade política e podem gerar políticas mais sustentáveis. Nesse sentido, a possibilidade de geração de sustentabilidade política e condições de governabilidade democrática dependerá da efetividade da ação política concertada. Essa efetividade pode ser vista a partir da sua capacidade de gerar consensos, enquanto a eficácia de sua ação pode ser avaliada pela aceitação de suas sugestões pelos decisores, tanto do Executivo quanto do Legislativo.

Consideramos a efetividade do reconhecimento do outro e da ampliação da esfera pública como os pontos fortes do CDES, mas a eficácia tende a ser baixa, na medida em que seu caráter deliberativo não é vinculante, podendo ou não ser levado em conta pelo governo, dada a sua natureza apenas consultiva.

A experiência nessas primeiras fases de funcionamento do conselho demonstrou a existência de inúmeras contradições entre esse novo espaço e as diferentes instâncias institucionais da democracia, como os ministérios, o Parlamento, a imprensa etc. Por outro lado, essa inovação permitiu a circulação, em igualdade de condições, de diferentes discursos políticos e a reagrupação dos atores sociais em novos arranjos e coalizões políticas. Progressivamente, o clima de estranhamento entre os diferentes atores vai sendo superado por relações de maior confiança, geradas a partir do trabalho comum em grupos temáticos.

O funcionamento do CDES se dá em dois diferentes momentos: no pleno do conselho, a cada dois meses, com a presença do presidente da

República, e nos grupos temáticos. No primeiro ano, a cada reunião do pleno, eram aprovados cartas de concertação e consensos sobre temas específicos. Os grupos temáticos, de participação voluntária, são o espaço onde se debatem as propostas de reformas ou de políticas públicas específicas. Além disso, há possibilidade de um intercâmbio permanente dos membros do conselho por meio de um portal eletrônico.[6]

A agenda do CDES é proposta tanto pelo presidente e seus ministros quanto por demanda dos conselheiros. Nos primeiros meses de existência, tratou-se da reforma da seguridade social, da reforma tributária, da reforma sindical, da pequena empresa, do plano plurianual e dos fundamentos macroeconômicos do desenvolvimento.

Podemos identificar três modalidades predominantes de atuação do CDES, em relação à sua interação com o governo e à que se estabelece entre seus membros. Essas modalidades caracterizam-se pela interpelação, pela demonstração e pela negociação. Ainda que todas as três tenham ocorrido ao longo de todo o tempo de funcionamento do conselho, podemos identificar preponderâncias de uma sobre as outras, determinando a distinção de fases.

A primeira fase poderia ser chamada de interpelativa, onde, fundamentalmente, o Executivo conclamava os membros da sociedade civil a se posicionarem e negociarem soluções acordadas acerca dos projetos de emendas constitucionais, sobre as reformas que o governo encaminharia ao Congresso. Dessa forma, era possível que o governo aferisse o grau de adesão ou de rejeição da proposta e a aprimorasse, antes de seu envio ao Congresso. Por outro lado, a divulgação na mídia dos debates no conselho ia criando um clima de pressão sobre o Congresso, reduzindo assim a força das negociações clientelistas.

Através dos atores sociais representados no conselho, algumas das proposições que ali tiveram origem foram acatadas pelo governo; outras, embora não tenham sido aprovadas no pleno, chegaram aos parlamentares, que as aproveitaram e aprofundaram, gerando uma sinergia não esperada.

---

[6] Disponível em: <www.cdes.gov.br>.

As deliberações do conselho, tanto nos grupos temáticos quanto no pleno, eram tomadas tendo como critério a busca do consenso entre seus membros. Essa tradução do espanholismo concertação como consenso foi fruto da primeira discussão, acerca do regulamento, onde movimentos e organizações sociais se posicionaram contra a votação majoritária, já que a composição do conselho definia previamente maiorias, por extração social. Ficou então aceita a necessidade de buscar consensos.

Nesse sentido, os conselheiros fizeram um grande esforço para buscar a convergência. A Secretaria do CDES (Sedes) tinha um papel crucial na coordenação das reuniões e plenárias, convidando expositores internos ou externos ao CDES para estimular o debate, permitir o aprofundamento dos aspectos técnicos e, fundamentalmente, desenvolver uma tecnologia de gestão da busca de consensos. Essa tecnologia envolve a coordenação dos debates e das plenárias voltada para a separação dos aspectos essenciais dos demais, identificação de pontos convergentes, respeito à divergência e requerimento de argumentação para a defesa de cada posição pelos participantes. Depois de discutidos nos grupos temáticos, os relatórios com as deliberações vão ao plenário para o debate final. Em ambas instâncias, só será considerada consensual uma proposição que obtiver a aprovação da totalidade dos conselheiros. Finalmente, as deliberações são identificadas como consensuais, recomendadas pela maioria ou sugeridas por uma minoria, e então encaminhadas ao presidente da República e aos ministros competentes.

A segunda fase que se seguiu imediatamente, ainda no primeiro ano de funcionamento, pode ser identificada como demonstrativa, caracterizada pela transformação dos conselheiros em uma platéia privilegiada que, em primeira mão, ouvia as apresentações de projetos governamentais, mas não necessariamente era ouvida pelo governo.

À reunião do pleno, compareciam o presidente da República e alguns ministros convidados para apresentar seus planos e projetos. O presidente sempre assistia à exposição do ministro convidado e também se dirigia aos conselheiros, para apresentar sua posição sobre a política em discussão ou mesmo sobre a conjuntura política. A imprensa também estava presente nessa primeira parte do pleno e retirava-se juntamente com o presidente, antes do começo dos debates, onde cada conselheiro inscrito tinha direito a usar a palavra por três minutos (muitas vezes, na ausência do próprio ministro expositor).

Finalmente, o ministro secretário-executivo do conselho dava uma entrevista coletiva à imprensa, sintetizando o que havia ocorrido nos debates. Durante o primeiro ano, a cada reunião do pleno deveria ser aprovada uma carta de concertação, onde progressivamente os consensos gerados fossem sendo canalizados para a construção de uma agenda de desenvolvimento.

A orientação sobre o processo de concertação foi expressa na carta dirigida pelo ministro Tarso Genro aos conselheiros, em 17 de setembro de 2003, na qual afirmava:

> a) a necessidade de firmarmos a compreensão do sentido de concertação, que exige a disposição coletiva de busca de consensos mínimos, sem que os integrantes do Conselho se preocupem em renunciar a suas militâncias na sociedade, em busca daquilo que entendem que são os seus objetivos máximos;
> b) a necessidade de fixarmos a linguagem dialógica da superação consciente da divergência, não como renúncia a pontos de vista, mas como "retirada" de impedimentos para um diálogo que busque pontos de afinidades possíveis;
> c) a necessidade de compreendermos que a concertação não é "neutra": ela fere interesses e situações presumidamente estabilizadas, pois, se isto não ocorresse, ela seria desnecessária.

A própria passagem da fase de interpelação para a de demonstração mostra a progressiva perda desse papel consultivo e a transformação do conselho em uma platéia do governo. Da mesma maneira, ao inexistir posicionamento sobre medidas concretas, houve uma tendência a que os setores situacionistas deixassem de se pronunciar, restringindo-se os pronunciamentos apenas aos oposicionistas. Nesse sentido, a ausência de deliberação substituiu o diálogo pelo monólogo, de um lado, e pelo silêncio, de outro. Essa questão me parece central em um modelo dialógico, pois aqueles que têm o poder, a não ser quando o vêem ameaçado, tendem a evitar o debate.

A efetividade da democracia deliberativa somente poderá ser plenamente avaliada por sua capacidade de gerar políticas públicas sustentáveis que alterem a distribuição da riqueza e do poder na sociedade brasileira. Nesse sentido, ela deverá demonstrar sua eficácia. No entanto, a heterogeneidade dos membros, a generalidade dos temas discutidos, a ausência de uma cultura política dialógica e a dinâmica de funcionamento do CDES nos levaram a supor[7] que os consensos alcançados seriam mais de caráter normativo do que pragmático. Por consensos normativos, entendemos todas as afirmativas acerca dos valores da democracia e da concertação, de conteúdo genérico e que não se traduzissem, imediatamente, em propostas de políticas concretas. Acredita-se que tais consensos tenham alto valor educativo e formativo, portanto, efetividade política. Por consensos pragmáticos, entendemos medidas de efeito prático, propostas e soluções que poderiam ser traduzidas em políticas públicas, que, se acatadas pelo governo, resultariam em eficácia política.

Tomando as cartas de concertação como a materialização dos consensos alcançados nas reuniões plenárias, e utilizando as técnicas de análise de conteúdo (Bardin, 1992), fizemos a análise das cinco primeiras cartas de concertação, intituladas: "Ação política para a mudança" (primeira); "Ação pelo progresso e inclusão social" (segunda); "Fundamentos de um novo contrato social" (terceira); "O desafio da transição e o papel da sociedade: a retomada do desenvolvimento" (quarta); "Caminhos para um novo contrato social" (quinta).[8]

Além da análise específica dos temas tratados, elaboramos um índice de pragmatismo, para identificar em que medida os consensos alcançados chegariam a propostas concretas ou concentrar-se-iam em aspectos doutrinários, relativos à necessidade de concertação: índice de pragmatismo = número de trechos pragmáticos/número de trechos normativos.

---

[7] Pesquisa realizada por Sonia Fleury e Rosângela Bravo, na Ebape/FGV.

[8] A sexta carta de concertação não foi analisada por ter sido aprovada na transição entre a gestão do ministro Tarso Genro e a do ministro Jaques Wagner, na qual essas cartas foram eliminadas.

Os resultados encontrados mostram que o índice de pragmatismo foi:

- primeira carta – 0,25;
- segunda carta – 0,33;
- terceira carta – 0,47;
- quarta carta – 0,17;
- quinta carta – 0,44.

A terceira carta apresenta o maior índice de pragmatismo e demonstra o consenso de grande parte dos conselheiros acerca da necessidade de reverter a política macroeconômica – em particular, com a persistência de altas taxas de juros – e seus efeitos nefastos sobre a atividade da economia brasileira, o endividamento estatal e a falta de recursos para políticas sociais e investimentos. A quinta carta enfatiza a inclusão social, a partir de sistemas universais de saúde, educação, moradia e transporte coletivos, além da necessidade de desenvolver mecanismos de inclusão social. Propugna a modalidade de parcerias público-privadas para assegurar os investimentos de longo prazo e a redução da dívida pública, para restabelecer o papel do setor financeiro como fonte de recursos para a produção industrial e agrícola, o comércio e os serviços.

Apesar dessas duas cartas terem obtido a maior pontuação, indicando que sugeriam medidas concretas, em nenhuma delas o conteúdo pragmático chegou a igualar as proposições de caráter normativo, concentradas na doutrinação em relação à necessidade de buscar o consenso. Nesse sentido, revelam uma baixa eficácia.

A terceira fase do CDES tem início com a mudança do ministro, que passa a ser secretário-executivo da Sedes. Com a gestão de Jaques Wagner e a mudança da equipe da Sedes, ocorrem alterações de projeto e condução política e de dinâmica de funcionamento do conselho. As alterações na composição do conselho foram marginais, em grande parte pela resistência do presidente em alterar o grupo inicial, que foi reconduzido a um novo mandato de dois anos.

Diferentemente de Tarso Genro, que acreditava na construção de um projeto hegemônico, com predomínio da burguesia industrial associada a outros setores das camadas médias, Jaques Wagner, por sua origem sindicalista, tem outra concepção em relação aos conflitos. Evitando o termo concertação, o novo ministro passa a dar ênfase à negociação, supondo que os conflitos podem não levar a posições consensuais, mas a posições que permitam soluções negociadas.

Essa terceira fase pode ser caracterizada como de negociação. A primeira remodelação ocorrida foi a concepção do conselho como uma composição tripartite – empresários, trabalhadores e terceiro setor, englobando todos os demais. Malgrado os veementes protestos de ONGs e movimentos sociais, contra sua inclusão em um indiferenciado terceiro setor, essa visão acabou prevalecendo.

Algumas críticas que os membros do conselho fizeram à dinâmica anterior foram aceitas, de tal forma que, nessa fase, todos os ministros expositores passaram a participar de debates com os conselheiros. Além disso, um representante de cada um dos três setores passou a ser escolhido para fazer um questionamento mais prolongado (7-10 minutos) da exposição ministerial, antes da abertura das inscrições para os demais membros do CDES. Após as reuniões do pleno, esses conselheiros e os dois ministros passaram a participar da reunião coletiva com a imprensa.

A perspectiva de negociação se revelava na crença de que os conflitos e posições são definidos previamente e que, nesse espaço, podemos negociar e chegar a acordos, respeitada a correlação de forças, mas isso não representa a construção de um projeto comum ou a geração de um consenso. Essa nova visão orientou a condução dos trabalhos que se desencadearam a partir da proposição de alguns conselheiros de uma moção ao presidente da República, defendendo a necessidade de construção de um novo modelo de governança na área macroeconômica, o que se traduziria no aumento do número de membros do Conselho Monetário Nacional, de forma a comportar representantes governamentais e da sociedade civil, vinculados às áreas produtivas.[9] O processo de negociação dessa moção foi complexo, envolvendo uma comissão especial composta por dois representantes dos empresários industriais, dois representantes dos banqueiros, dois representantes dos sindicatos de trabalhadores e pela autora da moção. O

[9] Moção apresentada pela conselheira Sonia Fleury na décima primeira assembléia, em 10 de março de 2005, em nome da própria conselheira e de seu suplente, prof. José Cézar Castanhar.

próprio ministro participou ativamente da negociação para obter o consenso na comissão. Na impossibilidade de obter o mesmo consenso na reunião seguinte do pleno, a moção foi votada e aprovada por cerca de 90% dos participantes, com grande repercussão na mídia.

Embora essa dinâmica de maior negociação fosse mais aberta à participação dos membros do conselho, a verdade é que o CDES fora progressivamente perdendo o caráter deliberativo e, aparentemente, a importância para o próprio governo. Esse processo mostra a incapacidade do governo de formular uma proposta consistente de participação do CDES. Ainda que o regimento interno o defina como órgão de assessoramento direto da Presidência da República, com missão de propor políticas e diretrizes específicas e apreciar propostas de políticas públicas e reformas estruturais, a verdade é que o modelo de governança interno dificulta a realização do primeiro objetivo, relativo à capacidade propositiva do CDES, reservando-lhe apenas as funções consultivas. Nesse sentido, passa a depender da existência de uma demanda clara por parte do governo.

Mesmo que pautado pelas necessidades do governo em relação às reformas e políticas, supõe-se que o CDES seja um espaço público em que atores sociais se encontrem, sob regras acordadas de participação, para intercambiar opiniões e argumentos entre si, com vistas a chegar a possíveis convergências, e com o governo, com o objetivo de possibilitar-lhe sentir como a sociedade organizada percebe e reage às iniciativas propostas, além de formular propostas alternativas àquelas governamentais. Assim, o CDES poderia ser visto como um fluxo comunicativo horizontal, entre atores sociais, e vertical, entre governo e sociedade, sempre de dupla via. Dessa interação enriquecedora, deveriam surgir políticas mais consistentes, sustentáveis e abarcadoras de interesses divergentes/convergentes.

Nesse sentido, identifico uma contradição estrutural em relação ao modelo de governança estabelecido em todo esse período de funcionamento do conselho, concernente aos papéis e à relação entre o conselho e a secretaria. Diferentemente de conselhos similares, no nosso caso, a secretaria é assumida por um ministro, escolhido pelo presidente. Toda a estrutura administrativa está vinculada ao governo, muitas vezes buscando legitimar o conselho no interior do próprio governo, outras vezes criando condições de legitimação das políticas governamentais diante dos membros do conselho.

A relação entre a Sedes e o CDES manifesta um excessivo controle exercido pela primeira, em relação à dinâmica e funcionamento do segundo, por exemplo, quanto à definição da agenda, da pauta, da dinâmica de funcionamento dos grupos e do pleno. Em boa medida, esses controles são necessários para o melhor funcionamento de um pleno tão grande e heterogêneo, mas podem também limitar demasiadamente as atividades e expressões dos conselheiros. A construção dessa metodologia de funcionamento é, sem dúvida, uma tarefa a ser realizada coletivamente, e seu constante aperfeiçoamento tem sido fruto da interação e do diálogo entre os membros do CDES e a secretaria.

Em termos gerais, a experiência nesses dois anos e meio de funcionamento do conselho tem demonstrado que a sociedade prestigia essa iniciativa, o que pode ser medido pela presença maciça de seus membros nas reuniões do pleno e um pouco menor nos grupos. Também da parte do governo evidencia-se o prestígio do CDES, a partir da constante presença do próprio presidente da República e de seus ministros nas reuniões do pleno.

No entanto, a indefinição do governo em relação à função e ao papel do CDES é cada vez mais sentida, em especial em um momento tão crítico como o atual, em que a crise institucional vem envolvendo tanto o Legislativo quanto o Executivo. Considerando que o conselho deveria dar prioridade às questões estruturais em relação às conjunturais, perde-se a chance de utilizar esse mecanismo já institucionalizado de negociação entre governo e sociedade, com vistas a gerar alternativas diante da crise política, fortalecendo a democracia e sua institucionalidade.

Na última reforma ministerial, de julho de 2005, o CDES passou a fazer parte de uma Secretaria de Relações Institucionais, ligada à Presidência da República, sendo o ministro-secretário responsável tanto pela articulação política com o Congresso, quanto pela condução dos trabalhos da Sedes. Essa nova configuração reforça a idéia de que a secretaria é um órgão da Presidência para se relacionar com as lideranças políticas e sociais, o que nos leva a prognosticar um acirramento das contradições apontadas, em relação à ambigüidade na definição do papel do conselho. A ser correta essa previsão, espera-se um progressivo esvaziamento dessa instância colegiada, ainda durante o mandato do presidente que a criou.

Referências bibliográficas

BARDIN, Laurence. *Análise de conteúdo*. Lisboa: Edições 70, 1992.

BOBBIO, Norberto. *O futuro da democracia*: uma defesa das regras do jogo. 3. ed. São Paulo: Paz e Terra, 1986.

______; MATTEUCCI, Nicola; PASQUINO, Gianfranco. *Dicionário de política*. 7. ed. Brasília: UnB, 1995.

CARVALHO, Antônio Ivo. Conselhos de saúde, responsabilidade pública e cidadania: a reforma sanitária como reforma do Estado. In: FLEURY, Sonia (Org.). *Saúde e democracia*: a luta do Cebes. São Paulo: Lemos Editorial, 1997.

CARVALHO, José Murilo. O Conselho de Estado: a cabeça do governo. In: ______. *A construção da ordem*: o teatro de sombras. Rio de Janeiro: UFRJ/Relume-Dumará, 1996.

COHEN, Joshua. *Democracy and liberty*. In: ELSTER, Jon (Ed.). *Deliberative democracy*. Cambridge: Cambridge University Press, 1998.

DINIZ, Eli. *Crise, reforma do Estado e governabilidade*. Rio de Janeiro: FGV, 1997.

______; BOSCHI, Renato. *Empresários, interesses e mercado*: dilemas do desenvolvimento no Brasil. Rio de Janeiro: Humanitas/UFMG/Iuperj, 2004.

DRAIBE, Sônia M. *Rumos e metamorfoses*: Estado e industrialização no Brasil, 1930/1960. Rio de Janeiro: Paz e Terra, 1985.

ELSTER, Jon. *Deliberation and constitution making*. In: ______ (Ed.). *Deliberative democracy*. Cambridge: Cambridge University Press, 1998.

FAORO, Raymundo. *Os donos do poder*: formação do patronato político brasileiro. 9. ed. rev. São Paulo: Globo, 1993.

FEDOZZI, Luciano. *O poder da aldeia*. Porto Alegre: Tomo Editorial, 2000.

FRASER, Nancy. *Social justice in the knowledge society*: redistribution, recognition, and participation. Disponível em: <www.wissensgesellschaft.org>. Acesso em: 2001.

HABERMAS, Jürgen. *Between facts and norms*. 2. ed. Cambridge: MIT Press, 1996.

HIRST, Paul. *A democracia representativa e seus limites*. Rio de Janeiro: Jorge Zahar Editor, 1992.

O'DONNELL, Guillermo. Acerca del corporativismo y la cuestión del Estado. In: LANZARO, Jorge (Comp.). *El fin del siglo del corporativismo*. Caracas: Editorial Nueva Sociedad, 1998.

OFFE, Claus. *Problemas estruturais do Estado capitalista*. Rio de Janeiro: Tempo Brasileiro, 1984.

______. La separación de forma y contenido en la democracia liberal. In: ______. *Contradicciones en el Estado del bienestar*. México: Alianza Editorial, 1990.

PRZEWORSKI, Adam. *Capitalismo e social-democracia*. São Paulo: Companhia das Letras, 1989.

RODRIGUES, Leôncio M. *Partidos, ideologia e composição social*: um estudo das bancadas partidárias na Câmara de Deputados. São Paulo: Edusp, 2002.

SANTOS, Boaventura; AVRITZER, Leonardo. Introdução: para ampliar o cânone democrático. In: ______ (Org.). *Democratizar a democracia*: os caminhos da democracia participativa. São Paulo: Civilização Brasileira, 2002.

SCHUMPETER, Joseph. *Capitalismo, socialismo e democracia*. Rio de Janeiro: Zahar Editores, 1984.

Escorços sobre gestão pública e gestão social

*Fernando G. Tenório**
*Enrique J. Saravia***

Escorço introdutório

As pessoas preocupadas com questões de natureza social continuam na busca de uma alternativa conceitual que convença os tecnocratas e dirigentes de turno a perceber que "o social" deve continuar nas agendas dos Estados. No entanto, os remanescentes do ideário neoliberal de finais do século XX aceitam tais agendas desde que sejam os setores privado e o público não-governamental, e não o setor público, que se dediquem à solução "do social". Para eles, a administração pública não tem um caráter universalizador de ações e deve concentrar-se, apenas, na regulação do

* Professor titular na Escola Brasileira de Administração Pública e de Empresas (Ebape) da Fundação Getulio Vargas; coordenador do Programa de Estudos em Gestão Social (Pegs) da Ebape/FGV; coordenador acadêmico do Programa Gestão Pública e Cidadania na Escola de Administração de Empresas de São Paulo (Eaesp/FGV).

** Professor titular da Escola Brasileira de Administração Pública e de Empresas (Ebape) da Fundação Getulio Vargas (FGV); coordenador do Núcleo de Estudos de Regulação da Ebape/FGV; professor associado da Universidade de Paris I (Panthéon-Sorbonne).

particular.[1] Habermas (2000:28) alertou, em profunda e definitiva crítica, sobre as conseqüências nefastas das idéias neoliberais aplicadas ao Estado:

> A transformação e o desmonte do Estado social são a conseqüência direta de uma política econômica orientada para a oferta, que visa ao mesmo tempo desregular os mercados, reduzir os subsídios e melhorar as condições para o investimento, tendência ligada a uma política antiinflacionária bem como uma baixa dos impostos diretos, à privatização das empresas públicas e a outras medidas do mesmo tipo. Ora, em pondo fim ao compromisso constitutivo do Estado social, faz-se ressurgir as crises que ele tinha conseguido conter. Daí a reaparição das despesas sociais que uma sociedade liberal corre o risco de não suportar. Os indicadores que assinalam o aumento da pobreza e da precariedade social, ligados à disparidade crescente da renda, não têm ambigüidade; não se pode desconhecer as tendências à desintegração social. Lá onde diversos tipos de exclusão acumulam seus efeitos – exclusão do sistema de emprego e de capacitação, das prestações sociais, da habitação, dos recursos familiares – surgem novas "classes inferiores". Estes grupos empobrecidos, largamente cortados do resto da sociedade, não são mais capazes de mudar sua situação social pelos seus próprios meios. Ora, uma tal falta de solidariedade destruirá inevitavelmente, a longo prazo, a cultura política liberal sem a qual as sociedades com Constituição democrática dificilmente poderão desenvolver o universalismo que as caracteriza.

As anunciadas mudanças na administração pública brasileira, decorrentes da ascensão de um governo que parecia haver sido eleito na esperança de que fosse de encontro ao determinismo de mercado, poderiam restituir a função original da gestão pública.

---

[1] "É evidente que os neoliberais que aceitam o crescimento da desigualdade social e que acreditam, de outra parte, na justiça inerente ao livre jogo dos mercados financeiros internacionais avaliam esse estado de coisas de forma diferente daqueles que sabem que, sem igualdade de direitos sociais, não há cidadania democrática" (Habermas, 2000:30).

Devemos, no entanto, reconhecer e louvar aqueles que, desde os anos 1990, promoveram uma gestão pública com características singulares – a gestão social. Deve-se reconhecer também que, apesar das reformas e modernizações, das "reformas do Estado", dos inúmeros seminários e treinamentos sobre o tema, da criatividade das nomenclaturas (governabilidade, governança *stakeholders*, *rent-seekers*, paradigmas gerenciais e quejandos), a questão central continua de pé, isto é, as prestações do Estado não ocorrem na quantidade e qualidade que permitiriam atender as inúmeras carências suportadas por grande parte da população do país.

A partir dessas percepções iniciais é que delimitamos o objetivo deste ensaio. Defendemos a tese de que o importante não é diferenciar gestão pública de gestão social, mas resgatar a função básica da administração pública, que é atender os interesses da sociedade como um todo. Gestão social seria uma adjetivação da gestão pública, não o seu substituto. Para tanto, este texto será desenvolvido em mais quatro partes, além desta introdução: identificação conceitual de administração pública; caracterização das reformas da administração pública brasileira; definição de gestão social como processo de qualificação democrática da gestão pública; e as conclusões.

Escorços conceituais quanto ao Estado e à gestão pública

Administração, para o *Dicionário Houaiss da língua portuguesa,* é "1. ato, processo ou efeito de administrar; 2. ato de reger, governar ou gerir negócios públicos ou particulares" (Houaiss, 2001:86). O adjetivo público seria aquilo "1. relativo ou pertencente a um povo, a uma coletividade; 2. relativo ou pertencente ao governo de um país, estado, cidade etc.; 3. que pertence a todos; comum; 4. que é aberto a quaisquer pessoas; 5. sem caráter secreto; manifesto, transparente" (Houaiss, 2001:2.330). Enquanto o adjetivo "público" tem origem no século XIII, o substantivo "administração" vem do século XIV. Ambos os termos são, portanto, "mais antigos do que a sé de Braga", que começou a ser construída no século XVI.

O pensamento político é prolixo sobre o vocábulo "Estado". A existência de uma entidade abstrata chamada Estado, independentemente de suas condições geográfica, cultural, política, econômica e social, tem certas características essenciais: "é *soberano* e está encarregado de representar ou expressar a coletividade; possui um *quadro jurídico e administrativo*, que define suas regras organizando as formas da existência social; e se constitui na *instância governamental* que, em última análise, toma decisões referentes aos negócios comuns" (Châtelet e Pisier-Kouchner, 1983:77). Este conceito aproxima-se de Norberto Bobbio quando este autor comenta a concepção weberiana: "hoje tornada *communis opinio*, do Estado moderno definido mediante dois elementos constitutivos: *a presença de um aparato administrativo com a função de prover à prestação de serviços públicos* [grifo nosso] e o monopólio legítimo da força" (Bobbio, 1987:69). E acrescenta: "Em seu sentido mais abrangente, a expressão administração pública designa o conjunto das atividades diretamente destinadas à execução das tarefas ou incumbências consideradas de interesse público ou comum, numa coletividade ou numa organização estatal" (Bobbio, 1998:10).

O Estado contemporâneo pode ser visualizado a partir de diferentes perspectivas. Habermas (2000:30, 49) descreve assim as diversas facetas da organização estatal:

> Como *Estado administrativo* capaz de cumprir funções específicas, o Estado moderno se tinha diferenciado das instituições jurídicas engendradas pela economia de mercado; como *Estado fiscal*, ele dependia, ao mesmo tempo, da economia capitalista. Ao longo do século XIX, ele abriu-se, como *Estado-nação*, às formas democráticas de dominação. Em algumas regiões privilegiadas e nas condições favoráveis do após-guerra, este Estado-nação, erigido em modelo em escala planetária, pode adotar – por meio da regulação de uma economia nacional cujos mecanismos permanecem intactos – a forma de *Estado-social*. Longamente coroada pelo sucesso, esta combinação está hoje ameaçada, na medida em que uma economia globalizada foge às intervenções de um tal *estado regulador*. (...)
> Esquematicamente, pode-se analisar a estrutura do Estado-nação, enquanto ela rege o processo democrático, sob quatro aspectos. Com efeito, o Estado moderno nasceu (a) como Estado administrativo e fiscal, e (b) como Estado territorial soberano, e ele pode se desenvolver (c) no quadro do Estado-nação para (d) tomar a forma de um Estado democrático de direito e de um Estado social.

No caso brasileiro, as características da gestão pública estão determinadas pela Constituição de 1988, que diz: "Art. 37. A administração pública direta e indireta de qualquer dos poderes da União, dos Estados, do Distrito Federal e dos Municípios obedecerá aos princípios de legalidade, impessoalidade, moralidade, publicidade e eficiência" (Brasil, 1999:40).

Dos conteúdos antes mencionados, pode-se concluir que a função da administração pública é atender, sem discriminação, as pessoas que habitam um país ou quaisquer de suas subdivisões.

> Nenhum preconceito ou discriminação deve privar os grupos não privilegiados de sua oportunidade de usar os direitos formais distribuídos igualitariamente. A dialética entre igualdade jurídica e desigualdade real fundamenta a tarefa do *Estado social*, que consiste em assegurar condições de vida sociais, tecnológicas e ecológicas que permitam a todos, em condições de igualdade de oportunidades, tirar proveito dos direitos cívicos igualmente distribuídos.
>
> (Habermas, 2000:53)

Dwight Waldo, no seu *O estudo da administração pública*, publicado em 1955, ao responder à pergunta "O que é administração pública?", título do primeiro capítulo do livro, diz que: "1. Administração pública é a organização e a gerência de homens e materiais para a consecução dos propósitos de um governo; 2. Administração pública é a arte e a ciência da gerência aplicadas aos negócios de Estado" (Waldo, 1971:6).

Paulo Motta (1991:15) diz que:

> Governar significa tomar decisões sobre alternativas de ação para a sociedade. Tais alternativas têm como base, em princípio, o interesse público expressado coletivamente, de acordo com um processo administrativo onde demandas e apoios são convertidos em normas, produtos e serviços. Resultando uma distribuição de direitos e deveres, benefícios e custos, fundamentados na autoridade.

Michael M. Harmon e Richard T. Mayer, em publicação mais recente (1999), descrevem o "contexto decisório da administração pública", comentam que os gestores públicos tomam decisões que "afetam as vidas

das pessoas, tomam decisões em nome do povo e empregam recursos públicos" e acrescentam que "a administração pública é a ocupação de todos aqueles que atuam em nome do povo – em nome da sociedade, que delega de forma legal – e cujas ações têm conseqüências para os indivíduos e os grupos sociais" (Harmon e Mayer, 1999:33, 34).

Não é objeto deste ensaio discorrer sobre a plêiade de autores que tratam do tema gestão pública. A citação de três autores de origem norte-americana (Waldo, Harmon e Mayer) surge da intenção de lembrar a importância dada, no Brasil, aos intelectuais dessa nacionalidade como referência do nosso pensamento em administração pública. Mostra, por outra parte, que os conceitos coincidem, apesar de terem sido formulados em épocas diferentes: o primeiro em meados do século XX e os dois últimos no final deste mesmo século.

Em meados dos anos 1990, publicou-se, no Brasil, um livro que "fez a cabeça" de muitos administradores públicos e foi o manual preferido dos consultores de turno: *Reinventando o governo*. Os autores David Osborne e Ted Gaebler colocaram um subtítulo no livro que bem condizia com o espírito da época: *Como o espírito empreendedor está transformando o setor público*. Embora a palavra empreendedor não proceda, necessariamente, do linguajar empresarial, naquele período a onda do liberalismo econômico enfatizava o empreendedorismo como característica da iniciativa privada que devia transformar a gestão pública.

A tese central do livro de Osborne e Gaebler é a seguinte: *governo empreendedor* ou *governo inovador* é aquele que emprega os "recursos de novas formas, para maximizar a produtividade e a eficiência" (Osborne e Gaebler, 1994:XVI). Essa tese, segundo os autores, tem origem no economista francês Jean-Baptiste Say (Osborne e Gaebler, 1994:XVI):

> A definição de Say se aplica igualmente ao setor privado, ao setor público e ao setor voluntário. (...) todos [os dirigentes podem orientar os recursos] para áreas de maior produtividade e melhores resultados. Quando falamos de empreendedores públicos, referimo-nos precisamente a essas pessoas. Quando falamos sobre o modelo empreendedor, queremos indicar instituições do setor público que atuam *regularmente* dessa forma – que usam constantemente seus recursos de novos modos, para aumentar sua eficiência e efetividade.

Osborne e Gaebler repetem vários adjetivos que dão o tom modernizador requerido pela nova gestão pública: governo catalisador, pertencente à comunidade, competitivo, orientado por missões, de resultados, orientado ao cliente, empreendedor, preventivo, descentralizado, orientado para o mercado e reinventado. Nota-se, nesse caráter modernizante, a idéia de que a "mão invisível" está presente na *res publica*.

Na proposta de intelectuais brasileiros de finais do século XX, a percepção conceitual sobre a administração pública envolve não só a burocracia pública mas o Estado brasileiro no seu conjunto. Luiz Carlos Bresser-Pereira e Peter Spink, organizadores do livro *Reforma do Estado e administração pública gerencial*, propuseram-se a divulgar "um novo marco teórico e uma nova prática para a administração pública – a abordagem 'gerencial', que substitui a perspectiva 'burocrática' anterior" (Bresser-Pereira e Spink, 1998:7). Tratava-se de aplicar, no Brasil, os postulados do *new public management* ou "nova administração pública", cuja idéia básica é de que a eficiência do setor público pode ser melhorada transferindo valores e técnicas do setor privado, tais como reduzir o peso de normas e procedimentos para permitir iniciativas, aumentando a responsabilidade de níveis subordinados e apurando a opinião dos clientes.

"Se os anos 80 foram os anos da crise de um Estado que cresceu demasiadamente e foi capturado por interesses particulares, ao mesmo tempo que perdia autonomia relativa em face do processo de globalização da economia mundial, os anos 90 têm sido os anos da reforma do Estado e, particularmente, da reforma da administração pública." No entanto, alertavam os autores, o Estado não poderia "perder de vista a sua função eminentemente pública" (Bresser-Pereira e Spink, 1998:7), mesmo utilizando práticas gerenciais oriundas da gestão empresarial e do mercado.

Peter Drucker, arauto indiscutido da moderna administração gerencial, alerta para o absurdo dessa pretensão. Ele afirma que, na verdade, as empresas sempre se alimentaram dos grandes princípios surgidos da administração pública (Drucker, 1999:36):

> A primeira aplicação consciente e sistemática dos princípios da administração não se deu numa empresa. Foi a reorganização do Exército dos Estados Unidos feita em 1901 por Elihu Root, o secretário de

Guerra de Theodor Roosevelt. O primeiro Congresso de administração – em Praga, em 1922 – foi organizado não por empresários, mas por Herbert Hoover, então secretário de Comércio americano, e Thomas Masaryk, historiador mundialmente famoso e presidente-fundador da recém-criada República de Checoslováquia. A identificação de administração com administração de empresas começou apenas com a Grande Depressão, que gerou hostilidade em relação às empresas e desprezo pelos seus executivos. Para não ser contaminada pela associação da sua imagem com a de empresas, a administração no setor público foi rebatizada de administração pública e proclamada uma disciplina distinta.

De tudo isso se deduz que o significado do substantivo *administração* e do adjetivo *pública* é bastante claro: gerenciar os propósitos de um governo e os negócios de Estado, procurando atender o todo, o coletivo, a sociedade sem discriminação. Assim, a gestão pública, independentemente da organização que a pratique, deve estar orientada para o público e não para o privado, para o coletivo e não para os indivíduos, para benefício da comunidade e não dos compadres.

Escorços intencionais quanto à modernização da gestão pública

A caracterização das reformas administrativas[2] brasileiras, no caso particular deste ensaio, será delimitada a partir dos anos 1930. Esse recorte histórico deve-se ao fato de, somente a partir dessa década, serem implementadas tentativas planejadas de gestão pública, inspiradas, inicialmente,

[2] "Reforma administrativa é uma expressão genericamente empregada para caracterizar os esforços do governo em dotar a administração pública de produtividade e eqüidade, através da montagem de estruturas organizacionais pertinentes e procedimentos administrativos adequados. Busca-se, desta forma, propiciar ao Estado os meios necessários e as condições indispensáveis para que ele possa, da melhor maneira possível, atender as demandas da sociedade, razão de legalmente ter sido constituído" (Cavalcanti, 1995:4).

nas perspectivas da administração racional-legal. A proposta de reforma promovida pelo presidente Getúlio Vargas caracterizou-se pela mudança de uma situação de organização pré-burocrática, coronelista (Faoro, 1976), para uma modernização administrativa do aparelho estatal. Em 1938, foi criado o órgão que auxiliaria o processo de reforma do sistema burocrático: o Departamento de Administração do Serviço Público (Dasp). De acordo com José Antônio Gomes de Pinho (1998), com a criação do Dasp, "Weber finalmente chegaria ao Brasil" (Pinho, 1998:60).

> Se algo se desejasse ressaltar para caracterizar este (...) período, indicaríamos o imperativo da *eficiência*. A administração pública começava a perder aquele dissimulado caráter assistencial e ia ganhando foros de instrumentalidade do Governo, destinada à condução eficiente dos negócios públicos.
>
> (Ramos, 1983:345)[3]

No entanto, o caráter autoritário da modernização impediu que a administração pública atuasse em uma perspectiva de gestão em que a *res publica* fosse o mote de sua ação. O centralismo decisório, tanto político quanto administrativo, privilegiará ações privadas em detrimento de ações públicas. Mesmo que a decisão esteja voltada para atender uma determinada região ou município, por exemplo, a ação pública será implantada e muitas vezes não implementada, atendendo a interesses de políticos que

---

[3] Beatriz Wahrlich, ao reproduzir discurso do então presidente Getúlio Vargas, pronunciado pelo rádio em 10 de novembro de 1937, reforça a análise de Guerreiro Ramos: "*O aparelhamento governamental instituído não se ajustava às exigências da vida nacional: antes, dificultava-lhe a expansão e inibia-lhe os movimentos*. Na distribuição das atribuições legais, não se colocara, como se deveria fazer, em primeiro plano, o interesse geral; aluíram-se as responsabilidades entre os diversos poderes, de tal sorte que *o rendimento do aparelho do Estado ficou reduzido ao mínimo e a sua eficiência sofreu danos irreparáveis*, continuamente expostos à influência dos interesses personalistas e das composições políticas eventuais" (Wahrlich, 1983:235).

vêem aquele espaço geográfico como um bem privado, o seu "curral".[4] Como afirma Eli Diniz (2000:32):

> a reforma do ciclo Vargas, inserida num projeto de modernização autoritária, representou um amplo conjunto de medidas voltadas para a desarticulação do Estado oligárquico, característico da chamada República Velha (1889-1930). De teor centralizador, envolveria, em seu aspecto administrativo, a modernização e a racionalização do aparelho burocrático. A reforma implantou um novo modelo de Estado, caracterizado por vasto poder de intervenção na ordem econômica e social. Além disso, com a criação de empresas no setor de infra-estrutura industrial, delineou-se a formação do Estado-empresário, criando-se as bases para o futuro Estado desenvolvimentista .

O período JK, janeiro de 1956 a janeiro de 1961, caracterizou-se pela preocupação com o processo de desenvolvimento econômico do país através da industrialização. No entanto, as questões relacionadas com a modernização da gestão pública continuavam vigentes. O processo de modernização passou pela criação de organizações paralelas à estrutura existente, destinadas a atender de forma mais eficiente o Plano de Metas, "carro-chefe" do governo JK, que pretendia construir 50 anos em cinco, para assim conseguir o desenvolvimento do país.[5] O fomento à industrializa-

---

[4] "Em outras palavras, as mesmas mãos que queriam ser weberianas não conseguiam, ou não podiam resistir ao poder histórico do patrimonialismo. Construímos assim um híbrido administrativo onde convivem uma estrutura meio weberiana e a sólida estrutura patrimonialista ainda que esta se atualize, se transmute para ficar contemporânea" (Pinho, 1998:62).

[5] "Esta opção tomada nesse período, normalmente tido como o mais democrático da vida brasileira, mostra como a construção do Estado paralelo não é privilégio de regimes autoritários mas que na tradição brasileira esse também é o caminho dentro dos parâmetros da democracia. (...) O mais provável é que a realidade tenha sido uma combinação das duas possibilidades: nem éramos suficientemente weberianizados, guardando fortes traços de patrimonialismo, e a tradição autoritária brasileira se mostrou mais uma vez, ainda que em um regime democrático" (Pinho, 1998:63).

ção, liderado pelo Estado, teria efeitos colaterais modernizantes no aparelho de Estado na medida em que o planejamento passou a ser a função-chave desse processo. Kubitschek criou, também, a Comissão de Estudos e Projetos Administrativos (Cepa), cujo objetivo era retomar tendências das reformas propostas no governo Vargas.

O período "Jan-Jan" – Jânio Quadros e João Goulart –,[6] janeiro de 1961 a abril de 1964, é um tempo de situações flutuantes e ambivalentes que se refletem na gestão pública. Portanto, os intentos de adaptar a administração pública aos novos tempos ficaram subordinados às situações que concluíram com o golpe militar de 31 de março de 1964.

Os militares, à semelhança do governo Vargas, propuseram uma reforma administrativa fundada no modelo racional-legal weberiano. A reforma idealizada pelos militares, também de características autoritárias, foi feita em 1967, através do Decreto-Lei nº 200:

> A reforma introduzida pelo Decreto-Lei nº 200 tinha por objetivo modernizar a administração pública, implantando um modelo dotado de maior flexibilidade e baseado em mecanismos de gestão semelhantes aos do setor privado. Entre seus princípios norteadores podem ser destacados a descentralização das atividades do setor público, as funções de planejamento e coordenação, a expansão das empresas estatais, bem como de órgãos independentes (fundações) e semi-independentes (autarquias), o fortalecimento e a expansão do sistema de mérito pela reafirmação do ingresso por concurso público.
>
> (Diniz, 2000:37)

Ainda no período militar, o presidente João Figueiredo (1979-85) estabelece o Programa Nacional de Desburocratização, cujo objetivo era

[6] No governo de João Goulart, foi criada a Comissão Amaral Peixoto, em fevereiro de 1963, com o objetivo de implementar uma reforma administrativa que atendesse a tentativa de governo parlamentarista no Brasil. No entanto, o golpe de 1964 impediu a continuidade desse intento.

simplificar o funcionamento do aparelho burocrático de Estado. É importante observar que, no período castrense, a expansão do Estado foi acentuada, principalmente no que tange ao número de empresas estatais criadas, que ultrapassaram a casa das três centenas (Tenório, 1997:33).[7]

Concluído o período militar, surge, entre março de 1985 e dezembro de 1994, o que foi denominado por Bolívar Lamounier "síndrome da paralisia hiperativa" (Lamounier et al., 1994:98). Esse momento envolveu dois governos: Tancredo Neves/José Sarney[8] e Fernando Collor/Itamar.

O efêmero período de Fernando Collor (1990-93) começa com a sua euforia "messiânica" e termina com o seu *impeachment* por, entre outros fatos, ter cometido malversação do dinheiro público. Nessa gestão, a administração pública sofreu uma reestruturação sem critérios racionalizadores, a não ser aqueles assentados no caráter absolutista de suas ações. A reforma administrativa foi denominada Plano Brasil Novo ou, simplesmente, Plano Collor. O Poder Executivo sofreu uma drástica redução não só na sua estrutura organizacional, como também no quadro de pessoal. As decisões foram centralizadas em pessoas próximas ao círculo das relações pessoais do Palácio do Planalto, grupo que foi denominado "República das Alagoas". Aliada a uma pretendida reforma administrativa, acentuou-se o processo de privatização das empresas estatais já iniciado, em 1981, pelo Programa Nacional de Desestatização. Na realidade, essa pretensão de re-

---

[7] "A criação desse número gigantesco de empresas estatais justificava-se pela proposta do Estado burocrático-autoritário que repousava no combate ao populismo que impregnava o Estado deslocado pelo movimento militar-civil de 1964. Assim, para os novos detentores do poder parece que não havia como salvar aquele Estado mas sim praticamente construir outro" (Pinho, 1998:65).

[8] Tancredo Neves tomaria posse no dia 15 de março, porém foi hospitalizado na véspera e faleceu no dia 21 de abril. O substituto foi José Sarney, eleito vice-presidente na mesma chapa de Tancredo. No governo Sarney, as tentativas de modernização da administração pública foram feitas através da criação de três órgãos: Secretaria de Administração Pública da Presidência da República, Escola Nacional de Administração Pública e Fundação Centro de Formação do Servidor Público.

forma desestruturou o aparato administrativo, agravando a sua ineficiência, provavelmente pelo fato da dispensa de 112 mil funcionários públicos e pela aposentadoria de outros 45 mil.

> As políticas atabalhoadas de reforma administrativa e a manutenção dos estrangulamentos de financiamento, ao invés de redefinirem o perfil de intervenção estratégica do Estado, apenas aceleraram o seu processo de desestruturação e de redução de sua capacidade de planejamento, financiamento, fiscalização, apoio à competitividade e à distribuição da renda, sem falarmos na deterioração da infra-estrutura econômica (...) e das empresas produtivas estatais.
>
> (Mattoso, 1995:144)

Com o *impeachment* de Fernando Collor, em setembro de 1992, assumiu o seu vice-presidente, Itamar Franco,[9] que transmitiu o cargo a Fernando Henrique Cardoso em janeiro de 1995. Após a sua reeleição em 1998, Cardoso concluiu o seu segundo mandato em dezembro de 2002. As mudanças pretendidas na administração pública pelo governo Cardoso foram definidas, no seu primeiro mandato, pelo Plano Diretor da Reforma do Aparelho de Estado, elaborado e divulgado pelo Ministério da Administração e Reforma do Estado, liderado pelo então ministro Bresser-Pereira. Esse documento faz uma crítica à incapacidade do Estado contemporâneo, e do Brasil em particular, de atender a crise iniciada em meados dos anos 1980, que se reflete:

> (i) na crise fiscal definida pela perda do crédito público e por poupança pública negativa; (ii) na crise do modo de intervenção econômica e social, em que o aparelho do Estado concentra e centraliza funções, e

[9] "As reações, judiciais inclusive, causadas pelo projeto de reforma de Collor e seu próprio *impeachment* retiraram a reforma do aparelho do Estado do centro das preocupações durante o governo Itamar Franco" (Pinho, 1998:70).

> se caracteriza pela rigidez dos procedimentos e pelo excesso de normas e regulamentos.
>
> (Brasil, 1995:1)[10]

A justificativa para essa mudança estava centrada numa proposta de governo "socialdemocrata" (*sic*) que, apesar de dizer não aceitar os postulados "neoliberais" (*sic*), reconhecia que o fenômeno da globalização, fomentando a competição entre os países, "tornou obsoleta" a administração pública burocrática "e as burocracias públicas estão sendo levadas cada vez mais a adotar uma abordagem gerencial, baseada na descentralização, no controle de resultados e não no controle de procedimentos, na competição administrada e no controle social direto" (Bresser-Pereira e Spink, 1998:11).

Bresser-Pereira sintetiza seus argumentos na conclusão do artigo "Gestão do setor público: estratégia e estrutura para um novo Estado", inserido no livro *Reforma do Estado e administração pública gerencial*:

> Depois da grande crise dos anos 80, na década dos 90 está-se construindo um novo Estado. Esse novo Estado resultará de reformas profundas. Tais reformas habilitarão o Estado a desempenhar as funções que o mercado não é capaz de executar. O objetivo é construir um Estado que responda às necessidades de seus cidadãos; um Estado democrático, no qual seja possível aos políticos fiscalizar o desempenho dos burocratas e estes sejam obrigados por lei a lhes prestar contas, e onde os eleitores possam fiscalizar o desempenho dos políticos e estes também sejam obrigados por lei a lhes prestar contas. Para tanto, são essenciais

[10] "É nesse contexto que se pode situar a reforma administrativa executada pelo Ministério da Administração e Reforma do Estado (Mare), criado especificamente para esse fim pelo presidente [Fernando Cardoso] logo após sua posse. Sob a direção do Ministro Luiz Carlos Bresser Pereira, o novo ministério levou adiante um projeto de redefinição drástica do modelo de administração pública implantado por Vargas. Nas palavras do próprio ministro, o objetivo seria a substituição de uma burocracia baseada no modelo racional-legal weberiano por uma nova modalidade de administração pública de tipo gerencial" (Diniz, 2000:50).

> uma reforma política que dê maior legitimidade aos governos, o ajuste fiscal, a privatização, a desregulamentação – que reduz o "tamanho" do Estado – e uma reforma administrativa que crie os meios de se obter uma boa governança. Neste trabalho, descrevi as características desta última reforma – a reforma do aparelho do Estado –, uma reforma que propiciará que se estabeleça, no setor público, uma administração pública gerencial.
>
> (Bresser-Pereira e Spink, 1998:36)[11]

Apesar dos desejos de mudanças esboçados desde os anos 1930 ao final do século XX, tanto no que diz respeito ao Estado quanto ao seu aparelho burocrático, elas ainda estão por acontecer. Porém, não é objeto deste ensaio analisar tais pretensões. O nosso propósito foi lembrar, por meio de escorços definidores e intencionais, conceitos e propostas de reformas administrativas que estabelecem a função fundamental da administração pública em qualquer sociedade justa[12] e democrática: atender, eqüitativa-

---

[11] Algumas observações quanto às pretensões de reforma nesse período: em primeiro lugar, a proposta de reforma transcendia a gestão da administração pública, pois repensava o papel do Estado brasileiro, como surge dos documentos divulgados pelo então Ministério da Administração Federal e Reforma do Estado ou do livro organizado por Bresser-Pereira e Peter Spink. Em segundo lugar, quanto aos pospostos (*sic*) inseridos nos parágrafos: o primeiro é para ratificar o dito popular de que "a prática não tem nada a ver com a teoria", quanto ao segundo (*sic*), esta é a prática. Comentários sobre a relação deste segundo posposto com a administração pública brasileira serão objeto de referência mais adiante. Por ora, o que vale salientar é que a proposta de reforma guardava coerência com a noção já consagrada de que a administração pública (vale a redundância) é "eminentemente pública". Em terceiro lugar, duas eram as novidades conceituais da então reforma do Estado brasileiro, bem como de sua administração pública: o uso do discurso gerencial do setor privado transplantado para o setor público; a expressão "controle social direto", que viria ao encontro da concepção do qualificativo *gestão social.*

[12] Parece existir uma convergência entre o aumento de desigualdade social e a diminuição do papel do Estado. Os dados sobre a desigualdade social na sociedade "global" contemporânea, e no Brasil em particular, são "números do horror", como bem expressa Clóvis

mente, a *res publica,* isto é, os interesses da sociedade como um todo. E nisso estão de acordo percepções que vão de Dwight Waldo a Bresser-Pereira.

Escorços conceituais quanto à gestão social

O argumento deste item é o seguinte: a ineficiência do aparelho burocrático brasileiro não será resolvida só por meio de modernizações, reformas ou de adjetivações, como a de gestão social idealizada a partir dos anos 1990, mas sim pela redefinição da importância da administração pública como vetor necessário ao desenvolvimento nacional e à eqüitativa redistribuição – social e regional – da renda. Importância que, dos anos 1930 aos 1990, foi poucas vezes ancorada em governos democráticos, com as nefastas conseqüências que o leitor conhece da história burocrática desse período no Brasil e nos demais países da América Latina. Por sua vez, os governos que se sucedem na passagem do século, Fernando Collor (1990-92) e Fernando Cardoso (1995-2002), desconsideraram a importância da administração pública na medida em que ambos se deixaram levar pela "onda neoliberal", que chegou às "costas nacionais" nos anos 1980 e que teve como "corrente de fundo" o Consenso de Washington.[13] Eli Diniz (2000:49) define assim o efêmero período Collor a esse respeito:

Rossi, ao assistir, como jornalista da *Folha de S. Paulo*, à Conferência Internacional sobre o Financiamento ao Desenvolvimento, na cidade de Monterrey (México): "Aí, aprendi, com dor, que: cerca de 826 milhões de pessoas não têm alimentação adequada que lhes permita levar uma vida normal, ativa e saudável; que mais de 850 milhões de pessoas são analfabetas, que perto de 1 bilhão carece de água potável, que 2,4 bilhões não têm saneamento básico; que cerca de 325 milhões de crianças não estão escolarizadas; que 11 milhões de crianças menores de cinco anos morrem por ano de causas evitáveis; fora o 1,2 bilhão que sobrevive com menos de US$ 1 por dia, uma cifra que já se tornou mais ou menos de conhecimento universal. Por que digo que essas conferências me parecem feitas para mim? Porque esses números são do conhecimento das instituições internacionais e, por extensão, também *dos governos* a elas filiados" (Rossi, 2002; grifo nosso).

[13] Artigo escrito por Julianna Sofia na *Folha de S. Paulo*, sob o título "Reformas não fazem AL crescer", comenta que as "reformas estruturais – tributária, financeira e trabalhista,

Em conseqüência, o impulso reformista ficou restrito às propostas de corte de pessoal e de redução da máquina estatal, o que, em inúmeros casos, resultou na mutilação do aparato administrativo, na degradação do serviço público e no agravamento de sua ineficiência. Tal tendência traduziu-se no prevalecimento de uma agenda negativa, voltada para o desmantelamento do legado do passado, cujo impacto destrutivo agravou a incapacidade dos Estados latino-americanos em face das exigências de uma ordem globalizada, em que o aumento da competitividade e da capacidade de ação estratégica torna-se a chave do êxito econômico e político das nações.

O governo de Fernando Cardoso ampliou as propostas de reformas de Collor, mas agiu de maneira isolada, centralizada e, na denominação de Eli Diniz (2000), com "insulamento burocrático". A "ilha burocrática" principal ficou demarcada pelo Ministério da Fazenda, Banco Central, Tesouro Nacional e Banco Nacional de Desenvolvimento Econômico e Social. A mesma autora completa essa característica, dizendo: "O estilo tecnocrático de gerenciamento da economia tornou-se viável pela expansão dos poderes Legislativo e Executivo numa escala até então inédita". Escala parametrizada pela excessiva quantidade de medidas provisórias e suas respectivas reedições. "Por outro lado, este padrão de gestão acentuou a histórica assimetria entre os poderes Executivo e Legislativo, aumentando os incentivos para o intercâmbio clientelista entre ambos" (Diniz, 2000:50). Isto é, nada mudou. Como no dito popular: "tudo como dantes no quartel de Abrantes".

---

além das privatizações e da abertura comercial – levaram a um crescimento modesto e transitório na América Latina, pioraram os índices de distribuição de renda da população e ainda podem ser o motivo da instabilidade econômica na região". Esse estudo, *Reforma das reformas*, foi apresentado por Eduardo Lora, assessor do Banco Interamericano de Desenvolvimento (BID), na 43ª Reunião Anual das Assembléias de Governadores do BID, na cidade de Fortaleza (CE), em março de 2002 (Sofia, 2002). É bom relembrar que esse *estudo* fazia referência às reformas sugeridas pelo Consenso de Washington. Não iremos aqui relembrá-las, pois são sobejamente conhecidas através de numerosos artigos e livros publicados sobre as conseqüências da sua implementação.

A "onda" ou "ilusão neoliberal",[14] identificada no primeiro parágrafo do escorço introdutório, norteou os governos Collor e Cardoso. Para ela, a administração pública não é um meio de apoio ou de execução das decisões de Estado, mas apenas um estorvo a ser reduzido. Menos Estado: "os Estados devem entregar às empresas as chaves do setor público e da proteção social" (Passet, 2002:25). Isto é, Estado-mínimo que, à semelhança do salário mínimo no Brasil, não tem muita serventia. Nesse sentido, é interessante a crítica de Habermas (2000:95):

> A tese neoliberal faz ressurgir a antiga controvérsia entre justiça social e eficácia econômica (...). É necessário perceber que um mercado de trabalho amplamente desregularizado, com a privatização dos seguros de saúde, velhice e desemprego, engendra, pelo lado das baixas remunerações e dos empregos precários, condições de vida miseráveis.

A ideologia da falta de utilidade do aparelho burocrático de Estado provoca a desmobilização do que ainda resta de seus trabalhadores, que, a fim de atender o ajuste fiscal do governo de turno, nesse último decênio não tiveram reajuste de seus salários.

Por sua vez, o tema gestão social tem-se confundido quase exclusivamente com gestão de políticas e/ou programas sociais. Essa identificação foi iniciada, nos anos 1990, pelo Centro Latino-Americano de Administração para o Desenvolvimento (Clad), com a cooperação do Projeto Regional das Nações Unidas de Modernização do Estado, com sede em Caracas (Venezuela), e continuou posteriormente no Instituto de Desenvolvimento Social (Indes), do Banco Interamericano de Desenvolvimento (BID). Em ambos os casos, a percepção de gestão social também se confunde na medida em que nessas instituições circulam os mesmos técnicos.[15] É, também, uma opção perigosa, como bem aponta Habermas (2000:88): "toda política do tipo que caracteriza o Estado social, se levada a uma simples 'administração do social', perde sua base ao mesmo tempo em que desaparece a forma de organização própria do Estado-nação".

---

[14] Título do livro de René Passet (2002).

[15] Ver, por exemplo, Kliksberg (1994).

Os intentos originados nas instituições mencionadas vieram ao encontro das intenções de solução dos crônicos problemas sociais brasileiros no governo Cardoso. É o caso do Programa de Apoio à Gestão Social no Brasil (Pags). A gestão social no governo Cardoso foi identificada como uma "estratégia de desenvolvimento social" (Brasil, 2001:3):

> o êxito da promoção do desenvolvimento social vai depender muito do compromisso e da capacidade dos profissionais do setor público envolvidos nos programas sociais. E mais, assume-se que a forma de gestão atual carece de elementos de gerência moderna e estratégica, que enfatizem resultados em vez de meios, capazes de dar respostas eficazes e flexíveis às necessidades e demandas da sociedade. Dessa forma, o Programa busca contribuir para a formação de uma massa crítica de profissionais e o desenvolvimento de ferramentas de gestão que podem facilitar e institucionalizar um processo de reforma e modernização de programas sociais definidos como prioritários, como base na Estratégia de Desenvolvimento Social do Governo Federal.

Logo na primeira frase dessa transcrição, observamos que foi atribuída ao funcionário público a responsabilidade pelo êxito do programa. Tal expectativa pode não ocorrer em função de o próprio trabalhador público vir a ser demandante do programa. As frases seguintes do parágrafo são típicas de uma gestão substanciada por valores de mercado. Valores inerentes ao uso e/ou abuso da racionalidade instrumental, racionalidade que vê a pessoa humana como um recurso, um meio a ser calculado segundo a sua utilidade econômica e, portanto, avessa a qualquer processo onde argumentos sociais sejam problematizados. A solução do social somente tem sentido se o processo de sua discussão for implementado pelas partes envolvidas na perspectiva da interação entre sociedade e Estado, e não pelos interesses de indivíduos ou grupos específicos.

Escorço conclusivo

O objetivo de apresentar esses resumos sobre gestão pública e gestão social foi o de recuperar conceitos, alguns deles descritos no segundo item deste ensaio, que enfocam a necessidade de acentuar a importância da administração pública *stricto sensu*. Isto é, a gestão pública deve ser praticada como originalmente foi tencionada: voltada para a *res publica*. Para tanto, é indispensável que o Estado, através do governo em seus diferentes níveis decisórios (federal, estadual ou municipal), atue como sujeito do desenvolvimento socioeconômico, por um lado, e, de outro, que o servidor público seja valorizado por meio de condições de trabalho e salariais que lhe dêem condições de exercer uma gestão pública coerente com o seu desígnio original, a prática de um conceito substantivo do Estado.

Convém lembrar, no entanto, que a relação do Estado com a sociedade brasileira mudou a partir dos anos 1970. Até então, ela se dava por conta de um Estado autoritário, que propunha modernizações weberianas ou *gerencialistas* e guardava os ranços de um patrimonialismo que se estende até os dias de hoje. É só observar, por exemplo, o comportamento de dirigentes e/ou funcionários corruptos, bem como os aproveitadores alojados no Legislativo e no Judiciário. A mudança da relação entre Estado e sociedade é conseqüência de maior participação da sociedade civil, através de reclamos e proposições. O ápice dessa relação pode ser observado na época da Constituinte de 1988, quando grande parte da população brasileira se posicionou ante o Estado e os interesses econômicos, o que resultou na formulação de dispositivos constitucionais destinados a proteger o cidadão do mercado. Foi esse, por exemplo, o caso do Código de Defesa do Consumidor.

Reconhecemos que ainda é tênue a relação entre Estado e sociedade no Brasil. Em um Estado democrático, essa relação deveria inverter as palavras: sociedade e Estado. A inversão não significa "diminuir" o Estado ou privilegiar o "Estado-mínimo". O que queremos dizer é que o sujeito do processo democrático, e portanto decisório das questões nacionais, não deve ser só o Estado, o mercado ou a interação entre Estado e capital, mas sim a sociedade civil exercendo uma soberania popular que controle o Estado e o capital.

Por tudo isso, entendemos por gestão pública aquelas ações de Estado que são implementadas através dos governos nacional e subnacionais, em função dos interesses da sociedade (não excluindo o mercado, mas considerando-o uma parte da sociedade). E por gestão social, entendemos aquelas ações do poder público que são implementadas com a participação da sociedade civil. Ou seja, a gestão social é o processo por meio do qual a sociedade contribui à *res publica* através das diferentes instâncias já existentes no Estado, como é o caso dos conselhos municipais, ou de movimentos sociais que reivindicam direitos, como é o caso do Movimento dos Trabalhadores Sem Terra (MST). Nas palavras de Habermas (2000:71):

> A política do Estado social assume hoje uma função de legitimação que não pode ser descuidada. É evidente que ela não concerne unicamente ao núcleo central do Estado, isto é, a política de redistribuição, mesmo que ela seja de importância fundamental para a vida dos cidadãos. Da política de emprego e de apoio à juventude até a proteção da natureza e do urbanismo, passando pelas políticas de saúde, família e educação, a "política social", no sentido amplo, estende-se a todo o leque de prestações providas pelas organizações e serviços que aportam bens coletivos e contribuem para a implementação de condições de vida de ordem social, natural e cultural; trata-se, deste ponto de vista, de preservar a urbanidade do declínio e, de um modo geral, o espaço público de uma sociedade civilizada. Porque é sabido que, se elas são abandonadas à regulação pelo mercado, numerosas infra-estruturas da vida pública e privada são ameaçadas de destruição e de depravação.

A intenção de uma gestão pública que leve em conta a participação da cidadania, por meio de mecanismos oriundos da sociedade civil organizada, não significa a exclusão dos poderes constituídos. É, sim, a possibilidade de a própria dinâmica social acompanhar e sugerir ações que o Estado não observa com clareza e que o mercado percebe em função de seus interesses particulares. Não é, tampouco, uma democracia direta. A complexidade organizacional da sociedade, desde priscas eras, tem exigido do homem a divisão do trabalho, não necessariamente fundado na divisão de classes. O significado de gestão social aqui entendido distancia-se da gestão estratégica (Tenório, 2002:123):

> tipo de ação social utilitarista, fundada no cálculo de meios e fins e implementada através da interação de duas ou mais pessoas na qual

uma delas tem autoridade formal sobre a(s) outra(s). Por extensão, este tipo de ação gerencial é aquele no qual o sistema-empresa determina as suas condições de funcionamento e o Estado se impõe sobre a sociedade. É uma combinação de competência técnica com a atribuição hierárquica, o que produz a substância do comportamento tecnocrático. Por comportamento tecnocrático, entendemos toda ação social implementada sob a hegemonia do poder técnico ou tecnoburocrático, que se manifesta tanto no setor público quanto no privado, fenômeno comum às sociedades contemporâneas.

A gestão social se aproxima, portanto, de um processo onde a hegemonia das ações possui caráter intersubjetivo. Isto é, onde os interessados na decisão, na ação de interesse público, são participantes do processo decisório. A gestão social é a substituição da "gestão tecnoburocrática, monológica, por um gerenciamento mais participativo, dialógico, no qual o processo decisório é exercido por meio de diferentes sujeitos sociais" (Tenório, 2002:125). E uma ação dialógica desenvolve-se buscando o entendimento negociado, é uma ação comunicativa e não uma ação visando o sucesso, realizada em um espaço privado, como é o caso do agir estratégico. A gestão social é uma gestão pública (vale a redundância) voltada ao interesse público, onde todos os envolvidos têm direito à fala. No entender de Habermas (2000:151):

> as constituições democráticas como outros tantos projetos nos quais *a diário* trabalham o poder legislativo, a justiça e a administração, e por cujo prosseguimento, implicitamente, se segue lutando sempre também no espaço público político. (...) Somente uma democracia entendida em termos da teoria da comunicação é também possível sob as condições das sociedades complexas. Para tanto há que inverter a relação entre centro e periferia: no meu modelo são as formas de comunicação de uma sociedade civil, que surge de esferas da vida privada que se mantêm intactas, quer dizer, são os fluxos de comunicação de um espaço público ativo que se encontre incerto em uma cultura política liberal os que suportam a carga da expectativa normativa. (...) sem esta

> força de empuxo para frente, inovadora, que caracteriza os movimentos sociais, não pode mudar nada, nem tampouco sem essas imagens e energias utópicas pelas quais tais movimentos se vêem impulsionados.

A qualificação gestão social agregaria valores democráticos à gestão pública, na medida em que esta deveria atuar considerando que o seu processo de tomada de decisão deve ser executado levando em conta a soberania popular, ou seja, por meio de ações concertadas com a cidadania de modo dialógico. A gestão social não deve, portanto, ser apenas a prática de uma gestão pública voltada para a solução de problemas sociais, como muitos idealizam, mas uma prática gerencial que incorpore a participação da sociedade no processo de planejamento e implementação de políticas públicas. Não basta agir para o social, mas agir com o social. Gestão pública é o fim e gestão social, o meio.

No (neo)liberalismo econômico, vigente no Brasil nos últimos anos, a relação sujeito-objeto é mediada pela utilidade dessa relação. Prevalece nele o individualismo, a "lei do mais forte", e não comporta a possibilidade de a relação sujeito-objeto ser mediada pelos sujeitos, isto é, por uma participação democrática, dialógica.

> A ortodoxia neoliberal preconiza a subordinação incondicional do Estado aos imperativos de uma integração social supostamente realizada através dos mercados em escala planetária e recomenda um *Estado empresário* que renuncia a qualquer ambição de libertar a força de trabalho de sua condição de mercadoria, abandonando, de uma maneira geral, toda pretensão de o Estado proteger a sociedade.
>
> (Habermas, 2000:135)

A gestão pública no país deve substituir o modelo de mercado, coisificador das relações sociais, por outro que contemple a sua relação com a cidadania nos seus diferentes espaços sociais de decisão.

No início do governo Lula surgiram algumas tendências promissoras, como foi o caso da reiterada afirmação do ministro Tarso Genro no sentido de promover uma "democracia de consenso", intenção operacionalizada, em algumas das suas decisões, pelo Conselho de Desenvolvimento Econômico e Social. O então secretário de Gestão apontava[16] três balizamentos para uma política de gestão pública: necessidade de cobrir o déficit institucional, de otimizar o aparelho existente e de dar total transparência, através do controle social e de um rigoroso comportamento ético. Mencionava, também, a vontade de resgatar uma política adequada de recursos humanos para a administração pública.

A importância da administração nos próximos anos é absolutamente decisiva. Peter Drucker (1999:37) assim o reitera:

> Os setores que mais cresceram nos países desenvolvidos no século XX não foram os das empresas, mas sim o governamental, o dos profissionais liberais, o da saúde e o da educação. Essa tendência vai se manter e se intensificar no século XXI. Assim, o setor social sem fins lucrativos é aquele em que a administração é mais necessária hoje em dia. É ali que a administração sistemática, baseada na teoria e guiada por princípios, pode render os maiores resultados em menos tempo. Basta pensar nos enormes problemas com que o mundo defronta – pobreza, saúde, educação, tensões internacionais – que a necessidade de soluções administrativas se torna clara.

Referências bibliográficas

BOBBIO, Norberto. *Estado, governo, sociedade*: por uma teoria geral da política. Rio de Janeiro: Paz e Terra, 1987.

______. *Dicionário de política*. Brasília: UnB, 1998.

BRASIL. Ministério da Administração e Reforma do Estado. *Plano Diretor da Reforma do Aparelho de Estado*. Brasília: Mare, 1995.

______. *Constituição da República Federativa do Brasil*. Brasília: Senado Federal, 1999.

[16] Palestra do ex-secretário de Gestão, Humberto Falcão Martins, na Fundação Getulio Vargas, Rio de Janeiro, 8 de abril de 2003.

______. Ministério do Planejamento. *Programa de Apoio à Gestão Social no Brasil (Pags)*. Brasília: Secretaria de Gestão, 2001. CD-ROM.

BRESSER-PEREIRA, Luiz Carlos; SPINK, Peter Kevin (Orgs.). *Reforma do Estado e administração pública gerencial*. Rio de Janeiro: FGV, 1998.

CAVALCANTI, Celso de Oliveira B. *Impactos da reforma administrativa do governo Collor na modelagem organizacional do DNER*. Dissertação (Mestrado) – Ebap/FGV, Rio de Janeiro, 1995.

CHÂTELET, François; PISIER-KOUCHNER, Évelyne. *As concepções políticas do século XX*: história do pensamento político. Rio de Janeiro: Zahar, 1983.

DINIZ, Eli. *Globalização, reformas econômicas e elites empresariais*. Rio de Janeiro: FGV, 2000.

DRUCKER, Peter F. Os novos paradigmas da administração. *Exame*, 24 fev. 1999.

FAORO, Raymundo. *Os donos do poder*: formação do patronato político brasileiro. Porto Alegre: Globo, 1976.

HABERMAS, Jürgen. *Après l'État-nation*: une nouvelle constellation politique. Paris: Fayard, 2000.

HARMON, Michael M.; MAYER, Richard T. *Teoría de la organización para la administración pública*. México: Colegio Nacional de Ciencias Políticas y Administración Pública A. C./Fondo de Cultura Económica, 1999.

HOUAISS, Antônio; VILLAR, Mauro de Salles. *Dicionário Houaiss da língua portuguesa*. Rio de Janeiro: Objetiva, 2001.

KLIKSBERG, Bernardo (Org.). *Pobreza*: uma questão inadiável; novas propostas a nível mundial. Brasília: Enap, 1994.

LAMOUNIER, Bolívar et al. *50 anos de Brasil*: 50 anos de Fundação Getulio Vargas. Rio de Janeiro: FGV, 1994.

MATTOSO, Jorge E. Levi. *A desordem do trabalho*. São Paulo: Scritta, 1995.

MOTTA, Paulo Roberto. *Innovación y democratización de la gestión pública*. Caracas: Clad, 1991. (Serie Temas de Coyuntura en Gestión Pública, n. 5).

OSBORNE, David; GAEBLER, Ted. *Reinventando o governo*. Brasília: MH Comunicação, 1994.

PASSET, René. *A ilusão neoliberal.* Rio de Janeiro: Record, 2002.

PINHO, José Antônio Gomes de. Reforma do aparelho do Estado: limites do gerencialismo frente ao patrimonialismo. *Organizações & Sociedade*, Salvador, EA/UFBA, v. 5, n. 12, maio/ago. 1998.

RAMOS, Alberto Guerreiro. *Administração e contexto brasileiro.* Rio de Janeiro: FGV, 1983.

ROSSI, Clóvis. Os números do horror. *Folha de S. Paulo*, São Paulo, 24 mar. 2002, Primeiro Caderno, p. A2.

SARAVIA, Enrique. La reforme de l'État au Brésil: l'influence du new public management. *Revue Française d'Administration Publique*, Paris, ENA, déc. 2003.

SOFIA, Julianna. Reformas não fazem AL crescer, diz estudo. *Folha de S. Paulo*, São Paulo, 10 mar. 2002. Caderno B, p. 10.

TENÓRIO, Fernando G. O Estado empresário brasileiro, notas histórico-ideológicas. *Cadernos Ebap*, Rio de Janeiro: Ebape/FGV, n. 85, 1997.

______. Gestão social: uma perspectiva conceitual. In: ______. *Tem razão a administração?* Ensaios de teoria organizacional e gestão social. Ijuí, RS: Unijuí, 2002. p. 113-138.

WAHRLICH, Beatriz M. de Souza. *Reforma administrativa na era Vargas.* Rio de Janeiro: FGV, 1983.

WALDO, Dwight. *O estudo da administração pública.* 2. ed. Rio de Janeiro: FGV, 1971.

Condicionantes da reforma do Estado no Brasil*

*Frederico Lustosa da Costa***

Introdução

Passados alguns anos do grande ciclo de reformas do Estado e da administração pública, iniciado no último quartel do século XX, muitos parecem acreditar que o tema está esgotado. Os mais otimistas pensam que o processo já se completou e que, em muitos países, chegou-se ao fim da história da administração pública, com o advento do *new public management*. Os mais céticos preferem ressaltar o fracasso da maioria das experiências reformistas mais recentes, que, segundo seu ponto de vista, não passariam de programas de ajuste fiscal, apoiados em um discurso ideológico disfarçado de pragmatismo.

---

* O argumento central deste capítulo é parte de um trabalho mais amplo ainda em elaboração, mas uma primeira discussão sobre democracia e reforma do Estado já havia sido objeto de um artigo intitulado "Estado, reforma do Estado e democracia no Brasil de Nova República" (Costa, 1998). O autor agradece ao prof. Paulo Emílio Matos Martins a oportunidade de discutir alguns dos problemas do contexto brasileiro no âmbito do Programa de Estudos de Administração Brasileira e o estímulo para que essa reflexão viesse prematuramente à luz.

** Professor da Escola Brasileira de Administração Pública e de Empresas (Ebape) da Fundação Getulio Vargas (FGV).

No entanto, ainda que examinados de novas perspectivas, os problemas que suscitaram as reformas continuam a desafiar governantes e governados. *Et pour cause*... De fato, nenhuma reforma realizada nos últimos anos parece ter logrado superar as contradições entre a reconhecida necessidade de reduzir a interferência do Estado na vida das empresas e indivíduos e a urgência de resgatar sua governabilidade em sentido amplo, aqui entendida como a capacidade de regular as relações entre o mercado e a sociedade, manter a ordem democrática, coordenar decisões econômicas e aumentar sua (boa) governança.

Este estudo é motivado por um certo desconforto com o debate sobre a reforma do Estado no Brasil, que venho acompanhando com constância e regularidade desde 1990. Em todos esses anos, tenho me reencontrado com uma série de problemas de variada natureza – conceitual, histórica, econômica, sociopolítica e mesmo cultural – que condicionam o processo em si e as análises e conclusões dos estudiosos.

Alguns desses problemas, sobretudo aqueles de natureza teórica, são de difícil enfrentamento, seja porque não possuem uma estrutura de referência universalmente reconhecida e aceita (um paradigma), seja porque, de saída, evocam questões ideológicas de largas conseqüências, separando definitivamente estatofóbicos e estatofílicos. A segunda parte deste ensaio se ocupa de um problema conceitual da maior importância para as análises que se seguem – o diagnóstico da crise do Estado.

Os problemas colocados pelas peculiaridades do contexto brasileiro, embora suficientemente conhecidos e analisados pela literatura em ciências sociais, não são adequadamente situados no contexto da reforma do Estado para subsidiar diagnósticos e propostas de mudança. Patrimonialismo, clientelismo, mandonismo, personalismo, formalismo e tantos outros "ismos", indicativos de modos de ser, de proceder ou de pensar, são quase sempre apresentados, isoladamente ou de forma inter-relacionada, como patologias sociais ou históricas e tomados seja como dados – e, portanto, insuperáveis –, seja como aspectos estruturais da realidade, seja ainda como meros resquícios de um passado pré-moderno, informando diferentes posicionamentos com relação à reforma.

Procede-se aqui a mais uma tentativa de descrever e situar alguns desses aspectos da realidade brasileira na estrutura de referência da reforma do Estado. A hipótese subjacente é a de que o fracasso dos projetos de reforma decorre, em grande medida, da insuficiente e inadequada consideração dessas características.

Neste caso, a discussão proposta toma como referência o projeto de reforma do Estado apresentado no primeiro mandato do presidente Fernando Henrique Cardoso. Toma-se por suposto que se trata de uma experiência malograda, dados os escassos resultados da implementação de seus projetos básicos (Bresser-Pereira, 2001). Essa avaliação, embora possa suscitar controvérsias, é aceita por alguns dos próprios defensores do programa de reforma e, em alguns aspectos, pelo seu próprio idealizador. O foco desta análise, entretanto, não está na avaliação dos produtos da reforma, e sim na discussão do diagnóstico da crise do Estado, objeto, como se disse, da parte que se segue a esta introdução.

A terceira parte do estudo examina três aspectos do contexto sociopolítico (e cultural) brasileiro que são apontados como alguns dos grandes entraves à modernização do Estado – o patrimonialismo, o "personalismo" e as fragilidades da democracia, manifestadas pelo autoritarismo, clientelismo e mandonismo local. A discussão se serve das interpretações disseminadas em clássicos da literatura em ciências sociais para indicar suas inter-relações e suas conseqüências sobre o funcionamento do Estado e sobre a reforma do Estado. As considerações finais discutem os alcances e limites da reforma do Estado no Brasil, em busca de uma alternativa realizável.

O Estado como problema: crise e castigo

Durante a década de 1990, o debate sobre a reforma do Estado no Brasil foi liderado pelo professor Luiz Carlos Bresser-Pereira, seja na qualidade de *scholar*, seja na qualidade de ministro de Estado. Manifestando-se num ou noutro papel, seus argumentos e propostas foram sempre basicamente os mesmos e estão resumidos no Plano Diretor da Reforma do Aparelho de Estado (PDRAE), de 1995. O documento está dividido em nove partes e apresenta, entre outros, os seguintes pontos:

- uma breve interpretação da crise do Estado;
- uma classificação evolutiva da administração pública;

- um histórico das reformas administrativas no Brasil a partir dos anos 1930;
- um diagnóstico da administração pública brasileira;
- um quadro referencial das formas de propriedade, setores do Estado e tipos de gestão;
- uma estratégia de mudança e os principais projetos de reforma do chamado aparelho de Estado.

Esta análise concentra-se no primeiro ponto e discute, de forma esquemática, argumentos apresentados muito sinteticamente no plano.

Segundo o ponto de vista exposto no plano e em vários textos de Bresser-Pereira (1992, 1996), a crise latino-americana é uma crise do Estado, que se "desviou de suas funções precípuas para atuar com grande ênfase na esfera produtiva", gerando distorções crescentes no próprio mercado e tornando-se incapaz de "atender com eficiência a sobrecarga de demandas sociais a ele dirigidas, sobretudo na área social" (Brasil, 1995:14).

De forma singela, assinala-se que, na sociedade capitalista, Estado e mercado são as duas instituições centrais na alocação de recursos e na manutenção do equilíbrio econômico. Se uma delas falha, "é inevitável que nos deparemos com uma crise". Nos anos 1920 e 1930, foi o mau funcionamento do mercado, incapaz de manter a demanda agregada, que gerou a Grande Depressão. E o Estado teve de vir em seu socorro.

Uma nova crise manifesta-se a partir dos anos 1980, quando,

> paralelamente ao descontrole fiscal, diversos países passaram a apresentar redução das taxas de crescimento econômico, aumento do desemprego e elevados índices de inflação. Após várias tentativas de explicação, *tornou-se claro*, afinal, que a causa da desaceleração econômica nos países desenvolvidos e dos graves desequilíbrios na América Latina e no Leste europeu era a crise do Estado, que não soubera processar de forma adequada a sobrecarga de demandas a ele dirigidas.
>
> (Brasil, 1995:15)

O Estado tornara-se incapaz de administrar as crescentes expectativas de benefícios sociais. Agora era necessário trazer o mercado para "desafogar" o Estado em crise. Em suma, o argumento parece sugerir que o Estado tornou-se disfuncional ao mercado, pois passou a perturbar seu adequado funcionamento.

O diagnóstico é bastante amplo, contemplando os aspectos da governabilidade, da governança e do financiamento do gasto público, mas a maior parte da argumentação está orientada para mostrar "o papel central do Estado" na crise econômica dos países da América Latina. Quer dizer, o Estado deficitário é gerador de desequilíbrios no sistema econômico. Fragilizado, perde sua capacidade de intervenção legítima. A crise do Estado é definida, então, em três dimensões:

> uma crise fiscal, caracterizada pela crescente perda de crédito por parte do Estado e pela poupança pública que se torna negativa;
> o esgotamento da estratégia estatizante de intervenção do Estado, a qual se reveste de várias formas: o Estado do bem-estar social nos países desenvolvidos, a estratégia de substituição de importações no Terceiro Mundo, e o estatismo nos países comunistas; e
> a superação da forma de administrar o Estado, isto é, a superação da administração burocrática.
>
> (Brasil, 1995)

A descrição apresentada pode levar a supor que a causa da crise fiscal é a crise fiscal. Ou seja, quanto mais o Estado deve, menos crédito possui, sendo obrigado a pagar juros mais elevados, aumentando o déficit nominal, o estoque da dívida e reduzindo a confiança dos investidores (Bresser-Pereira, 1996, *passim*). Mas, embora não sejam mostradas evidências empíricas nesse sentido – algumas delas até bastante conhecidas –, o argumento chama a atenção para o fato de que o déficit nasce também:

- do desvio de funções do Estado para o setor produtivo, com a ação de empresas estatais ineficientes e a multiplicação de subsídios – modelo de intervenção;
- da "estratégia burocrática adotada de executar diretamente os serviços sociais de educação, saúde e assistência social por meio da contratação de funcionários públicos" (Brasil, 1995:21);
- da ineficiência do modelo burocrático de gestão pública.

Por outro lado, o diagnóstico apresentado no PDRAE mostra o expressivo aumento das despesas com pessoal nas três esferas de governo depois da Constituição de 1988, em decorrência da criação do Regime Único do Servidor Público, que garantiu estabilidade e proventos integrais a empregados públicos, precipitando aposentadorias, elevando os gastos com inativos e aumentando o déficit público. As diversas causas do desequilíbrio orçamentário são caracterizadas como populismo fiscal, sugerindo que constituam uma política nascida da conjugação de interesses de ideólogos equivocados, políticos irresponsáveis, administradores corruptos e funcionários gananciosos, fruto de pactos políticos que se estabeleceram a partir da democratização.

Em resumo, a crise econômica que o Brasil enfrenta há quase 30 anos é causada pela crise do Estado. A crise do Estado é fundamentalmente uma crise fiscal. A crise fiscal tem raízes na persistência de um modelo econômico "datado", em políticas públicas populistas reintroduzidas com o processo de democratização e na ineficiência da administração burocrática, mas ganhou um caráter inercial, alimentando-se dos próprios remédios utilizados para combatê-la.

A opção por esse diagnóstico da crise do Estado – uma forma de definir o Estado como problema e uma agenda negativa de reformas – coloca uma série de problemas da maior importância para o debate. Por isso, o diagnóstico da crise fiscal (*lato sensu*) precisa ser qualificado.

Os argumentos de Bresser-Pereira ora se apóiam na pressão do excesso de demandas sociais, ora se fundam no esgotamento do modelo de intervenção. Parece claro que, num e noutro caso, a economia e a sociedade se transformaram e passaram a requerer outra relação com o Estado. Ainda que, indiretamente, se invoque a idéia de que a reestruturação produtiva, a mudança no padrão de acumulação capitalista e a globalização inviabilizaram o modo de regulação prevalente no *welfare state*, os problemas estruturais da ordem capitalista só servem para explicar a crise das economias centrais, que só nos afeta quando o ajuste tem impacto nas taxas de juros, no câmbio ou no comércio internacional. Entretanto, existem muitas evidências de causas exógenas para a crise do Estado em geral e para a crise do Estado brasileiro em particular. Apesar disso, o essencial da explicação e sobretudo da terapia para enfrentar a enfermidade está baseado em causas endógenas.

Ora, a internacionalização da economia e a mudança no padrão tecnológico alteraram profundamente as formas de produzir, habitar e participar, estabelecendo novas atitudes com relação ao trabalho, à sociabilidade e ao próprio Estado. A indústria, sobretudo a indústria de bens duráveis, emprega cada vez menos gente, transferindo mão-de-obra para os serviços, que por sua vez também diminuem o número de novos empregos. Só cresce a oferta de vagas no chamado terceiro setor, em geral criando oportunidades de trabalho para pessoas que se ocupam de trabalhadores sem trabalho. A lógica de financiamento do *welfare state* foi minada de tal forma que as políticas socialdemocratas ainda vigentes, limitadas em seu alcance, parecem ser mais eficientes em criar condições para indenizar desempregados do que para pagar trabalhadores.

Examinada dessa outra perspectiva, a crise do Estado é mais do que uma crise fiscal e decorre, em larga medida, da sua incapacidade de regular a vida social diante da emergência de novas tecnologias e, conseqüentemente, de uma nova organização produtiva e de um novo padrão de acumulação. Nesse raciocínio, foi o mercado livre que se tornou disfuncional à sociedade pós-industrial, pois não é mais capaz de gerar empregos e financiar o *welfare state,* inaugurando aquilo que Pierre Ronsavallon e Jean-Paul Fitoussi chamam de nova era das desigualdades. Trata-se de uma crise de largo espectro, que põe em causa as relações entre economia e sociedade (crise do trabalho), que desfigura as instituições encarregadas de promover a solidariedade social (crise do *welfare state*) e que esvazia a cidadania e as identidades individuais e coletivas (crise da democracia) (Fitoussi e Rosanvallon, 1996). No caso brasileiro, além desses aspectos exógenos, os problemas do endividamento externo e interno e da inflação inercial, *et pour cause*, das políticas destinadas a enfrentá-los, estão no centro da crise econômica dos anos 1980. É certo que a explosão do endividamento em razão do aumento das taxas de juros se deu em decorrência de opções de investimento financiado com recursos externos, a taxas flutuantes, numa conjuntura de déficit da balança comercial.

Assim, a crise do Estado é também o conjunto de efeitos colaterais provocados pelos remédios utilizados para enfrentá-la, a partir da inauguração de um *estilo de governo* caracterizado pela prioridade absoluta ao ajuste fiscal, com cortes expressivos nos gastos sociais. É ainda o produto do "fim da compaixão", quer dizer, a ruptura do consenso social que permitiu o desenvolvimento do *welfare state* (Ramos, 1981).

A interpretação da crise do Estado como uma crise fiscal só pode determinar, para sua superação, uma agenda negativa de reforma. Ademais, esse tipo de diagnóstico passa longe das peculiaridades do contexto brasileiro, conforme se indica na parte que se segue, contribuindo para o estabelecimento de objetivos deslocados e inalcançáveis.

Os problemas do contexto brasileiro

Os grandes intérpretes da realidade brasileira têm salientado que as raízes do nosso atraso, subdesenvolvimento, dependência, modernização periférica ou inserção pouco competitiva no mundo globalizado estão plantadas na formação histórica brasileira, gerando uma série de determinantes que condicionam o sistema político, o Estado e suas relações com a sociedade e a economia. Essas peculiaridades constituem modos de ser, proceder ou pensar que caracterizam nossas instituições, relações sociais e representações do mundo social e político. Patrimonialismo, personalismo, mandonismo, formalismo, clientelismo, cartorialismo, centralismo e autoritarismo são exemplos das "deformações" ou "patologias" utilizadas para descrever aspectos de nossa realidade e, particularmente, do Estado, do governo e da administração pública, que constituem as causas da pouca efetividade da ação pública. Alguns desses "problemas" encontram variantes mais modernas em descrições da democracia delegativa, do mundo estatofóbico e hobbesiano brasileiro, da cultura paroquial, dos anéis burocráticos, da estadania, do corporativismo, para relatar apropriação do público pelo privado, compadrio, vassalagem, barganha, fisiologia, bacharelice, centralização e precariedade da democracia.

A persistência com que essas categorias continuam a ser resgatadas, criticadas e atualizadas confere-lhes um sentido de realidade, pois, ainda que não se constituíssem em fatos e atos verificáveis, tendo existência estabelecida no mundo das representações, acabam por produzir impactos sobre as práticas sociais e as instituições que as regulam. Convém, portanto, mantê-las na agenda, pelo menos até que a roda da história faça girar o ciclo (não seqüencial) das instituições, práticas e representações.

A persistência das categorias não quer dizer que a realidade nacional seja imutável. O Brasil, sobretudo nos últimos 50 anos, tem sofrido profundas transformações econômicas, sociais, políticas e mesmo culturais. O país modernizou-se, incorporando às suas instituições e práticas sociais, sobretudo nas esferas do Estado e do mercado, elementos da racionalidade prevalente nas economias centrais. Mas essas manifestações podem ser vistas justamente como o modo pelo qual a sociedade brasileira incorporou os valores da modernidade. Essa modernização, ainda que seletiva, não exclui a permanência dessas formas particulares de acomodação de valores e instituições modernas na ambiência tropical, sem que a maior parte de suas interpretações deva ser jogada na vala comum da sociologia da inautenticidade, quer dizer, que atesta a inautenticidade do esforço de modernização brasileiro, segundo a crítica de Souza (2000). O problema é que essa crítica, não obstante a pertinência de alguns de seus aspectos, também é herdeira do culturalismo iberizante, que dá grande peso à herança portuguesa na formação brasileira, desta vez tributária do escravismo mouro (Campante, 2003).

Traços importantes da formação nacional não constituem singularidades brasileiras. Estão presentes em inúmeros países latino-americanos e até em alguns países mediterrâneos, para além da península Ibérica. Como reitera Roberto DaMatta e como foi possível identificar em um dos primeiros estudos sistemáticos sobre o jeitinho brasileiro (Vieira et al., 1982), o que é singular entre nós é o desejo de diferenciação, o reconhecimento (ainda que equivocado) dessa singularidade e a valorização positiva de alguns de seus aspectos – cordialidade, estabilidade, lealdade, esperteza, flexibilidade etc.

Como a maioria das disfunções coloca o Estado no centro do processo, seja como agente, paciente ou cenário, deve-se admitir que, quando se cogita de realizar reformas institucionais (no Estado, para o Estado ou com o Estado), essas características sejam devidamente consideradas. Pois como lembra Claus Offe (1994:219),

> é bem possível que o desnível entre o modo de operação interno e as exigências funcionais impostas do exterior à administração do Estado não se deva à estrutura de uma burocracia retrógrada, e sim à estrutura

> de um meio sócio-econômico que (...) *fixa* a administração estatal em um certo modo de operação. (...) É óbvio que um desnível desse gênero entre o esquema normativo da administração e as exigências funcionais externas não poderia ser superado através de uma reforma administrativa, mas somente através de uma "reforma" daquelas estruturas do meio que provocam a contradição entre estrutura administrativa e capacidade de desempenho.

Estamos, assim, diante de uma série de aspectos diversificados, complexos e inter-relacionados da realidade brasileira que condicionam o funcionamento do Estado e a ação e o desenvolvimento da administração pública brasileira, e continuam a desafiar os cientistas sociais. As proclamadas "mazelas brasileiras" têm sido examinadas ora como "dados da realidade" ou "parte da nossa cultura", ora como condicionantes estruturais, ou ainda como resíduos do passado colonial e das estruturas oligárquicas, que estão desaparecendo "naturalmente".

Vistos como traços culturais, esses atributos podem ter dois tipos de tratamento, de acordo com uma visão mais ou menos instrumentalizada que se tenha da cultura (Harrison e Huntington, 2002:13). Se for tratada como variável independente, a cultura – ou a cultura política – ajuda a entender e explicar a organização e o funcionamento do Estado, a conformação do sistema político e o padrão de democracia (Martins, 1995; Castor, 2000). Se a cultura for definida como variável dependente, trata-se de identificar os obstáculos culturais à modernização do Estado e as formas de ação política que permitem removê-los (Bresser-Pereira, 2001).

Analisados como determinantes de disfunções do Estado, os fatores estruturais do contexto brasileiro passam a requerer profundas transformações econômicas, sociais e políticas para que possam produzir efeitos sobre a ação estatal (Santos, 1993; Motta, 1994). A modernização do Estado seria, assim, conseqüência de mudanças sociais de maior envergadura. Considerando, entretanto, que essas transformações dependem, em grande medida, da própria ação estatal, a reforma do Estado poderia ser caracterizada como a mãe de todas as reformas. Num ou noutro caso, a reforma do Estado – ou a grande transformação – passa a constituir um empreendimento de tal magnitude que se torna difícil de ser concretizado.

Percebidos apenas como sobrevivências do passado, os problemas brasileiros estão condenados a desaparecer por conta do processo natural de evolução da sociedade, na sua marcha progressiva para o racional (Souza, 2000). Nesse sentido, a reforma do Estado pode contribuir para acelerar esse processo (Bresser-Pereira, 2001).

Essas diversas atitudes intelectuais podem aparecer de forma isolada ou combinada e informar diferentes estratégias de reforma, mas não logram estabelecer relações diretas entre constatações e propostas de mudança. Em todos os casos, colocam em primeiro plano o caráter normativo da discussão sobre reforma do Estado.

Aqui, procede-se mais uma vez ao exame de algumas das características recorrentes nas interpretações do Brasil – o patrimonialismo, o personalismo e, à falta de designação mais precisa, o autoritarismo – e invocam-se outras disfunções a elas relacionadas – o formalismo, o clientelismo e o mandonismo, que produzem efeitos negativos no exercício da cidadania. Elas foram escolhidas em função da freqüência de seu aparecimento na literatura e dos alegados impactos mais diretos, que essa mesma literatura indica, sobre o funcionamento do aparelho de Estado, sobretudo em suas relações com a sociedade. Essa análise vai permitir caracterizar esses fenômenos como estrutura e função, indicar sua influência sobre práticas sociais, políticas e administrativas e avaliar seu impacto sobre o funcionamento do Estado e suas estratégias de reforma.

Patrimonialismo

O conceito de patrimonialismo foi introduzido nas ciências sociais a partir da obra de Max Weber para se referir a uma variante da dominação tradicional, cuja legitimidade se baseia "na crença na santidade de ordens e poderes senhoriais tradicionais ('existentes desde sempre')" (Weber, 1999:148), vale dizer, na "santidade das tradições vigentes desde sempre e na legitimidade daqueles que, em virtude dessas tradições, representam a autoridade" (Weber, 1999:141). A dominação patrimonial se apóia na existência de um quadro administrativo "puramente pessoal do senhor" não-burocrático, formado de companheiros ou súditos, recrutados por critérios de afetividade, lealdade e confiança e remunerado com prebendas ou feudos. Essa dominação assume o caráter estamental, quando há uma distribuição de "poderes de mando e as conseqüentes oportunidades econômicas para o quadro administrativo", cujos membros passam a pagar "os custos da administração a partir dos meios de administração próprios" (Weber, 1999:152).

Num livro, *Os donos do poder*, que já se tornou um clássico, Raymundo Faoro (1979) faz uma apropriação muito singular desses conceitos para descrever uma estrutura de poder – o estamento – que se formou em Portugal, foi transplantada para a Colônia, manteve-se no Brasil independente e mesmo no Brasil republicano, orientando e dirigindo a economia em favor de seus interesses particulares. A formulação de Faoro dá conta das condicionantes políticas do processo de colonização, com o respectivo modelo de administração da empresa colonial, chamando a atenção para a prevalência, ou mesmo autonomia, da dimensão político-institucional sobre a dinâmica do processo econômico no desenvolvimento da Colônia e para o caráter patrimonial-estamental de que se revestia a autoridade dos prepostos do rei.

Para o autor de *Os donos do poder*, a monarquia portuguesa, que moldou nossas instituições, era um Estado patrimonial apoiado por um estamento político poderoso, formado por um corpo de letrados a serviço do rei. Precursora de uma espécie de capitalismo de Estado – o "capitalismo político" –, a Coroa afirmava-se como a principal empreendedora do país. Os descobrimentos, a colonização e o comércio de ultramar eram empresas estatais. Na Corte portuguesa, o mundo político dominava a vida econômica. O desenvolvimento do império colonial e a diferenciação do Estado português levam à burocratização do estamento, que, entretanto, mantém o seu "caráter aristocrático, com uma ética e um estilo de vida particularizados".

A primazia do poder público também se reproduzia na incipiente vida comunitária da Colônia, pois o nascimento das instituições precedia o desenvolvimento e as necessidades do processo social, a fim de moldar-lhe a dinâmica e o sentido. O mesmo tipo de burocracia patrimonial que comandava a Corte e dominava a Colônia constituiu a base do Estado brasileiro, do Império à República Velha, dos ciclos extrativistas à rotina mercantil do modelo agroexportador.

O patrimonialismo se amolda às transições, às mudanças, em caráter flexivelmente estabilizador do modelo externo, concentrando no corpo estatal os mecanismos de intermediação, com suas manipulações financeiras, monopolistas, de concessão pública de atividade, de controle de crédito, de consumo, de produção privilegiada, numa gama que vai da gestão direta à regulamentação material da economia.

(Faoro, 1979, *passim*)

Na perspectiva de Faoro, o patrimonialismo brasileiro absorveu o capitalismo e promoveu o seu desenvolvimento sob comando político, aproveitando dele as técnicas, a indústria, as empresas e os grandes mercados, mas conservando as concessões e privilégios. Sob o pulso estatal, "liberais autoritários" inventaram o capitalismo à brasileira, onde, muitas vezes, o cartório e o favor substituem o risco.

A análise de Faoro vai até a República Velha, mas as conclusões de seu trabalho antecipam a permanência do patrimonialismo depois da Revolução de 1930. De fato, nos últimos 60 anos, a partir do primeiro governo Vargas, o Brasil empreendeu um enorme esforço de modernização, inclusive de suas instituições públicas. Sob a regência do Estado, o desenvolvimento econômico baseado no processo de industrialização pela substituição de importações permitiu a superação do modelo agroexportador em declínio, a constituição de uma sociedade urbano-industrial, a criação das estruturas de proteção e seguridade social e a organização política pluralizada de vários segmentos sociais.

A ação estatal criou as condições para que se estabelecesse "um mercado onde os diversos agentes econômicos pudessem movimentar-se em liberdade. A esfera pública ampliou-se para criar os espaços de domínio privado". Na medida em que constituiu um setor público dos mais equipados e eficientes do Terceiro Mundo, o Estado brasileiro tentou ser moderno e modernizador.

Conduzida dentro dos marcos do domínio patrimonial, a modernização brasileira jamais logrou minar as bases dos interesses oligárquicos e estamentais que dele se beneficiam. Prevaleceu a força da tradição legitimadora da privatização do Estado, que se mantém como principal arena da política de grupos.

Personalismo

Utiliza-se aqui o personalismo (ou "pessoalidade") para caracterizar uma forma particular de hierarquização social baseada na distinção entre indivíduos e pessoas, proposta por Louis Dumont e introduzida na "sociologia do dilema brasileiro" pelo antropólogo Roberto DaMatta (1980).

Todas as sociedades estabelecem formas de hierarquizar os seus membros. No Brasil, a hierarquização se reproduz em múltiplos planos, com critérios outros além do eixo econômico dominante. Serve para compensar e complementar diferenciações sociais básicas, incorporando classificações para cor, origem, educação, relações pessoais etc. "Aqui, as relações pessoais mostram-se muito mais como fatores estruturais do sistema do que como sobrevivências do passado que o jogo do poder e das forças econômicas logo irá colocar de lado e marginalizar" (DaMatta, 1980:192).

Na sociedade relacional, requisitos do domínio racional-legal, ou seja, os elementos que conferem racionalidade e legitimidade à dominação burocrática, como a igualdade perante a lei, a universalidade na aplicação da norma e o princípio da isonomia, estão sujeitos à hierarquização social que distingue "indivíduos" e "pessoas" e posiciona os seus membros de acordo com o peso de seus relacionamentos. Por isso, a todo momento, somos levados a introduzir "elos personalizados em atividades basicamente impessoais".

Roberto DaMatta (1980:184) acredita que

> por termos leis geralmente drásticas e impossíveis de serem rigorosamente acatadas, acabamos por não cumprir a lei. E, assim sendo, utilizamos o clássico "jeitinho" que nada mais é do que uma variante cordial do "Você sabe com quem está falando?" e outras formas mais autoritárias que facilitam e permitem pular a lei ou nela abrir uma honrosa exceção que a confirma socialmente.

Esses escapismos acabam por gerar desconfiança com relação às regras universalizantes e atualizar a vigência do formalismo (Riggs, 1964, 1968), quer dizer, a discrepância entre normas prescritas legalmente e o comportamento efetivo dos sujeitos.

O formalismo, entretanto, pode ser visto também como a expressão de um ideal de sociedade e, portanto, como uma estratégia de mudança social.

> A força da lei é, pois, uma esperança. Para os destituídos, ela serve como alavanca para exprimir um futuro melhor (leis *para nós* e não *contra nós)* e para os poderosos ela serve como um instrumento para destruir o adversário político. Num caso e no outro, a lei raramente é vista como lei, isto é, uma regra imparcial.
>
> (DaMatta, 1980:185).

No universo das relações pessoais, a lei não é a expressão da ordem igualitária, mas sim uma sanção generalizada, da qual não escapam aqueles que conseguem flexibilizar a sua vigência pela "especificidade do caso". Quem se apresenta como "indivíduo" não é um cidadão completo; é um "zé-ninguém", uma "não-pessoa", alguém que não possui uma "identidade" que possa ser hierarquizada numa escala relacional – filho do ministro, amigo do deputado, irmão do coronel, motorista do governador. Esse "indivíduo", para quem está dos dois lados do balcão da burocracia pública, não é percebido como o patrão, o cliente e a própria razão de ser do Estado e dos serviços públicos. É um incômodo, um estorvo.

Autoritarismo e democracia

Levando em conta a *existência de regras conhecidas, claras e efetivas de competição pelo poder, associadas à extensa participação política, o que impõe o exercício pela maioria da população de seus direitos civis*, o Brasil poderia ser considerado, desde 1988, quando entrou em vigor a chamada Constituição Cidadã, uma *poliarquia* (Dahl, 1989). Pois essa forma de definir a democracia constitui um arranjo razoável de graus expressivos de *liberalização* do debate público e da competição política e de *participação*, no sentido da inclusão de um maior número de atores no processo político.

Entretanto, o próprio modelo de Dahl descreve as condições que favorecem a participação e a liberação, situando as poliarquias em diferentes pontos de um largo intervalo. Nesse sentido, cabe indagar: qual a morfologia da poliarquia brasileira? Como ela se efetiva no cotidiano da vida política e social brasileira?

Já há alguns anos, Wanderley Guilherme dos Santos (1993) traçou um perfil da democracia brasileira a partir de dados sobre participação eleitoral, engajamento comunitário, filiação sindical, contatos políticos e uso das instituições públicas para arbitrar conflitos (recurso à Justiça e ao poder de polícia dos organismos governamentais, inclusive a própria polícia). Ele quis demonstrar que, por conta do padrão histórico de incorporação dos atores políticos à arena de competição, no caso, o Estado gerador de oportunidades de participação e de identidades coletivas (Santos, 1988:114), a morfologia poliárquica brasileira, "excessivamente legisladora e regulatória", "assenta-se sobre uma sociedade que, plural embora quanto à multiplicidade de grupos de interesse, é essencialmente hobbesiana" e estatofóbica. Por isso, "suas características poliárquicas correspondem a pouco mais do que minúscula mancha na turbulenta superfície do país" (Santos, 1993:80).

Seguindo o raciocínio de Wanderley Guilherme, o que vigora na maior parte do território e nas diversas formas de sociabilidade é uma versão competitiva do modelo máfia, ou seja, um mercado pulverizado de violência, de proteção contra a violência e de violação da lei (Santos, 1993). Esse modelo está presente nas relações que se estabelecem com o guardador de carros que privatiza o estacionamento público, estabelece o seu preço e ainda destrói o carro que diz proteger, com o funcionário que cobra uma propina para "acelerar o processo", com a dona-de-casa que não paga o salário mínimo ou o décimo terceiro salário à empregada doméstica, com o médico que não dá recibo, com o bêbado que atira para o alto num dia de vitória de seu time de futebol, com o comerciante que cobra preços aviltantes e não paga impostos, com o patrão que se apropria da contribuição previdenciária do empregado, com o deputado que só representa interesses particularistas.

Guillermo O'Donnell também quis demonstrar que, na maior parte do território brasileiro, o Estado e seu sistema legal não conseguem assegurar a vigência de uma ordem que, ainda que fundada em relações assimétricas, garanta expectativas estáveis e, portanto, previsibilidade de comportamentos (sempre consistentes com a lei). Não vigora "um sistema legal que assegure a efetividade dos direitos e garantias que indivíduos e grupos podem sustentar contra os governantes, o aparelho de Estado e outros situados no topo da hierarquia política ou social existente" (O'Donnell, 1993:132).

A ausência da legalidade pode ser constatada quando um trabalhador rural não tem acesso à Justiça do trabalho, quando um delegado do interior prende arbitrariamente um indivíduo que não tem como se defender, quando os senhores rurais escravizam, matam e ficam impunes, quando os pequenos chefes do tráfico ditam a lei que vigora nos morros cariocas. Onde impera esse vazio legal, não há cidadania.

Esse sistema de sujeição está na raiz do mandonismo local,[1] das estruturas de poder oligárquico e de sua representação (fisiológica e clientelista) no sistema político nacional.[2] Está na raiz de um sistema de reprodução de elites que domina a cena política brasileira nos últimos 100 anos de história republicana. Do ponto de vista de O'Donnell, como as relações entre o Estado e a sociedade configuram o sistema político e o tipo de democracia, esse contexto societal pode caracterizar não apenas um regime autoritário, mas também um Estado autoritário.

O que falta à nossa poliarquia é a garantia de igualdade perante a lei e de acesso à Justiça e a outras formas de prestação pública, seja porque os indivíduos, escaldados, renunciam à sua mediação, preferindo agir por conta própria, seja porque o Estado é incapaz de assegurar uma ordem igualitária.

---

[1] Em decorrência dos processos de urbanização, alfabetização e inclusão políticas, que minam as bases do clientelismo, o tema do mandonismo local tem estado ausente da literatura em ciências sociais. Hoje em dia, quase não se fala mais em coronelismo, ou seja, em sistemas de dominação local todo-poderosos. Coronel é a denominação genérica atribuída ao chefe político local, em geral grande proprietário de terras, que exercia o controle político sobre uma parcela do eleitorado rural e a autoridade efetiva sobre a população correspondente. A alusão a um posto militar decorre da prática vigente na República Velha, antes da Revolução de 1930, de venda de patentes da Guarda Nacional, já desviada da sua missão original, como forma de conferir autoridade a delegados do Estado lá onde ele não se fazia presente. Para a descrição do coronelismo e suas práticas, ver os clássicos Leal (1997), Queiroz (1957) e Vilaça e Albuquerque (1965).

[2] As articulações entre as estruturas oligárquicas regionais e o sistema político nacional estão bem demonstradas em Castro (1989).

Nos últimos anos, a ordem poliárquica se deteriorou. A prolongada crise econômica e os amargos remédios empregados para superá-la favoreceram o surgimento de um sentimento de insegurança e impotência com relação ao futuro, e o crescimento da descrença nas normas e no poder público como matriz de valores e paradigma de conduta. A erosão da cultura cívica e do próprio tecido social também favorece a impunidade, a intensificação do uso da prática do jeitinho ou da simples violação da lei e as estratégias "da dissimulação, da violência difusa e do enclausuramento individual e familiar" (Santos, 1993:79). É a esse estado de coisas, a esse mundo do vale-tudo, do salve-se-quem-puder, da dessolidarização generalizada que Wanderley Guilherme dos Santos chama sociedade hobbesiana, natureza pura.

A deterioração da ordem poliárquica também se deve à crise do Estado, "enquanto legalidade efetiva, enquanto conjunto de burocracias e quanto a sua credibilidade enquanto agente do interesse comum" (O'Donnell, 1993:135). A convergência dos ventos liberais que varreram o chão em que se assenta o Estado moderno, desmantelando estruturas de atendimento de demandas sociais, o esgotamento financeiro decorrente do endividamento interno e externo e da impossibilidade de extrair mais recursos da sociedade, e o aviltamento dos salários da função pública reduziram a capacidade do Estado de regulação social e arbitramento, de formulação e implementação de políticas públicas de caráter compensatório e de prestação de serviços públicos indelegáveis, para não falar da coordenação de decisões orientadas para um projeto nacional de desenvolvimento.

Cidadania e direitos

Nesse sentido, o ponto central da discussão se desloca do arcabouço institucional e do aparato jurídico que caracterizam a poliarquia "formal" ou a democracia delegativa para o universo dos direitos civis e a prática de política pública ou construção das políticas,[3] quer dizer, para o acionamento dos mecanismos administrativos e operacionais que dão concretude aos

---

[3] A idéia de construção de políticas é desenvolvida em Lustosa da Costa (1992).

projetos institucionais na vida cotidiana dos cidadãos, processo igualmente dependente das relações que se estabelecem no campo político.

Um problema político conexo diz respeito à questão da cidadania e dos direitos a ela inerentes. A partir de 1950, quando o sociólogo inglês T. H. Marshall (2002) publicou o clássico *Cidadania e classe social*, o moderno conceito de cidadania plena passou a considerar três elementos constitutivos: os direitos civis, os direitos políticos e os direitos sociais.

Nestes últimos 45 anos, a complexidade crescente da sociedade e o surgimento de novos problemas individuais e coletivos causados pelo progresso tecnológico ditaram a emergência de novos direitos, os chamados direitos difusos, que contemplam novas formas de inserção do indivíduo na vida social. Eles dão ao cidadão direitos ao futuro comum, à proteção ao meio ambiente, à proteção do consumidor, à proteção contra a onisciência dos computadores.

Esses direitos contemplam diversas formas de inserção do indivíduo na vida social – o trabalhador, o contribuinte, o eleitor, o consumidor de bens e serviços públicos. O cidadão que pode exercer apenas um ou dois desses tipos de direitos é um cidadão incompleto. Aquele que não pode exercer nenhum deles não é verdadeiramente cidadão.

Basta ler a enunciação desses direitos para perceber que a cidadania no Brasil é, pelo menos, incompleta. Historicamente, os direitos políticos se impuseram antes que tivéssemos alcançado a vigência de todos os direitos civis. É claro que o exercício dos direitos políticos é prejudicado pela precariedade dos direitos civis. Quanto aos direitos sociais, o país ainda está longe de assegurar o seu exercício pela maioria da população (Carvalho, 2002). E só agora as classes mais favorecidas tomam consciência dos chamados direitos difusos. A precariedade de direitos traz conseqüências nefastas para a democracia brasileira e, portanto, para as formas como o Estado se relaciona com a sociedade.

Pois no Estado autoritário, além do problema crônico do formalismo, não há estabilidade das regras. Não vale o que está escrito na Constituição, nas leis, no Código Civil nem no Código Penal. Tudo se passa como se a ordem fosse fixada e (re)estabelecida a cada situação, em campos sociais limitados, de acordo com a relação de forças que se estabelecem entre os protagonistas – empresários (sérios ou inescrupulosos), operários, empregadas domésticas ou pequenos funcionários, novos tecnocratas, tubarões da política provinciana, traficantes de morro, ruralistas, chefões do crime organizado, rentistas, ativistas dos sem-terra, menores abandonados e crupiês do mercado financeiro.

Parece claro que o alargamento e a consolidação da poliarquia passam necessariamente pela reforma do Estado que, como se verá em seguida, é intimamente relacionada à reforma do próprio sistema político, na medida em que, a longo prazo, uma não se viabiliza sem a outra. Ambas dependem de um duplo movimento da sociedade para o Estado e do Estado para a sociedade, de ação e reação, de aproximação e controle.

Como o Estado é, em si mesmo, um conjunto de relações sociais que estabelece a ordem prevalecente, pode ser autoritário e excludente, na medida em que essa ordem não é igualitária e contínua e que o sistema legal, a ordem nominal regulada, não alcança toda a extensão do território e todos os enclaves da vida social. A crise do Estado vem agravar as assimetrias, pois inibe a expansão da ordem igualitária, reduz as expectativas relacionadas com a efetividade da sua ação e também contribui para a erosão da cultura cívica.

Considerações finais

Constrangido por esses problemas de natureza estrutural e sufocado por um processo de estagnação que já se prolonga por mais de 20 anos, o Estado brasileiro ainda precisa consolidar um modelo de atenção social capaz de lidar com as enormes assimetrias que separam regiões e classes sociais. Sem levar em conta essas dimensões da formação histórica, das bases sociais e das raízes culturais do Estado brasileiro, a maioria das tentativas de reforma, fundadas em teorias tomadas de empréstimo do acervo de experiências de outras nações, esbarra nas resistências internas e externas.

Na verdade, as tentativas de reforma do Estado brasileiro quase sempre são empreendidas sem que haja condições políticas para implementar os objetivos declarados de democratização e modernização. O que se verifica, repetidamente, é que os governos aparentemente engajados nesse tipo de projeto são apoiados por grupos oligárquicos e lideranças fisiológicas que representam os interesses particularistas dos detentores de privilégios e isenções e não têm interesse em reformas que busquem a instauração de formas mais igualitárias de competição política e novos tipos de relacionamento entre o Estado e a sociedade. O impasse se revela quando pressões por democracia e equanimidade vão de encontro aos interesses oligárquicos representados no sistema político e no próprio Estado autoritário, que segue servindo como a principal arena de disputa entre os atores por ele mesmo reconhecidos.

Nos últimos 10 anos, não houve da parte do governo federal nenhum projeto de reforma democrática do Estado. Todos os remanejamentos realizados não alteraram substantivamente as suas relações com a sociedade e apenas contribuíram para aprofundar a crise, seja pelo agravamento do problema fiscal, seja pelo sucateamento das estruturas e mecanismos encarregados de operar políticas compensatórias – habitação, nutrição, assistência social, transporte de massas.

A reforma do aparelho de Estado e as demais reformas (do Estado) empreendidas no governo Fernando Henrique Cardoso tentaram enfrentar apenas o problema do esgotamento financeiro do Estado brasileiro, dando uma solução conjuntural a problemas estruturais do processo de extração e alocação de recursos. Esse tipo de reformas é incapaz de alterar as relações entre Estado e sociedade, valorizando o interesse do cidadão enquanto consumidor de bens públicos, incorporando a sua participação, superando a neutralidade burocrática e mudando o sentido de responsabilidade pública.

Essas reformas se orientaram, sobretudo, para a abertura comercial, a privatização, a liberalização de mercados, o ajuste fiscal e a melhoria da racionalidade interna do aparelho de Estado. Neste último aspecto, o PDRAE apresenta, no essencial, o menu que corresponde ao *mainstream* das políticas de reforma dos anos 1980 e está nos manuais dos principais organismos multilaterais – desestatização (no triplo sentido de privatização, publicização e terceirização), autonomização de agências públicas, orientação para resultados, flexibilização de controles etc.

Uma reforma democrática do Estado deve ter o propósito primeiro de alterar profundamente o padrão de suas relações com a sociedade, de forma a garantir, segundo Wanderley Guilherme, senão o bem-estar, pelo menos o estar dos cidadãos, e, secundariamente, superar os dilemas e a crise em que ele está mergulhado. Trata-se de universalizar o Estado-mínimo

(Santos, 1993:114), quer dizer, instituir um Estado enxuto, forte porém na sua competência para impor um padrão de regulação a serviço da democracia, da eqüidade e do crescimento econômico gerador de oportunidades. Reformar o Estado é fazê-lo afirmar-se enquanto lei universalizante, conferir-lhe poder de polícia e possibilidade de distribuir justiça, mudar as formas de extrair e alocar recursos e aumentar sua capacidade de formular e implementar políticas públicas (Costa e Cavalcanti, 1991).

Paradoxalmente, enquanto o país não conseguir ampliar e universalizar os direitos civis e formar uma ampla classe média, capaz de superar a política clientelista do mandonismo local e das oligarquias regionais, não dotará o sistema político da representatividade necessária à condução da reforma do Estado, que promova a sua "desprivatização", pela eliminação de privilégios, cartórios, concessões, permissões, favores e toda sorte de comércio incestuoso entre poderosos. E isso só pode ser feito através do próprio Estado.

Por outro lado, somente intervenções profundas na estrutura do Estado permitirão a emergência de formas de competição política mais democráticas, com o fortalecimento dos instrumentos de formulação e gestão de políticas públicas, notadamente da área social; a elevação dos padrões de desempenho na prestação de serviços públicos; o estabelecimento de formas de cobrança da responsabilidade objetiva dos administradores públicos – *accountability* –, com a redução da impunidade e da corrupção; e a consolidação de uma burocracia profissional, treinada e estável. Pois, conjugadas com medidas de ordem econômica, essas reformas ensejarão o surgimento de lideranças mais autênticas, o fortalecimento do sistema partidário, o aperfeiçoamento do processo eleitoral, a superação das tensões entre Executivo e Legislativo e a renovação das práticas de governo. Finalmente, convém observar que muitas das reformas sociais que ainda estão por ser feitas dependem muito da capacidade do Estado de extrair recursos da sociedade e de implementar políticas públicas.

Embora se saiba que, quanto maior for a intervenção do Estado na implementação de políticas distributivas, ainda que adequadamente regulada e orientada para setores bem específicos, maiores serão os riscos de surgimento de distorções relacionadas com o insulamento burocrático, o *rent-seeking* e a política populista, a reforma democrática se impõe. Nesse ponto, mais uma vez, é um sistema político aberto e inclusivo o que permite a vigência de controles sociais efetivos.

É hora de estabelecer uma agenda positiva para o Estado brasileiro.

Referências bibliográficas

BENTO, Leonardo Valles. *Governança e governabilidade na reforma do Estado*. Barueri: Manole, 2003.

BRASIL. Ministério da Administração Federal e Reforma do Estado (Mare). *Plano Diretor da Reforma do Aparelho de Estado*. Brasília: Imprensa Nacional, nov. 1995. Plano aprovado pela Câmara da Reforma do Estado da Presidência da República em set. 1995.

______. Ministério do Planejamento, Orçamento e Gestão. *Balanço da reforma do Estado no Brasil*. Brasília, 2002.

BRESSER-PEREIRA, Luiz Carlos. *A crise do Estado*: ensaios sobre a economia brasileira. São Paulo: Nobel, 1992.

______. *Crise econômica e reforma do Estado no Brasil*. São Paulo: Editora 34, 1996.

______. *Reforma do Estado para a cidadania*. São Paulo: Editora 34, 1998.

______. Do Estado patrimonial ao gerencial. In: PINHEIRO, Wilheim; SACHS, Ignacy (Orgs.). *Brasil*: um século de transformações. São Paulo: Companhia das Letras, 2001.

CAMPANTE, Rubens Goyatá. O patrimonialismo em Faoro e Weber e a sociologia brasileira. *Dados – Revista de Ciências Sociais*, v. 46, n. 1, p. 153-193, 2003.

CARVALHO, José Murilo de. *Cidadania no Brasil*: o longo caminho. Rio de Janeiro: Civilização Brasileira, 2002.

CASTOR, Belmiro Valverde Jobim. *O Brasil não é para amadores*: Estado, governo e burocracia na terra do jeitinho. Curitiba: Ebel, 2000.

CASTRO, Iná Elias de. *O mito da necessidade*: discurso e prática do regionalismo nordestino. Tese (Doutorado em Ciências Políticas) – Iuperj, Rio de Janeiro, 1989.

CAVALCANTI, Bianor Scelza. *O gerente equalizador*. Rio de Janeiro: FGV, 2005.

COSTA, Frederico Lustosa da. *A persistência da desigualdade*. Fortaleza: Banco do Nordeste do Brasil, 1992.

______. Estado, reforma do Estado e democracia no Brasil da Nova República. *Revista de Administração Pública*, v. 32, n. 4, jul. 1998.

______; CAVALCANTI, Bianor Scelza. Mudança organizacional no setor público. *Revista de Administração Pública*, v. 25, n. 3, jul. 1991.

DAHL, Robert. *La poliarquía*: participación y oposición. Madrid: Editorial Tecnos, 1989.

DAMATTA, Roberto. *Carnavais, malandros e heróis*: para uma sociologia do dilema brasileiro. Rio de Janeiro: Zahar Editores, 1980.

FAORO, Raymundo. *Os donos do poder*. São Paulo: Globo, 1979.

FITOUSSI, J. P. ; ROSANVALLON, P. *Le nouvel âge des inégalités*. Paris: Seuil, 1996.

HARRISON, Lawrence E.; HUNTINGTON, Samuel P. (Eds.). *A cultura importa*. Rio de Janeiro: Record, 2002.

LEAL, Victor. *Coronelismo, enxada e voto*. Rio de Janeiro: Nova Fronteira, 1997.

LIPIETZ, Alain. *Audácia*: uma alternativa para o século 21. São Paulo: Nobel, 1991.

MARSHALL, T. H. *Cidadania e classe social*. Brasília: Senado Federal, 2002. (Coleção Leituras sobre a Cidadania).

MARTINS, Luciano. Reforma da administração pública e cultura política no Brasil: uma visão geral. *Cadernos Enap*, n. 8, 1995.

MAYER, Arno. *A força da tradição*. Rio de Janeiro: Companhia das Letras, 1987.

MOTTA, Paulo Roberto M. Administração para o desenvolvimento: a disciplina em busca da relevância. *Revista de Administração Pública*, Rio de Janeiro: FGV, v. 6, n. 3, jul./set. 1972.

______. Modernização administrativa: propostas alternativas para o Estado latino-americano. *Revista de Administração Pública*, Rio de Janeiro: FGV, v. 21, n. 4, out./dez. 1987.

______. Participação e descentralização administrativa: lições de experiências brasileiras. *Revista de Administração Pública*, v. 28, n. 2, 1994.

NASCIMENTO, Kleber. Reflexões sobre estratégia de reforma administrativa: a experiência brasileira. *Revista de Administração Pública*, Rio de Janeiro: FGV, v. 1, n. 1, 1967.

NUNES, Edson de Oliveira. *A gramática política do Brasil*. Rio de Janeiro: Zahar Editores; Brasília: Escola Nacional de Administração, 1997. Originalmente apresentada como tese de doutorado, Departamento de Ciência Política, Universidade de Berkeley, 1984.

O'DONNELL, Guillermo. Sobre o Estado, a democratização e alguns problemas conceituais. *Novos Estudos*, v. 36, jul. 1993.

OFFE, Claus. *Problemas estruturais do Estado capitalista*. Rio de Janeiro: Tempo Brasileiro, 1994.

PEIXOTO, João Paulo (Org.). *Reforma e modernização do Estado*. Sobral: Edições UVA, 2000.

PINHEIRO, Wilheim; SACHS, Ignacy. *Brasil*: um século de transformações. São Paulo: Companhia das Letras, 2001.

QUEIROZ, Maria Isaura Pereira de. *O mandonismo local na vida política brasileira*. São Paulo: Anhembi, 1957.

RAMOS, Alberto Guerreiro. A administração Reagan e o fim da compaixão. *Jornal do Brasil*, jun. 1981.

______. *Administração e contexto brasileiro*. Rio de Janeiro: FGV, 1983.

RIGGS, Fred W. *A ecologia da administração pública*. Rio de Janeiro: FGV, 1964.

______. *Administração nos países em desenvolvimento*. Rio de Janeiro: FGV, 1968.

SANTOS, Wanderley Guilherme. Gênese e apocalipse: elementos para uma teoria da crise institucional latino-amerciana. *Novos estudos*, n. 20, mar. 1988.

______. *As razões da desordem*. Rio de Janeiro: Rocco, 1993.

______. *Roteiro bibliográfico do pensamento político-social brasileiro*. Rio de Janeiro: Casa de Oswaldo Cruz, 2002.

SOUZA, Jessé. *A modernização seletiva*: uma interpretação do dilema brasileiro. Brasília: UnB, 2000.

VIEIRA, Clóvis Abreu; COSTA, Frederico Lustosa da; BARBOSA, Lázaro A. O jeitinho brasileiro como recurso de poder. *Revista de Administração Pública*, Rio de Janeiro: FGV, v. 16, n. 2, p. 5-31, abr./jun. 1982.

VILAÇA, Marcos Vinicius; ALBUQUERQUE, Roberto Cavalcanti. *Coronel, coronéis*. Rio de Janeiro: Tempo Brasileiro, 1965.

WEBER, Max. *Economia e sociedade*. Brasília: UnB, 1999. v. 1.

Reforma regulatória no Brasil da pós-privatização*

*Alketa Peci***

Introdução

O objetivo principal deste estudo é analisar a reforma regulatória implementada no Brasil da pós-privatização. Privilegia-se uma perspectiva política e histórica na análise da regulação e estruturas implementadas para desempenhar essa função. A instituição de agências reguladoras é vista no quadro de uma importante mudança estrutural, na qual a desestatização e a flexibilização da gestão pública são apontadas como componentes principais.

A primeira parte do capítulo apresenta um breve histórico do processo de implementação das agências reguladoras, aborda as premissas teóricas (ou pré-requisitos) nas quais se baseou o modelo de "agência", bem como discute a abrangência da reforma regulatória nos níveis setorial e federal.

Em seguida, é analisado o marco regulatório implementado e destacadas as principais vulnerabilidades do modelo, com uma reflexão sobre as

---

* As idéias desenvolvidas neste capítulo foram originalmente discutidas no artigo "Reforma regulatória brasileira dos anos 90 à luz do modelo de Kleber Nascimento", a ser publicado na *Revista de Administração Contemporânea*.

** Professora adjunta da Ebape; doutora em administração e mestre em administração pública pela Ebape/FGV.

duas dimensões cruciais: a política regulatória e a tentativa de flexibilização da gestão pública. Paralelamente, discute-se a dimensão do controle social, uma das premissas básicas do modelo.

A quarta parte do capítulo visa analisar a reforma regulatória de uma perspectiva histórica. Para aprofundar essa análise e à luz de outros esforços reformistas implementados historicamente no Brasil, é revisitado o modelo conceitual proposto por Nascimento (1967), em artigo considerado um clássico da *Revista de Administração Pública*. O autor abstrai um modelo teórico da estratégia de mudança que tem presidido a experiência reformista brasileira. A proposta é procurar observar até que ponto a reforma regulatória se distancia de outros esforços de reforma implementados no Brasil.

Por fim, as principais conclusões deste capítulo são apresentadas, ressaltando-se a importância de um aprofundamento da discussão sobre o papel regulatório do Estado brasileiro. Embora carregado de posições ideológicas contraditórias, o debate acerca desse papel, de suas premissas, de sua função e de sua relevância é importante para que as reformas regulatórias não se concentrem apenas nos seus aspectos formais, materializados no modelo de "agência independente".

Regulação e agências reguladoras: breve histórico

Regulação é intervenção, é restrição pelo poder público da escolha baseada em interesses particulares. *Stricto sensu*, regulação tem a ver com o estabelecimento de regras de jogo, sendo, assim, uma função do Estado (Castor, 2000; Marques Neto, 2003).

De fato, a retomada do discurso em torno da regulação tem suas raízes num dos principais vértices do processo de reforma do Estado: a desestatização. De acordo com Abranches (1999), com o processo de desestatização, a economia brasileira deixou de ser uma economia mista, tornando-se uma economia privada de mercado, cujo eixo dinâmico do padrão de produção e acumulação foi definitivamente transferido para o setor privado. O setor de infra-estrutura foi responsável por um terço do arrecadado com a privatização – US$ 23,7 bilhões conseguidos com a venda de 30 empresas estatais (Pires, 1999).

Todavia, a criação das agências reguladoras não resultou de uma discussão quanto ao modelo de regulação. O primeiro passo foi o encaminhamento das leis e, depois, a discussão sobre os conceitos básicos do modelo. As reformas não foram baseadas num amplo consenso na sociedade civil, conforme indicavam as experiências de outros países (Fachin, 1998; Fadul, 1998; Fischer, Teixeira e Heber, 1998; Peci, 2002).

O mimetismo mais uma vez caracterizou o processo de adoção da reforma regulatória, implementando um modelo baseado nos modelos americano e inglês, sem levar em consideração a história e a dinâmica da relação entre Estado e sociedade presente nos diferentes países.

Peci (2002) analisa, historicamente, a trajetória de regulação nos Estados Unidos e Brasil. A primeira conclusão do trabalho é relativa à concepção do papel do Estado, historicamente, nos dois países. Enquanto no Brasil, o Estado desenvolvimentista assumiu seu papel de produtor direto na economia, nos Estados Unidos o papel do Estado sempre foi definido em termos de maior ou menor espectro de marcos e estruturas regulatórias. Com isso, não quer se dizer que o peso do aparelho estatal americano foi menor, porque, como Breyer (1982) enfatiza, as estruturas burocráticas tendem a crescer, independentemente da sua finalidade. Com base nessa reflexão, torna-se mais compreensível a análise do papel de regulação nos dois países, a partir de uma visão histórica.

Paralelamente, os motivos que impulsionam a criação de estruturas regulatórias no Brasil dos anos 1990 diferenciam-se substancialmente dos motivos que impulsionam o estabelecimento de estruturas regulatórias nos Estados Unidos do final do século XIX e início do século XX. As funções regulatórias sempre existiram no Brasil, embutidas nas estruturas diretas de ação estatal. Mas, quando o Estado assume o papel de propriedade, execução e controle direto na economia, a importância dessas funções não é devidamente percebida. A regulação ganha força no contexto de pós-privatização, embora, no caso brasileiro, tal papel não tenha sido inicialmente planejado. Essa nova forma de intervenção do Estado torna-se necessária no contexto de participação privada em setores de serviços públicos cruciais, que apresentam características de monopólio natural, onde falhas de mercados e externalidades se fazem presentes. Nos Estados Unidos, as estruturas regulatórias nasceram e foram fortalecidas com base num amplo consenso político, a partir de pressão de empresários e outros grupos de interesse.

Nos anos 1970, os dois países entram no processo de crise de Estado, impulsionado por uma série de fatores de cunho estrutural e conjuntural, entre os quais o peso das estruturas burocráticas – produtivas, no caso do Brasil, e regulatórias, no caso dos Estados Unidos – é considerado o principal fator de estrangulamento. Baseadas num sofisticado aparelho político e ideológico, as reformas de cunho neoliberal implementam-se nos dois países, assim como em diferentes cantos do mundo. O mundo inteiro tenta tornar-se mais "parecido" com os Estados Unidos, e os Estados Unidos tentam reduzir ainda mais a intervenção estatal na economia privada. No caso brasileiro, tais reformas centram-se nas estratégias de desestatização, enquanto nos Estados Unidos, nas estratégias de desregulamentação.

Entendendo a regulação como poder de restrição de escolha, imposta por regras públicas, o estudo apresenta a aceitação do termo nos contextos americano e brasileiro, diferenciados pela abrangência do conceito. A partir desta concepção mais abrangente, é possível comparar também as estruturas regulatórias no Brasil e nos Estados Unidos.

As estruturas regulatórias americanas não se caracterizam, necessariamente, pela independência e autonomia. O setor de transporte ilustra bem este argumento (Peci, 2002). Integradas e sob a coordenação do Departamento dos Transportes (DOT), as organizações assumem as características de agências executivas, investidas de maior flexibilidade e agilidade de decisão e ação. A reforma do setor de transporte extinguiu o primeiro órgão regulador americano, ICC, na tentativa de enxugar as funções regulatórias, e deslocou o foco da política regulatória de questões de cunho econômico, relativas ao controle de barreiras de entrada e saída ou controle de preços, para questões de segurança. A política de parcerias entre os níveis governamentais em questões relativas ao transporte é muito presente no Estados Unidos.

No entanto, existem entes regulatórios independentes, analisados no decorrer do estudo. Aqui se encontram muitos pontos de similaridade em relação às características organizacionais desses órgãos regulatórios, como autonomia, escolha e condução de dirigentes, entre outros.

A dimensão organizacional dos entes reguladores foi a primeira referência à reforma regulatória, abordada pelo Plano Diretor da Reforma do Aparelho de Estado, documento idealizado pelo Ministério da Administração e Reforma do Estado (antigo Mare). O documento apresentava estratégias que visavam enfrentar os principais obstáculos à implementação de um aparelho de Estado moderno e eficiente. Baseado no diagnóstico de que existia uma crise do Estado – manifestada em seus aspectos fiscais, patrimoniais e gerenciais –, o plano questionava o próprio papel do Estado nesse contexto de crise e propunha um conjunto de medidas de cunho administrativo-gerencial, levando em conta a premissa de que as instituições públicas devem tornar-se mais "parecidas" com o mercado – considerado um ótimo alocador de recursos –, o que, na prática, restringia o escopo de atuação do Estado (Martins, 2004). O modelo previra a atuação de entes independentes e autônomos para desempenhar as atividades exclusivas do Estado, como regulação e fiscalização.

Outra proposição do modelo regulatório instituído no Brasil é a eqüidistância do órgão regulador em relação aos pólos de interesse de regulação: o poder concedente (governo), concessionárias e usuários de serviços públicos. Para lidar com essa questão, as agências reguladoras estão instituídas com base num modelo em que são colocadas no centro de um triângulo isósceles – com o governo num dos vértices, operadores (empresas reguladas) e usuários nos outros dois vértices –, tentando-se obter uma eqüidistância entre o órgão regulador e esses agentes (Fachin, 1998). A existência de controle social é vista como um pré-requisito para o bom andamento do modelo regulatório, de certa forma igualando o poder e a capacidade de articulação e pressão que o governo, empresas reguladas e usuários apresentam.

O modelo de "agência reguladora" retoma os pressupostos de William Willoughby e de Woodrow Wilson. Enquanto o primeiro propunha uma distinção clara, estruturalmente definida, entre as atividades-fim e as atividades-meio, Wilson propunha a clara distinção entre política e administração (Wahrlich, 1984). Caberia à técnica (agência reguladora) executar as orientações políticas formuladas no âmbito do núcleo estratégico, concepção difícil de ser aceita na cultura política brasileira.

Para isso, a questão da independência do órgão regulador é vista tanto como uma das premissas-chave do modelo quanto como objeto de controvérsias. Para Moreira (apud Marques Neto, 2003:29),

> o traço essencial de tais organismos é naturalmente a sua autonomia ou independência dos respectivos membros. Não estão organicamente integrados na administração ordinária do Estado, nem estão sujeitos a orientações ou controle governamental quanto à condução da sua atividade.

Na prática, as agências "independentes" brasileiras estão vinculadas hierarquicamente (não estão subordinadas) aos respectivos ministérios e têm sido objeto de controle interno e externo. Medidas como estabilidade dos dirigentes, autonomia administrativa, financeira e técnica buscam dotar o modelo brasileiro de agência de maior independência.

Nesse contexto de desestatização e tentativas de reformas gerenciais, é redefinido o papel do Estado, qualificando-o mais como regulador do que como indutor do processo de desenvolvimento do país. Paralelamente – mas não articuladamente –, é enfatizada a importância de uma flexibilização da ação pública, propondo-se um conjunto de medidas uniformizadoras, inspiradas na nova gestão pública (*new public management*), que visam dar ao administrador público mais autonomia gerencial, numa tentativa de tornar a administração pública mais parecida com a administração de empresas: o chamado movimento de "agencificação".

Na prática, conforme Martins (2004) analisa, é possível diferenciar três gerações diferentes no processo de criação das agências reguladoras. A primeira geração, que abrange o período 1995-98, caracteriza-se pela criação das chamadas agências reguladoras de infra-estrutura, como a Agência Nacional de Energia Elétrica (Aneel), Agência Nacional de Telecomunicações (Anatel) e Agência Nacional de Petróleo (ANP). A seguir, em 1999/2000, foram criadas a Agência Nacional de Vigilância Sanitária (Anvisa), a Agência Nacional de Saúde Suplementar (ANS) e a Agência Nacional de Água (ANA). Durante o período 2001/2002, foram criadas a Agência Nacional do Cinema (Ancine), a Agência Nacional de Transportes Terrestres (ANTT) e a Agência Nacional de Transportes Aquaviários (Antaq). Embora apresentem finalidades diferentes – como a regulação de monopólios naturais, a correção de falhas de mercado, a presença de externalidades e a solução de problemas de coordenação (Melo, 2002) –, as agências são caracterizadas por um alto grau de isomorfia organizacional.

A reforma regulatória brasileira torna-se mais complexa como conseqüência das características do sistema federativo no país. As agências reguladoras multiplicam-se em diferentes unidades da Federação, não apenas como resultado da reforma de desestatização que abrange estados e municípios, mas também visando responder às titularidades que a própria Constituição define quanto aos serviços públicos.

Análise do marco regulatório no Brasil da pós-privatização

Analisar o marco regulatório no Brasil da pós-privatização não é uma tarefa trivial. Trata-se de um conjunto complexo de políticas e estruturas institucionais que se tornou atuante na esfera pública num período de tempo relativamente curto.

Como foi ressaltado, a criação das agências reguladoras está estreitamente relacionada com um duplo movimento: o processo de enxugamento do papel do Estado na economia – ou a reforma de desestatização – e o conjunto de instrumentos de reforma administrativa que visavam à flexibilização da gestão pública, ou a nova gestão pública. Essa dupla dimensão materializa-se na sua própria denominação: "agência" (que representa o conjunto de medidas que visam à flexibilização da gestão pública) e "reguladora" (que representa o papel do Estado no contexto da pós-privatização).

Embora na prática essas duas dimensões estejam estreitamente imbricadas, neste estudo é feito um esforço de diferenciação, com o argumento de que essa conjunção não decorre de um processo de formulação e articulação estratégica, mas, pelo contrário, representa muito do quadro fragmentado das políticas públicas que caracterizou a gestão pública nos últimos anos (Martins, 2004). O fato é que foi dada prioridade aos objetivos econômicos, em detrimento de outras metas da reforma gerencial, relativas à consolidação da governança e da governabilidade do Estado brasileiro. A extinção do Ministério da Administração e Reforma do Estado em

1998, a descontinuidade no processo de implementação de conjuntos de projetos contidos no Plano Diretor da Reforma do Aparelho de Estado e o uso de decretos presidenciais, além de outros fatos, ilustram bem esse ponto. Enquanto o Programa Nacional de Desestatização ganhava cada vez mais força política no governo e o setor privado avançava em áreas de infraestrutura, como energia e telecomunicações, a reforma gerencial fracassava por falta de apoio governamental, por incapacidade de sobrepor-se ao predomínio do enfoque econômico (Brasil, 2004).

A seguir, são apresentadas algumas reflexões acerca das vulnerabilidades do modelo regulatório. São analisadas a "política regulatória", com um diagnóstico das medidas de flexibilização da gestão pública aplicadas ao modelo de "agência reguladora", e a relação entre regulação e controle social, uma das premissas básicas do modelo regulatório.

Vulnerabilidades do modelo regulatório

Nos primeiros anos de funcionamento, as agências têm enfrentado sérios problemas relativos ao estabelecimento de um adequado quadro de funcionários, especificamente os técnicos. A Lei das Agências (nº 9.986/2000) – que dispõe sobre os quadros de servidores das agências – foi contestada no Supremo Tribunal Federal (STF), com base na Ação Direta de Inconstitucionalidade (ADIn) nº 2.310, interposta pelo PCdoB e pelo PT, com o argumento de que está em desacordo com a Emenda Constitucional nº 19, a qual estabelece que as funções de fiscalização e regulação são atividades típicas do Estado. Uma liminar foi obtida, suspendendo a validade de alguns artigos, o que dificultou a realização de concursos. A solução adotada foi a contratação de quadros temporários, aumentando, assim, o risco de captura do órgão regulador, tornando as agências reféns de altos índices de rotatividade.

Ainda nesses primeiros anos, também foi possível testemunhar vários indícios de vulnerabilidade do modelo regulatório brasileiro, como os casos de boicote financeiro e administrativo por parte de algumas agências estaduais: Arse-MG, Asep-RJ e Agergs-RS (Melo, 2002). No primeiro caso, a agência foi criada pela Lei nº 12.999/99, mas não foi implantada pelo governo Itamar Franco. A Asep-RJ, criada no governo Marcelo Alencar pela Lei estadual nº 2.686/97, esteve paralisada nos seus primeiros dois anos de funcionamento, embora o estado do Rio de Janeiro tenha sido pioneiro no processo de desestatização, com a venda da Cerj e da CEG/ Riogás. A Asep-RJ permaneceu refém de interferências e indecisões políticas, mesmo nos governos Anthony Garotinho e Rosinha Garotinho. No caso da Agergs, ocorreu contestação judicial, em vários níveis, da cobrança da taxa de fiscalização que daria autonomia à agência, considerada inconstitucional pelo Executivo estadual. Embora a Suprema Corte tenha garantido a autonomia da regulação dos serviços públicos no Brasil, o caso demonstrou a possibilidade de interferência política nos órgãos reguladores estaduais (Peci e Cavalcanti, 2000).

Outros indícios da vulnerabilidade do regime regulatório brasileiro em nível federal foram revelados durante a crise energética enfrentada em 2001. Com a crise, foram criados diversos órgãos que abalaram seriamente a autonomia e a estabilidade da Aneel, assumindo muitas das suas funções. Entre eles, destaca-se o Comitê de Gestão da Crise Energética (Melo, 2002). A medida provisória que o instituiu deu a este comitê poderes antes atribuídos ao Ministério de Minas e Energia e à Aneel. Esse exemplo ilustra o elevado risco político que a inadequada prestação de serviços públicos cruciais acarreta para o governo, cujos índices de popularidade diminuíram significativamente durante a crise em questão.

Pacheco (2003) analisa a relação das agências com os três poderes e argumenta que o Executivo demonstrou inconformismo com a perda de poder para os novos órgãos. Todos os exemplos anteriormente citados se referem a esse inconformismo e apontam indícios de relação conflituosa entre o Poder Executivo e esses novos organismos.

No nível estadual, os conflitos entre o Executivo e as agências reguladoras se agravaram por não terem sido consideradas, na reforma de desestatização, as peculiaridades da Federação brasileira. Antes dessa reforma, as responsabilidades relativas à propriedade e gestão dos serviços públicos eram compartilhadas – nem sempre de maneira uniforme – entre os níveis da Federação (por exemplo, no setor elétrico, coexistiam empresas estaduais verticalizadas e empresas federais, como no Rio de Janeiro e em Minas Gerais; já no setor de saneamento, municípios e estados assumiam papéis e responsabilidades diferenciados). Com a desestatização, os estados perderam muito do poder que exerciam direta ou indiretamente através das empresas estatais. Conseqüentemente, alguns governos estaduais encontraram nos organismos reguladores estaduais uma forma indireta de influenciar as políticas públicas relativas aos serviços públicos.

Por outro lado, ainda há muitos problemas de entendimento do modelo, desde a filosofia de concepção até os papéis dos diversos atores. O fator "desconhecimento" se fez presente até nos primeiros momentos do governo Lula, quando o próprio presidente caracterizou a atuação das agências como uma "terceirização do Estado", e o ministro das Telecomunicações Miro Teixeira tentou assumir a negociação direta com as empresas para obter reajustes inferiores (Pacheco, 2003).

A reforma regulatória tem caráter muito abrangente e permanece inacabada. Em vários setores, ainda não foi concluída a fase de transição do modelo anterior de auto-regulação concentrado em ministérios e departamentos governamentais para um modelo centrado em agências independentes. Mesmo levando em conta que o modelo de "agência" proliferou na maioria dos setores que antes eram de exclusiva atuação estatal, outros setores ainda permanecem sem marco regulatório definido, como é o caso do setor de saneamento. Em outros, os resultados apresentados foram frustrantes quanto à capacidade de atrair investimento do setor privado, como ocorre no setor elétrico. Ao mesmo tempo, setores como petróleo e energia elétrica adotaram arcabouços regulatórios, mas mantiveram órgãos estatais explorando atividades econômicas (Marques Neto, 2003).

A política regulatória

Para o modelo conceitual de agência independente, a política regulatória assume grande relevância, sendo responsabilidade do chamado núcleo estratégico a definição dos macrobalizamentos da política regulatória a ser implementada pelas agências setoriais.

Tradicionalmente, os objetivos de uma política reguladora são a defesa da concorrência e a defesa do usuário dos serviços públicos. A regulação visa manter o chamado equilíbrio econômico-financeiro, sem permitir que os consumidores sejam lesados ou mesmo negligenciados pelos prestadores dos serviços. Embora muitas vezes esses objetivos sejam apresentados como não conflitantes entre si – sob o argumento de que a defesa da concorrência cria condições favoráveis ao usuário do serviço público –, na prática, nem sempre isso ocorre. Uma política forte de defesa da concorrência não abre espaço para o uso de subsídios a tarifas voltadas para as camadas desfavorecidas da população. A hierarquização desses objetivos é prática comum em países como Reino Unido, sendo considerada uma importante definição política.

Contudo, um dos principais pontos de estrangulamento do modelo regulatório brasileiro está relacionado com a ausência de uma política regulatória. Esse problema pode ser visto como conseqüência do processo de criação das agências (caracterizado pela incoerência e falta de consenso político) e do mimetismo das estratégias formais (ou seja, relativas apenas à discussão da forma organizacional "agência independente") adotadas em nível internacional, sem que tenha havido uma discussão sobre as premissas, a relevância e as funções do modelo.

Como resultado, existe um conjunto de entidades reconhecidas como agências reguladoras, mas com objetivos e funções muito diferenciados. Basta comparar agências como a Anatel, a Aneel e a ANTT com a Ancine, por exemplo. Isso significa que, na ausência de macrobalizamentos da política regulatória, o modelo de "agência" começa a proliferar em vários setores, sem que, no entanto, seja justificado como uma estratégia formal.

Uma das principais falhas da política regulatória está no processo de formulação. Paradoxalmente, as políticas regulatórias no Brasil não foram caracterizadas pela falta das estruturas responsáveis pela formulação dessas políticas. De fato, a criação dessas estruturas – na sua grande maioria, conselhos – foi prevista em lei. Existem órgãos de formulação de política, assim como de planejamento, em vários setores de infra-estrutura como o de energia (Conselho Nacional de Política Energética) e o de transportes (Conselho Nacional de Integração de Políticas de Transporte). No caso do setor elétrico, embora se argumente que cabe ao Conselho Nacional de Política Energética o papel de planejamento da expansão, é importante lembrar que esse planejamento assumiu apenas um caráter indicativo a partir da nova reestruturação do setor (Peci, 2001). Destaca-se também a Câmara de Políticas de Infra-Estrutura, do Conselho de Governo, criada, em 1995, com o objetivo de formular as políticas públicas e diretrizes para infra-estrutura, além de coordenar sua implementação, mas cuja atuação pouco foi sentida na prática.

A ausência de uma política que orientasse a atuação das agências reguladoras e o fato de que essa lacuna vinha sendo ocupada, de forma anômala, pelas próprias agências, já tinham sido constatados pelo Tribunal de Contas da União (TCU) em auditorias na Aneel e na ANP. Isso evidenciou a necessidade de atuação efetiva do Conselho Nacional de Política Energética (CNPE), instituído pela Lei nº 9.478/97 e efetivamente implantado em novembro de 2002. O papel que o TCU desempenhou nesse período de implementação das agências reguladoras é relevante, embora tenha passado despercebido, abrindo espaço para uma das críticas mais comuns às agências reguladoras: a ausência de controle externo.

O problema é que a reforma foi baseada numa concepção que alienou o processo de formulação de políticas da sua implementação. Por ser o primeiro processo responsabilidade do núcleo estratégico do governo, na prática, as estruturas criadas para desempenhar o papel de formulador pouco ou nada fizeram, por falta de quadros, de orientação, por não terem recebido prioridade do ponto de vista político, como também por falta de capacidade decisória, entre outros motivos. Certamente, o problema está no esvaziamento dos papéis desses colegiados e na falta de credibilidade desses órgãos de formulação política e planejamento, no contexto da ideologia dominante do "Estado mínimo".

O que parece ter acontecido é uma falha de processo, e não de estruturas previstas para tais fins. Conseqüentemente, as estruturas criadas para implementar as políticas públicas, como no caso das agências reguladoras, começaram a concentrar superpoderes, amarrados a um complexo marco jurídico. Na falta de definição, pelo próprio governo, dos objetivos da política regulatória, as agências definiram suas próprias políticas regulatórias setoriais, levando, assim, a uma concorrência de poderes com os ministérios. Por sua vez, o novo governo critica as agências por terem assumido essa função do Poder Executivo. A Agência Nacional de Energia Elétrica (Aneel), a Agência Nacional do Petróleo (ANP) e a Agência Nacional de Telecomunicações (Anatel) estariam criando políticas para as áreas de infra-estrutura, papel exclusivo dos ministérios de Minas e Energia e de Comunicações, respectivamente.

Regulação e flexibilização da gestão pública

Já se destacou que a concepção das agências reguladoras tem raízes no Plano Diretor da Reforma do Aparelho de Estado. No entanto, esse plano não detalhou uma proposta institucional para as agências reguladoras (Pacheco, 2003). Enquanto para Martins (2004) essa posição refletiu o quadro fragmentado de políticas públicas que caracterizou a era FHC, para Pacheco (2003:2-3):

> é compreensível a falta de precisão com que o tema da regulação foi tratado no Plano Diretor: no início de 1995, época de elaboração do Plano Diretor, o debate político-institucional sobre regulação não havia ainda sido iniciado; o Congresso discutia as primeiras emendas constitucionais que quebravam monopólios estatais.

Esses dois pontos de vista não são necessariamente contraditórios, uma vez que se referem a diferentes estágios de maturação do debate acerca da reforma regulatória. Pacheco (2003) identifica, adequadamente, que existe uma relação intrínseca entre aspectos político-institucionais relativos ao novo papel do Estado e as formas que os novos organismos reguladores devem ou não assumir. Martins (2004) chama a atenção para a possibilidade de fragmentação dessa relação durante o processo de inclusão na agenda, formulação e implementação de políticas públicas. Essa fragmentação torna mais compreensível o descompasso, observável na prática, na proliferação do modelo de "agência" nos mais diversos setores, cuja revisão conceitual sequer tinha sido iniciada no Congresso Nacional.

Entretanto, o conjunto de medidas que visam à flexibilização da gestão pública, denominado aqui de nova gestão pública, tinha por principal objetivo enfatizar questões como autonomia, independência e flexibilidade dos órgãos públicos, conceitos como responsabilização e busca de resultados, além de um conjunto de medidas que visavam aproximar a administração pública da administração privada.

Embora as estratégias recomendadas nesse documento não tenham sido implementadas na sua totalidade, elas desempenharam um papel importante em termos de difusão "discursiva" (Foucault, 1972) dos principais conceitos da nova gestão pública. As agências reguladoras incluíram-se nessa onda flexibilizadora, manifestada claramente no grau de isomorfismo organizacional que apresentam. A autonomia, a estabilidade e as formas de escolha dos dirigentes, a figura jurídica de autarquia especial sem subordinação hierárquica, a independência financeira, administrativa e gerencial, as medidas de publicidade, comunicação e contato com os usuários, a presença dos colegiados e outras medidas similares estão presentes na maioria das agências criadas.

A presença do contrato de gestão em algumas agências também se insere no quadro das medidas de flexibilização gerencial (Melo, 2002). Nessa dimensão, também as agências reguladoras têm sofrido com as descontinuidades do processo de formulação e implementação da política de gestão pública – inicialmente, expressa nas idéias do Plano Diretor e, a seguir, influenciada pela concepção do Plano Plurianual Avança Brasil 2000-2003. No caso da Aneel, o primeiro contrato de gestão foi assinado em 2 de março de 1998, teve vigência até 31 de dezembro de 2000 e foi objeto de auditorias pela Secretaria Federal de Controle durante os exercícios de 1998 e 1999, quando foi verificado um desempenho satisfatório. Na auditoria realizada na Aneel, exercício de 2000, pelo TCU (Brasil, 2001), os auditores constataram que as metas da agência, estipuladas no contrato de gestão, foram agrupadas em dois grandes programas contemplados no PPA, fazendo com que o contrato assumisse um caráter formal, uma função redundante em relação a outros instrumentos de planejamento e orçamento. A manutenção do contrato de concessão foi considerada redundante e sobreposta aos controles já realizados por meio do PPA.

É importante observar que os projetos de reforma que tramitam no Congresso Nacional discutem apenas os aspectos relativos à forma e à estrutura das agências reguladoras, sem debater profundamente o novo papel do Estado, definido como regulador. De autoria do deputado Mário Assad Júnior (PL-MG), o Projeto de Lei nº 465/2003 aumenta o prazo da quarentena dos conselheiros e diretores das agências para um ano. A deputada Telma de Souza (PT-SP) quer restringir a autonomia das agências e dar poderes ao presidente da República para exonerar conselheiros e diretores (Projeto de Lei nº 413/2003). Hoje, só se pode exonerar um dirigente de agência se ele for condenado por improbidade administrativa. Além disso, existem vários requerimentos na Câmara dos Deputados, convidando diretores das agências para prestar esclarecimentos sobre suas áreas (Investnews, 2003).

Regulação e controle social

Como já se destacou, o controle social é visto como uma das principais premissas do modelo regulatório. Esta parte do estudo questiona essa premissa, baseada em evidências empíricas de pesquisas realizadas no decorrer dos últimos anos (Peci, 2001; Peci e Cavalcanti, 2003).

A idéia de controle social foi apresentada na sociologia americana de cunho funcionalista da década de 1920, associada a estudos sobre o crime e outras atitudes socialmente indesejáveis. Defendia-se a importância de instituições sociais que possibilitem tolerar, quando não integrar, indivíduos desviantes. Pressupunha-se, portanto, a existência de padrões de comportamentos que devem ser seguidos e, conseqüentemente, a existência de mecanismos de regulação que maximizam a possibilidade desses comportamentos.

De uma forma mais detalhada, controle social é definido como o conjunto de recursos materiais e simbólicos de uma sociedade para garantir que a conduta de seus integrantes respeite as regras e os princípios estabelecidos previamente. Esses recursos poderiam ser externos, na forma de recompensas e punições, ou internos, como a educação moral ou a socialização propriamente dita (Enciclopedia, 2004).

De um conceito relacionado à dinâmica da sociedade, o controle social começou a ser muito aplicado em organizações humanas de menor escala, como empresas, igrejas e escolas, onde os custos e os benefícios de mecanismos de controle poderiam ser mais precisamente aferidos, e seus efeitos positivos e negativos mais bem observados, devido à explicitação de objetivos que servem de orientação para tal controle. Já uma sociedade não é assim tão clara quanto às suas finalidades, se é que as tem.

O conceito de controle social referente à reforma regulatória deve ser visto em outro contexto. Ele é duplamente relacionado aos processos de redemocratização da sociedade e transformação do papel do Estado. Como

Di Pietro (1997) enfatiza, a transformação histórica do papel do Estado influencia a concepção relativa à cidadania. O quadro 1 resume essa transformação, a partir de uma visão histórica.

Quadro 1

Papel do Estado e direitos da cidadania

	Estado de direito liberal (Brasil – até 1930)	Estado de direito social (Brasil – 1930-90)	Estado democrático/ subsidiário (1990 – atual)
Direitos da cidadania	Liberdades e direitos individuais.	Socialização e preocupação com o bem comum. Direitos individuais ao lado dos direitos econômicos e sociais.	Participação popular no processo político e no controle das atividades governamentais.

Fonte: Di Pietro, 1997.

Esse mesmo processo histórico de deslocamento do público para o social, na medida em que o liberalismo e a democracia se implementam em vários países do mundo, é analisado por Cunill (1988). Para a autora, o primeiro deslocamento, que acontece nos séculos XVIII e XIX, corresponde ao surgimento da sociedade civil burguesa. Os direitos de cidadania referem-se à opinião pública, imprensa livre e sistema de representação parlamentar. O segundo período, no decorrer do século XX, é traduzido em formas neocorporativas de integração entre Estado e sociedade e coincide com o papel cada vez maior que o Estado assume na vida política e social. Ainda na década final do século passado, percebe-se que o público não pode ser identificado com o corporativo. A democracia direta ou participativa dos movimentos sociais e a participação cada vez mais crescente do terceiro setor na produção de serviços sociais em áreas como educação e saúde influenciam a definição da sociedade civil como espaço público não-estatal.

É nesse contexto de transformação do papel do Estado e da sua relação com a sociedade que pode ser vista a retomada da discussão acerca do controle e participação social no marco regulatório. Com os processos de democratização e diminuição do papel do Estado na economia e vida social, o controle social assume uma nova dimensão. Ele é visto como "a capacidade que tem a sociedade organizada de intervir nas políticas públicas, interagindo com o Estado na definição de prioridades e na elaboração dos planos de ação do município, estado ou do governo federal" (Cunha, 2003:2), remetendo à existência de dois pressupostos básicos: o desenvolvimento da cidadania e a construção de um ambiente democrático. Nesse novo contexto, o controle social é visto como uma conquista da sociedade civil e é entendido como instrumento e expressão da democracia.

Ou seja, a transformação histórica do papel do Estado influencia a concepção acerca da cidadania e a noção do controle social nesta última embutida. É esta mesma transformação, desencadeada com a crise do Estado nos anos 1990, que também influencia fortemente o estabelecimento do marco regulatório.

Para que o chamado Estado regulador funcione adequadamente, considerou-se necessário que se sustente numa sociedade civil forte, organizada e ativa. De fato, a relativa autonomia dos novos entes reguladores (decorrente do princípio do regulador independente, aconselhado por diversas teorias econômicas) "balanceava-se" com o pressuposto de participação e poder dos cidadãos, exercido mediante uma "nova" forma de controle, o chamado controle social, ao passo que se debatiam medidas de redução (ou não) de formas tradicionais internas e/ou externas de controle, como aquela exercida pelo Tribunal de Contas da União. O novo modelo que se tentou implementar no país considerou essas condições como "dadas", sem ponderar que os avanços decorrentes da democratização ainda não eram suficientes para equilibrar os poderes presentes no triângulo regulatório.

Em vários outros trabalhos, temos argumentado que não é apenas conceitualmente provável, mas também empiricamente observável, perceber a desigualdade do poder existente entre o poder concedente, concessionários e usuários dos serviços públicos. As pesquisas de Peci (2001) e Peci e Cavalcanti (2003) mostram que, mesmo considerando todas as medidas em favor da participação do usuário implementadas pelas agências reguladoras, o usuário é uma das partes mais fracas do triângulo regulatório.

Ainda, as desigualdades sociais do país refletem-se também nas estruturas regulatórias, que, embora se preocupem em implementar medidas de inclusão do usuário em diferentes fases do processo regulatório, pouco abordam as questões relativas ao cidadão, o qual tem direitos também, direitos que representam as conquistas do Estado de bem-estar social. Este *gap* social não apenas influencia o déficit democrático do marco regulatório no Brasil, mas acaba realimentando o círculo vicioso de exclusão social.

Discussão da reforma regulatória: revisitando o modelo conceitual de Kleber Nascimento

Para aprofundar a análise da reforma regulatória e conceituá-la à luz de outros esforços reformadores empreendidos no Brasil, foi revisitado o modelo teórico proposto por Kleber Nascimento (1967). Buscou-se observar até que ponto a maneira como vem sendo implementada a reforma regulatória brasileira se distancia das características apontadas por Nascimento nas reformas anteriores.

O autor abstrai um modelo teórico da estratégia de mudança que tem presidido a experiência reformista brasileira. O modelo não tem como único objetivo analisar as grandes reformas de estrutura. Pretende também examinar quaisquer tentativas de mudanças consideráveis na administração pública, especialmente as que dependam de aprovação legislativa por alterarem critérios básicos de operação, direitos e relações de autoridade (Nascimento, 1967:22-23), podendo ser adaptado para a análise da reforma regulatória.

Após detalhado estudo do conjunto de reformas implementadas até 1967, Nascimento (1967:19) configura um modelo conceitual, no qual qualifica os principais componentes:

a) componente operativo – ação:
- foco de ação – elementos formais;
- estilo de influência – impositiva;
- dinâmica de poder – insulativa;

b) componente substantivo – conteúdo:
- escopo de mudança – globalista-imediatista;
- orientação diagnóstica – cognitivismo;

c) componente ideológico – valor:
- estratégia e pré-requisitos comportamentais;
- estratégia e orientação processualística.

Todas essas dimensões são analisadas nesse estudo, com exceção da orientação diagnóstica, de difícil análise por causa do quadro fragmentado de políticas públicas anteriormente destacado.

É possível perceber, em termos de componentes operativos da reforma regulatória analisada, um foco de ação em elementos formais do sistema. "O *rationale* destas reformas funda-se na premissa de que maior eficiência pode ser obtida se os arranjos estruturais da burocracia facilitarem, ao invés de obstruírem, o processo administrativo" (Nascimento, 1967:21). As agências reguladoras – novos arranjos burocráticos, caracterizados pela maior autonomia e flexibilidade – são concebidas para assumir o papel do Estado no contexto da pós-privatização.

Por outro lado, o continuísmo dos esforços de reforma também é percebido no estilo de influenciação impositiva, em vez de um processo alternativo de internalização. "O primeiro caracteriza-se como predominantemente mandatório, cujas soluções são apresentadas em forma final, perfeitas e acabadas, deixando-se pouca ou nenhuma flexibilidade para ações alternativas à luz de condições inesperadas" (Nascimento, 1967:21). Esse caráter impositivo esteve presente em dois momentos importantes: na concepção do modelo de "agência", no âmbito do antigo Mare, e na implementação do modelo a partir da predominância da ótica economicista, destacando-se aqui o papel do BNDES, órgão gestor do Programa Nacional de Desestatização.

O modelo elaborado por Nascimento (1967:25) ainda parece válido para analisar a dinâmica de poder da reforma, qualificada pelo autor como "insulativa":

> Noutros termos, o grupo de reforma não se amplia numericamente à medida que a reforma se desencadeia, mas se insula, se isola dos demais agentes do sistema. Deste modo, ao invés de converter para o processo reformista, gradualmente, camadas cada vez maiores da estrutura de liderança do serviço público, o grupo de reforma age como se em defesa da "sua" reforma, gerando a indiferença, quando não o antagonismo, das chefias e assessorias de todos os níveis.

No caso da reforma regulatória, essa dinâmica insulativa é reforçada, uma vez que o modelo de "agência reguladora" premia uma relativa autonomia da agência em relação aos pólos de interesse: governo, concessionárias e usuários do serviço público. Como destacado no texto, um dos resultados dessa insulação é o inconformismo do Poder Executivo perante os novos órgãos. Edson Nunes analisa essa dinâmica de poder desencadeada com a reforma regulatória, qualificando a existência de agências reguladoras como um "Estado dentro do Estado" (Nunes, 2001:3).

Com relação ao componente substantivo, ou seja, ao conteúdo da reforma, Nascimento novamente oferece uma qualificação que permanece válida para a análise da reforma regulatória. Classificando o escopo da mudança como globalista-imediatista, ele se refere a uma dupla dimensão: abrangência – uma reforma pode ser parcial ou global – e tempo – uma reforma pode ser imediatista, de médio ou longo prazo. "A experiência brasileira", continua o autor, "tem se caracterizado por um globalismo-imediatista, em que se pretende fazer 'tudo de uma vez'."

Quanto ao "globalismo" da reforma regulatória, este pode ser identificado na relação direta que se estabelece entre as novas entidades regulatórias e o novo papel do Estado, classificando este como "Estado regulador" e reduzindo todo o foco da reforma do Estado à instituição de agências. Equalizando a função das agências reguladoras com o novo papel do Estado – retórica essa construída num breve período de tempo –, abre-se espaço para que as agências assumam, na prática, superpoderes, em detrimento de outras entidades da administração pública direta e indireta, como ministérios, colegiados de formulação de políticas e planejamento. Basta dar uma olhada na missão das agências – como no caso da Anatel –, para verificar as responsabilidades que se transferem para os novos órgãos. Aumenta o grau desse globalismo se considerada a abrangência da reforma em termos setoriais e federativos. O imediatismo da reforma – num breve período de tempo, agências reguladoras proliferam nos mais diversos setores, como nos de energia e cinema – agrava os conflitos e as vulnerabilidades regulatórias analisadas neste estudo.

Por fim, em termos de componente ideológico ou valorativo das reformas, Nascimento (1967:35) identifica que "a estratégia prevalecente na experiência reformista brasileira é baseada em pré-requisitos comportamentais, e a segunda, a de que a estratégia pressupõe um condicionamento dos fins pelos meios – uma orientação processualística". Caso a reforma esteja baseada em pré-requisitos – denominados, neste estudo, premissas –, estes vão influenciar os rumos da mudança planejada que se pretende com a reforma.

Nascimento (1967) identifica pré-requisitos comportamentais burocráticos como predominantes nas reformas brasileiras até 1967. Quando comparados com a dimensão ideológica da atual reforma regulatória, é possível observar que, embora os pré-requisitos comportamentais existam, estes assumem uma nova qualificação, pós-burocrática, ou, o que se denomina, no Plano Diretor da Reforma do Aparelho de Estado, de "administração gerencial". Os representantes dessa corrente se reportam à nova gestão pública para criticar as características comportamentais da administração pública burocrática. Para isso, é proposta, como alternativa, a administração pública gerencial, caracterizada fundamentalmente pela eficiência dos serviços prestados a milhares, senão milhões de cidadãos. Nesse sentido, princípios como flexibilidade, foco no cliente e orientação para resultados permeiam essa nova visão da administração pública.

Outros pré-requisitos comportamentais do modelo podem ser encontrados no desejável perfil técnico da agência. Embora, teoricamente, os modelos regulatórios sejam caracterizados pela diferenciação entre o poder concedente e o ente regulador, cabendo ao primeiro definições estratégicas (políticas) e ao último, definições técnicas, na prática, esses dois papéis vêm se confundindo. O envolvimento das agências no processo de licitação e outorga contribui ainda mais para isso. O fato é que diferenciar o técnico do estratégico pode ser apenas didaticamente ilustrativo, mas praticamente complexo, para não dizer impossível. A estratégia visada foi baseada em pré-requisitos comportamentais atípicos na burocracia brasileira, ao contrário da burocracia americana que serviu de inspiração ao modelo brasileiro, permeada, desde longos anos, pelos valores da cientificidade e tecnicidade, sem levar em consideração outros pontos importantes de diferença entre os dois contextos, relativos à dimensão da democracia e controle social.

Por fim, outro pré-requisito comportamental identificado na reforma regulatória tem a ver com a existência do controle social. Como já visto, partiu-se da premissa de que o usuário do serviço público vai participar ativamente do modelo, enquanto, na prática, foi observado que, nos primeiros anos de funcionamento das agências, era alto o grau de desconhecimento sobre estas. Outra crítica refere-se ao fato de que o papel do cidadão se reduz ao conceito do consumidor/usuário do serviço público.

> Transformado apenas em consumidor, o cidadão eleitor carece de meios para inquirir e interpelar o (mini, sub, supra) Estado que governará a água que bebe, a eletricidade que consome, o telefone que usa, o rádio que ouve e a televisão que vê, o ensino que obtém, o transporte que utiliza, o remédio que dá a seu filho.
>
> (Nunes, 2001:4)

Por outro lado, identifica Nascimento, a estratégia de orientação processualística – isto é, o condicionamento do alcance dos fins pela eficiência dos meios – marcou profundamente a concepção administrativa dos reformadores. Com isso, o autor entende que, entre as possíveis conseqüências dessa orientação, pode se observar uma superconcentração do esforço reformista nas atividades-meio, em detrimento dos objetivos que, em verdade, justificam a existência do serviço público. "Ocorreu exatamente *the triumph of technique over purpose*, ou seja, o predomínio de uma orientação processualística sobre uma orientação finalística" (Nascimento, 1967:39). No caso da reforma regulatória, tal posicionamento é exemplificado pela quase inexistência do debate e do consenso político sobre o papel do Estado. A rapidez e a abrangência das reformas de desestatização induziram a difusão do discurso que classificou o novo papel do Estado como regulador, ao passo que os debates mais calorosos acompanhavam aspectos formalísticos dos novos entes regulatórios, sem, no entanto, discutir sua verdadeira relevância no novo contexto da ação estatal. Contudo, os elementos formais da reforma não chegam "a materializar transformações, perdendo-se num vácuo de indiferença ou numa atmosfera de antagonismo" (Nascimento, 1967:39).

O quadro 2 resume a análise da reforma regulatória à luz do modelo de Kleber Nascimento.

Quadro 2
Análise da reforma regulatória à luz do modelo de Kleber Nascimento

Componentes de análise	Qualificação	Contextualização	Vulnerabilidades
Componente operativo: ação	Foco de ação: elementos formais.	Novos arranjos burocráticos.	Aspectos formais do modelo ainda em discussão. Ausência de políticas regulatórias (embora existam estruturas previstas para esse fim).
	Estilo de influência: impositivo.	Concepção unilateral pelo Mare. Implementação: viés economicista.	Conflito Poder Executivo/agências reguladoras.
	Dinâmica do poder: insulativa.	Premissa da autonomia reforça o poder insulativo.	O "quarto poder".
Componente substantivo: conteúdo	Escopo de mudança: globalista-imediatista.	Abrangência setorial e federativa. Agência – novo papel do Estado. Tempo de reforma.	Alto grau de desconhecimento do modelo. Proliferação do modelo de "agência" em setores onde tal atuação não encontra justificação teórica (cinema).
Componente ideológico: valor	Estratégia e pré-requisitos: comportamentais.	Administração gerencial. Perfil desejável para agência – técnico. Controle social.	Confusão regulação/ flexibilização da gestão pública. Conflito política/ técnica. Grau mínimo de controle social observado na prática.
	Estratégia e orientação: processualística.	Predomina o foco nos aspectos formais do modelo de "agência independente".	Discute-se o modelo formal em detrimento do debate democrático acerca do novo papel do Estado.

Reflexões finais

Embora inspirada em outras experiências internacionais, a reforma regulatória brasileira incorpora as peculiaridades dos arranjos Estado-sociedade que lhe são típicos. As similaridades conceituais – quando existem –

não são suficientes para desencadear a mesma similitude na fase de implementação. Outras forças entram em jogo, forças estas que escapam aos moldes de uma análise triangular da regulação, chamando a atenção para a atuação de outros atores políticos não previstos, ou pouco considerados, no modelo regulatório. Mesmo reconhecendo a importância dos instrumentos regulatórios econômicos, este estudo enfatiza a necessidade de uma análise da regulação que parte de uma visão multidisciplinar, destacando a perspectiva histórica e política. Com isso, objetiva-se destacar a complexidade do fenômeno regulatório e a necessidade de adaptar os instrumentos regulatórios às estruturas sociais e políticas próprias de cada país.

Olhar o marco regulatório brasileiro de uma perspectiva histórica pode ajudar a compreender melhor a persistência de algumas características presentes nos esforços reformistas da administração pública brasileira. Essas características influenciam o alto grau de formalismo – incongruência entre o prescrito e o observado –, traço institucionalizado em sociedades caracterizadas por Riggs (1964) como sociedades prismáticas. Esse formalismo, potencializado pelo foco nos aspectos formalísticos do modelo de "agência independente", está presente no distanciamento observado no processo de formulação e implementação do marco regulatório, assim como nos conflitos que nascem da dicotomia política/técnica. Entretanto, como destacado neste estudo, esse distanciamento é favorecido pelas próprias premissas teóricas nas quais está baseado o modelo de "agência independente".

A dinâmica insulativa do poder, reforçada pela premissa da autonomia do modelo regulatório, influencia a relação conflituosa e o grau de inconformismo do Executivo perante a criação dos novos entes reguladores, caracterizados por Nunes (2001) como "quarto poder". Esse fator, junto ao escopo globalista-imediatista – típico das reformas da administração pública brasileira –, contribuiu para que essa relação conflituosa se estendesse para outros níveis da Federação onde o modelo de "agência independente" estava sendo adotado, enquanto esse mesmo modelo proliferava sem consistentes justificativas práticas e teóricas em setores como o cinema.

Talvez a maior mudança apresentada pela reforma regulatória esteja nos pré-requisitos comportamentais nos quais esta se baseia. Foi ressaltado aqui que a administração gerencial se apresenta como uma nova postura pós-burocrática. No entanto, as medidas de flexibilização presentes nas agências levaram, de forma inesperada, à confusão conceitual que equaliza o modelo mais flexível presente nas agências com a reforma regulatória. Esta é uma das principais conclusões do estudo, que talvez mereça mais reflexão.

O debate sobre regulação está restrito aos aspectos formais, isto é, relativos à forma e estrutura de agências reguladoras, sem debater questões importantes como o próprio papel do Estado. Esses são os exemplos apresentados na conclusão deste estudo, visando argumentar que, enquanto o modelo de "agência" avança nos mais diversos setores e níveis da Federação, e se torna objeto de críticas e/ou "declarações de amor" calorosas, pouco se discute acerca do novo papel que o Estado brasileiro vem assumindo – em discurso e na prática: o papel regulatório. Afinal,

> Não existe regulação neutra. Nem regulação inocente. Nem toda regulação é contra o regulado. Muitos regulados abençoarão e, neste sentido, buscarão normas regulatórias que os protejam da competição, que lhes diminuam custos, que criem barreiras de entrada à competição, que os mantenham no mercado, que os protejam de demandas do público. Nem toda regulação, portanto, é a favor do público. Nem toda regulação é a favor do regulado. O mercado regulatório é um selvagem campo de lutas de interesses.
>
> (Nunes, 2001:2-3)

Num brevíssimo período de tempo, o Estado brasileiro deixou de ser um grande produtor, controlador e gestor de serviços públicos e começou a assumir um papel importante na área de regulação. Discutir esse novo papel é mais um ponto de controvérsia, uma vez que diferentes visões ideológicas se farão presentes. A regulação é uma forma de intervenção do Estado, embora indireta. Os (neo)liberais consideram a regulação mais uma forma de intervenção do Estado, não apenas na economia, mas na vida dos cidadãos, enquanto os desenvolvimentistas argumentam que é preciso ter mais ação estatal de forma direta para diminuir as desigualdades sociais. Para um autor de formação marxista, a política é um reflexo da ordem econômica. Conseqüentemente, seria um absurdo a hipótese de controle do poder econômico pelo Estado (Wilson, 1980).

Reconhecendo que a controvérsia entre neoliberais e desenvolvimentistas, conservadores e marxistas etc. sobre a forma e os meios de intervenção do Estado na vida econômica e política parece nunca chegar ao fim – e é natural e democrático que assim seja –, este estudo chama a atenção para o argumento de Polanyi (1980) de que o *laissez-faire* é uma situação ideal, mas difícil de ser observada na prática. O autor, a partir de uma perspectiva histórica, mostra que a intervenção do Estado é um movimento natural de autoproteção da sociedade dos efeitos nocivos do mercado, observável todas as vezes em que o subsistema econômico tenta sobrepor-se ao social.

Paralelamente, a proliferação do modelo de "agência" pode ser vista como expressão de uma certa atratividade que este exerce, devido, em parte, às medidas de flexibilização da gestão pública que incorpora. Essas medidas continuam a ser vistas como instrumentos desejáveis e necessários para várias organizações do setor público, mas elas não podem ser reduzidas apenas ao modelo de "agência". Uma associação errada está sendo feita, aquela entre regulação e flexibilização da ação pública. As agências reguladoras não podem ser consideradas as únicas formas de intervenção e/ou "boa gestão". Corre-se o risco de cair no mimetismo, em detrimento da reflexão e dos espaços de negociação de alternativas inovadoras de gestão pública.

Referências bibliográficas

ABRANCHES, S. Privatização, mudança estrutural e regulação. In: FÓRUM NACIONAL O *DAY AFTER* DA PRIVATIZAÇÃO DA INFRA-ESTRUTURA, 11., *Anais*... Rio de Janeiro, 1999.

AZEVEDO, E. A. Agências reguladoras. *Revista de Direito Administrativo*, Rio de Janeiro, v. 213, p. 141-148, jul./set. 1998.

BRASIL. Tribunal de Contas da União. *Auditoria TC-005.793/2002-7*. Brasília, 2001.

BRASIL. Ministério do Planejamento. *Gestão pública para um Brasil de todos*: orçamento e gestão. Brasília: Secretaria de Gestão, 2004.

BRESSER-PEREIRA, L. C. Estado, aparelho de Estado e sociedade civil. *Lua Nova*, Revista de Cultura e Política, n. 36, 1995.

BREYER, S. Regulation and its reform. Cambridge, Mass.: Harvard University Press, 1982.

CASTOR, B. V. J. *O Brasil não é para amadores*: Estado, governo e burocracia na terra do jeitinho. Curitiba: Ebel/IBQP-PR, 2000.

COSTA, F. L. Reforma do Estado: restrições e escapismos no funcionamento das agências autônomas. *Revista de Administração Pública*, Rio de Janeiro, v. 33, n. 2, p. 191-199, mar./abr. 1999.

CUNHA, Sheila Santos. *O controle social e seus instrumentos*. Salvador, UFBA/Nepol, 2003.

CUNILL, Nuria Grau. *Repensando o público através da sociedade*. Rio de Janeiro: Revan, 1988.

Di PIETRO, Maria Sylvia Zanella. Cidadão e sua defesa. A "res publica" e sua defesa. In: SEMINÁRIO INTERNACIONAL SOCIEDADE E A REFORMA DO ESTADO. *Anais*... Brasília, 1997

ENCICLOPEDIA. *Controle social*. Disponível em: <www.enciclopedia.com.br/med2000/pedia98a/soci627t.htm>. Acesso em: 20 mar. 2004.

FACHIN, R. C. Reforma do Estado e agências de regulação: o caso do Rio Grande do Sul. In: SEMINÁRIO INTERNACIONAL SOBRE REESTRUTURAÇÃO E REFORMA DO ESTADO: BRASIL E AMÉRICA LATINA NO PROCESSO DE GLOBALIZAÇÃO. São Paulo. *Anais*... FEA/FIA/USP, 1998.

FADUL, E. M. C. Reforma do Estado e serviços públicos: transformação de um modelo ou adaptação a uma nova ordem social? In: SEMINÁRIO INTERNACIONAL SOBRE REESTRUTURAÇÃO E REFORMA DO ESTADO: BRASIL E AMÉRICA LATINA NO PROCESSO DE GLOBALIZAÇÃO. São Paulo. *Anais*... FEA/FIA/USP, 1998.

FISCHER, T.; TEIXEIRA, E.; HEBER, F. Estratégias de gestão e reconfiguração organizacional: os setores de energia elétrica e telecomunicações. *Revista de Administração Pública*, v. 32, n. 3, p. 9-28, maio/jun. 1998.

FOUCAULT, M. *A arqueologia do saber*. Lisboa: Vozes, 1972.

INVESTNEWS. *Lula*: 100 dias de governo: relatório. São Paulo, 2003.

MARQUES NETO, F. A. *Agências reguladoras*: instrumentos de fortalecimento do Estado. São Paulo: Abar, 2003.

MARTINS, H. F. *Reforma do Estado na era FHC*: diversidade ou fragmentação da agenda de políticas de gestão pública. Tese (Doutorado) – Ebape/FGV, Rio de Janeiro, 2004.

MELO, M. A. As agências reguladoras: gênese, desenho institucional e governança. In: ABRUCIO, F. L.; LOUREIRO, M. R. (Orgs.). *O Estado numa era de reformas*: os anos FHC. Brasília: Enap, 2002. (Coleção Gestão Pública, 2).

NASCIMENTO, K. Reflexões sobre a estratégia de reforma administrativa: a experiência federal brasileira. *Revista de Administração Pública*, Rio de Janeiro, v. 1, n. 1, p. 11-50, jan./jun. 1967.

NUNES, E. O quarto poder: gênese, contexto e controle das agências regulatórias. In: SEMINÁRIO INTERNACIONAL SOBRE AGÊNCIAS REGULADORAS DE SERVIÇOS PÚBLICOS. *Anais*... Brasília, 2001.

PACHECO, R. S. Agências reguladoras no Brasil: Ulisses e as sereias ou Narciso e Eco? In: CONGRESO INTERNACIONAL DEL CLAD SOBRE LA REFORMA DEL ESTADO E DE LA ADMINISTRACIÓN PÚBLICA, 8., 2003. Panamá. *Anais*... Panamá: Clad, 2003.

PECI, A. O setor elétrico brasileiro: uma rede em construção? In: ENCONTRO DA ASSOCIAÇÃO NACIONAL DE PÓS-GRADUAÇÃO EM ADMINISTRAÇÃO, 25., 2001. Campinas. *Anais*... Campinas, 2001.

______. Modelos regulatórios na área de transportes: a experiência americana. In: CONGRESO INTERNACIONAL DEL CLAD SOBRE LA REFORMA DEL ESTADO E DE LA ADMINISTRACIÓN PÚBLICA, 7., 2002. Buenos Aires. *Anales*... Buenos Aires: Clad, 2002.

______; CAVALCANTI, Bianor Scelza. A outra face da regulação: o cidadão-usuário de serviços públicos no novo modelo regulatório brasileiro. *Revista de Direito Público da Economia*, n. 3, p. 9-28, jul./set. 2003.

______; ______. Reflexões sobre a autonomia do órgão regulador: análise das agências reguladoras estaduais. *Revista de Administração Pública*, v. 34, n. 5, p. 99-119, set./out. 2000.

PIRES, J. C. L. Capacity, efficiency and contemporary regulatory approaches. In: BNDES. *The Brazilian energy sector*: the experiences of Aneel and ANP. Rio de Janeiro, Dec. 1999. (Ensaios BNDES).

POLANYI, K. *The great transformation*: the political and economical origins of our time. London: Paperback, 1980.

PRZEWORSKI, A. Sobre o desenho do Estado: uma perspectiva agente x principal. In: BRESSER-PEREIRA, L. C.; SPINK, P. K. (Org.). *Reforma do Estado e administração pública gerencial*. Rio de Janeiro: FGV, 1998.

RIGGS, F. *Administration in developing countries*: the theory of prismatic society. Boston: Houghton Hifflin, 1964.

RUBEZ, J. *Que tal a Agência Reguladora do Leite?* Disponível em: <www.leitebrasil.org.br/jrubez_069.htm>. Acesso em: mar. 2003.

STIGLER, G. J. *The citizen and the State*: essays on regulation. Chicago: University of Chicago Press, 1975.

WAHRLICH, B. A reforma administrativa no Brasil: experiência anterior, situação atual e perspectivas – uma apreciação geral. *Revista de Administração Pública*, Rio de Janeiro, v. 18, n. 1, p. 49-59, jan./mar. 1984.

WILSON, J. Q. *The politics of regulation*. New York: Basic, 1980.

Repensando políticas públicas: por que freqüentemente falhamos no planejamento?*

*José Antônio Puppim de Oliveira***

Introdução

Muitas pessoas vêem planejamento como uma questão de fazer planos, delegar responsabilidades, se necessário passar leis e determinar o orçamento. No Brasil, especialmente em nível federal, o planejamento ainda é visto como uma coisa quase estritamente tecnicista, dominada por economistas e burocratas. Eles assumem que, uma vez tendo o "plano certo", a implementação sairá automaticamente. Porém, a realidade tem sido diferente: muitos projetos, programas e políticas falham na implementação como planejado ou têm impactos negativos inesperados. Temos longas décadas de experiências fracassadas de planejamento, com planos mirabolantes ou megalômanos, que no papel funcionam mas não na prática, alcançam resultados decepcionantes ou desastrosos. Exemplos incluem a Transamazônica, o Polonoroeste e, atualmente, o famigerado Fome Zero, sem falar nos incontáveis e catastróficos planos econômicos. Somas consi-

* Versões deste capítulo estão sendo publicadas nos anais do XXIX Enanpad (2005) e na *Revista de Administração Pública, RAP* (2006).

** Professor adjunto da Escola Brasileira de Administração Pública e de Empresas (Ebape) da Fundação Getulio Vargas (FGV), Rio de Janeiro; PhD em planejamento pelo Massachusetts Institute of Technology (MIT, EUA); mestre pela Universidade de Hokkaido (Japão); engenheiro pelo Instituto Tecnológico de Aeronáutica (ITA). Contato: puppim@fgv.br ou <www.ebape.fgv.br/cd/puppim>.

deráveis de recursos são gastas, e só contribuem para o alongamento das décadas perdidas. Por que falhamos então?

Este estudo tenta responder essa pergunta. Ele faz uma análise sobre as diversas maneiras de se pensar planejamento, particularmente com respeito a políticas públicas. Focaremos principalmente os problemas de planejamento nos chamados países em desenvolvimento, em particular no Brasil. A ênfase dada à burocracia de formulação e controle e às previsões dos economistas tende a colocar sombra na parte mais importante: o processo. Mostraremos que o planejamento em políticas públicas tem de ser visto como um processo, e não como um produto técnico somente. A importância do processo se dá principalmente na implementação, pois esta é que vai levar aos resultados finais das políticas, programas ou projetos.

Visões típicas de planejamento e implementação de políticas públicas no Brasil

Um dos motivos que leva a falhas nos resultados de políticas públicas é a dissociação que se faz entre elaboração e implementação no processo de planejamento, de acordo com algumas escolas ou visões.

Uma primeira escola vê o processo de planejamento de políticas públicas associado a atividades de elaboração de planos, com isso envolvendo tomada de decisões políticas, reuniões de discussão, mapas detalhados, modelos matemáticos e cenários, criação de legislação e distribuição de responsabilidades, e, ao final, se gera um plano. Uma vez terminadas essas etapas, assume-se que automaticamente as ações planejadas serão implementadas e atingirão os resultados esperados, se o plano foi bem-feito. Assim, a avaliação de um processo de planejamento é vista, primordialmente, na ótica de se confeccionarem planos. Caso o plano desenhado inicialmente seja bom, o resultado ao final será bom. Se o plano for ruim, o resultado será ruim. O que necessitam as políticas públicas é de bons "planejadores", com mentes privilegiadas e "visão de futuro", para se anteceder ao que vem no futuro e fazer planos corretos que levem aos resultados calculados. Os projetos de irrigação na região de Juazeiro (BA) e Petrolina (PE) são citados como exemplos de plano bem-sucedido, com o caráter antes descrito.

Outra visão de planejamento reconhece o papel da implementação, mas ainda enfatiza a elaboração de planos como chave primordial para o sucesso de políticas públicas. Nela, como na visão anterior, existem bons e maus planos. Porém, segundo essa visão, muitos dos bons planos falham porque houve problemas técnicos na implementação, foram sabotados ou não foram implementados exatamente de acordo com o que foi indicado no plano. Exemplos desse tipo de visão de planejamento incluem alguns planos elaborados na época da ditadura militar no Brasil, como a colonização da Amazônia com a construção de estradas (por exemplo, Transamazônica) e assentamentos (por exemplo, Polonoroeste).

Uma versão um pouco mais moderna dessa visão de planejamento tenta adicionar uma componente de implementação no plano. Com isso, priorizam-se alguns mecanismos de gestão da implementação dos planos para garantir que aquilo indicado no plano vai ser implementado. Esses mecanismos incluem monitoramento, auditorias e reuniões técnicas de acompanhamento. Porém, por mais que se fiscalize, os resultados muitas vezes ainda são insatisfatórios porque houve diversos tipos de problemas institucionais, muito do planejado não era executável, ou as condições iniciais mudaram com o tempo. Temos, como exemplo, o Projeto de Despoluição da Baía de Guanabara (PDBG), onde se gastaram centenas de milhões de dólares sem conseguir os resultados esperados, apesar de todas as precauções tomadas no acompanhamento técnico da implementação do projeto.

Ainda temos a visão popular ou populista, ou "politicamente correta" nos dias de hoje, do planejamento com total ênfase na participação da população ou sociedade civil na implementação dos planos. Essa visão está em moda nos últimos anos, principalmente entre as organizações multilaterais e alguns setores do governo. Aqui, os beneficiários têm de ajudar a monitorar o projeto, denunciar, participar de assembléias etc. Muitas vezes se criam "conselhos populares" para decidir e acompanhar os trabalhos, ou chamam a sociedade e empresas para ajudar. Um exemplo é o famigerado programa Fome Zero do governo federal, que peca pela sua lentidão e falta de resultados.

Essas visões descritas anteriormente separam claramente a elaboração da implementação de políticas públicas no processo de planejamento, e colocam o planejamento como um processo de fazer planos. Temos visto os resultados decepcionantes, e às vezes catastróficos, da concepção equivocada do processo de planejamento que alija a elaboração da implementação de políticas públicas, temos vários exemplos na prática, como as políticas para o desenvolvimento da Amazônia no Brasil na década de 1970 (Moran, 1983; Lutzenberger, 1985). Parece, contudo, que ainda não aprendemos a lição. Temos hoje a determinação do governo federal com planos mirabolantes, como, por exemplo, a idéia de fazer a transposição do rio São Francisco, apesar de todos os conflitos e incertezas no projeto.

A literatura de planejamento e implementação de políticas públicas

A literatura de políticas públicas foi um pouco tardia em reconhecer a importância da implementação no processo de planejamento, até mesmo porque os estudiosos do tema tinham um viés tradicional das ciências políticas, com um foco de análise nos processos legislativos ou administrativos do Executivo. Assim, o importante a ser pesquisado seria entender como os assuntos chegam à agenda política, quais são os processos legislativos de aprovação de leis, como eleições são ganhas ou perdidas, como órgãos burocráticos são criados, como são indicados os responsáveis por determinados cargos etc. Ainda hoje no Brasil, existe muito essa visão do que é importante para definir políticas públicas na prática.

Um dos primeiros trabalhos a alertar para a importância de entender a implementação em políticas públicas foi, na década de 1970, o livro *Implementação* (Pressman e Wildavsky, 1984). A obra analisava um programa de desenvolvimento econômico de apoio a minorias étnicas, estabelecido por uma agência recém-criada nos Estados Unidos em nível federal, a Agência de Desenvolvimento Econômico (Economic Development Administration – EDA). Os planos foram elaborados em Washington com grande expectativa de resultados, mas falharam espetacularmente na sua implementação. Os autores ficaram impressionados com a falta de atenção da literatura acadêmica com a questão da implementação de políticas públicas. Essa obra foi uma referência na literatura americana e internacional de políticas públicas da época.

O alerta de Pressman e Wildavsky parece haver exercido algum efeito sobre a produção intelectual na área. Nos anos que se seguiram à publicação de *Implementação*, vários trabalhos foram elaborados (como os de Rein e Rabinovitz, 1977; Bardach, 1977; Berman, 1978; Elmore, 1979). A literatura continuou abordando o tema nas décadas seguintes (Mazmanian e Sabatier, 1983; Najam, 1995; Grindle, 1998). Já se passaram, porém, mais de 30 anos desde a publicação do trabalho de Pressman e Wildavsky e permanecem vários debates sobre implementação nos campos de conhecimento relacionados a políticas públicas, tais como planejamento, ciências políticas e economia aplicada. Os debates compreendem técnicas para estudar e gestionar implementação.

Mesmo chegar a um consenso sobre a definição de implementação não é fácil, ou possível, pois existe um emaranhado de definições e interpretações. A seguir, exemplificarei com duas delas:

- "implementação trata de como políticas mudam à medida que passam de diretivas administrativas para a prática com (1) uma declaração governamental de suas preferências, (2) mediada por um número de atores sociais que (3) criam um processo circular caracterizado por relações recíprocas de poder e negociação" (Rein e Rabinovitz, 1977);
- "implementação são os eventos e atividades que ocorrem depois da emissão de autorizações e de diretrizes de políticas públicas, que incluem os esforços para administrá-las e gestionar seus impactos sobre pessoas e eventos" (Mazmanian e Sabatier, 1983).

Na realidade, o estudo de implementação requer um entendimento de sua complexidade e de sua interação com o processo de planejamento. O resultado de um processo de planejamento, incluindo sua implementação, tem de ser visto como uma seqüência de eventos aparentemente simples, mas que dependem de uma cadeia complexa de interações recíprocas para que obtenham o esperado, e muitas vezes essa cadeia não pode ser prevista ou controlada.

A literatura de implementação pode ser dividida em gerações, segundo alguns autores (Goggin et al., 1990; Najam, 1995). Logo após a publicação de *Implementação*, houve uma primeira geração que destacou a falta de debates sobre implementação e criou uma agenda de pesquisa para um melhor entendimento do tema, de maneira a direcionar o campo das políticas públicas na teoria e prática. Embora essa primeira geração tenha sido importante para colocar a questão da implementação na agenda de pesquisa sobre políticas públicas, os estudos foram apontados como muito específicos em determinados casos, com uma visão pessimista, desprovidos de um embasamento teórico adequado e sem preocupação com a construção de conhecimento na área.

Uma segunda geração da literatura de implementação tentou construir teorias usando um número maior de casos em suas pesquisas, com o objetivo de criar uma teoria através da elaboração de modelos para determinar variáveis relevantes e explicar as relações de causalidade no processo de implementação (Mazmanian e Sabatier, 1983; Van Meter e Van Horn, 1975). Porém, o que aconteceu foi uma proliferação de modelos que não eram compatíveis entre si ou generalizáveis e que não podiam ser replicados em outros contextos ou casos. Essa literatura ajudou a identificar as variáveis que poderiam ser importantes no processo de implementação, levando a uma terceira geração.

Essa terceira geração combinou trabalhos conceituais e empíricos, em vez de criar modelos. Os trabalhos aqui tentavam identificar as variáveis-chave para explicar por que em alguns casos a implementação tem bons resultados e em outros, não (Goggin et al., 1990; Najam, 1995; Grindle, 1980).

Ademais desses debates sobre como se deveria pesquisar implementação para um melhor entendimento, o desenvolvimento da literatura de implementação levou a uma série de discussões no âmbito das políticas públicas. Uma das mais interessantes discussões, que ainda continua nos dias de hoje, trata da maneira como o processo de planejamento deve ser visto em relação à direção no fluxo das decisões. Um grupo acredita que o processo pode ser controlado de cima para baixo (*top-down*), ou seja, as decisões são tomadas por autoridades que detêm um certo controle do processo e decidem quais políticas serão implementadas e como (Mazmanian e Sabatier, 1983; Van Meter e Van Horn, 1975). Com isso, elas poderiam efetivamente coordenar o processo de planejamento de políticas públicas.

Uma visão rival, e de certa forma antagônica, enfatiza a importância de se levar em consideração, no fluxo do processo de planejamento, aqueles que estão mais próximos às ações resultantes das políticas, ou seja, vêem o processo de baixo para cima (*bottom-up*) (Elmore, 1979; Lipsky,

1980; Kaufman, 1973). Dessa forma, a população afetada pela política e os agentes do Estado em contato com ela (chamados *street-level bureaucrats*, ou burocratas da rua) poderiam e deveriam influenciar o processo de planejamento de políticas públicas. De acordo com autores que apóiam essa visão, ela seria justificada, primeiramente, por questões de efetividade e eficiência, já que esses atores sabem exatamente o que acontece e o que seria melhor para se alcançarem os resultados da política (Palumbo e Harder, 1981). Segundo, porque seria mais democrático haver a participação das partes interessadas no processo. Na mesma época da emergência da escola do *bottom-up*, acontecia um crescimento da literatura sobre descentralização (Rondinelli, 1981), que justificava da mesma forma sua necessidade em políticas públicas. Os defensores do processo de cima para baixo, entretanto, eram céticos em relação à ênfase dada às necessidades de se ter um fluxo de baixo para cima, pois esses atores muitas vezes não tinham uma visão de como controlar o processo. Ao final, houve uma certa convergência em aceitar a importância de ambos os fluxos (*top-down* e *bottom-up*) para se entenderem as políticas públicas e seu processo de planejamento.

A literatura de planejamento e implementação em países em desenvolvimento

Um debate quase separado na literatura internacional é o estudo da implementação e do processo de planejamento nos países em desenvolvimento. Alguns autores não fazem distinção, em seus modelos e estudos, entre países desenvolvidos e aqueles em vias de desenvolvimento (Van Meter e Van Horn, 1975), mas boa parte da literatura internacional faz esta divisão. Os debates nas duas divisões tomam rumos diferentes e se influenciam mutuamente (Grindle, 1980). A divisão em desenvolvido e em desenvolvimento tem em suas raízes a premissa, que nunca foi testada, de que as condições e o processo de planejamento nos dois tipos de países são substancialmente diferentes. Assim, a literatura nos países em desenvolvimento tem sido diferente em três aspectos (Najam, 1995): baseia-se em estudos de caso; utiliza menos os modelos, devido à grande diversidade nos contextos social, cultural e político; tende a enfatizar as influências de cima para baixo no processo de planejamento. Finalmente, a literatura internacional assume que os países em desenvolvimento têm maiores dificuldades técnicas, financeiras e culturais no processo de planejamento e implementação de políticas.

Há outro aspecto que se vem desenvolvendo mais recentemente. Alguns estudos de políticas públicas se têm centrado mais em entender o processo de planejamento como um só, sem tanta separação entre elaboração e implementação de políticas públicas (Oliveira, 2002), com ênfase no estudo de casos particularmente exitosos e com destaque para os países em desenvolvimento (Grindle, 1998; Tendler, 1997).

Existem vários aspectos para tentar diferenciar o processo de planejamento de políticas públicas entre países desenvolvidos e em desenvolvimento. Há uma tendência a explicar as falhas de políticas públicas em países em desenvolvimento por vários motivos, entre os quais se destacam os aspectos político-institucionais, financeiros e técnicos (Oliveira, 2002). A seguir, descreveremos alguns pontos que limitam o planejamento de políticas públicas.

Primeiro, há os aspectos políticos e institucionais. O sistema político, Estado e sociedade civil nos países em desenvolvimento não estão articulados e funcionando de maneira apropriada. Muitos Estados em países em desenvolvimento (não o Brasil) foram criados recentemente. Alguns saíram há poucas décadas do colonialismo, outros foram criados por divisões. Assim, em muitos desses países, o Estado ainda está se formando. Outros países tiveram longos períodos de ditaduras, o que inibiu a sociedade civil, o bom funcionamento do sistema político e, conseqüentemente, a atuação do Estado. O economista Joel Migdal, um dos primeiros acadêmicos especializados em países em desenvolvimento, caracterizaria esses países como sociedades fortes em Estados fracos (Migdal, 1988). Isso dificultaria a articulação entre sociedade e Estado.

Um segundo aspecto para explicar a diferença entre países desenvolvidos e em desenvolvimento é a capacidade financeira. Essa geralmente é a razão mais direta para explicar as falhas em planejamento nos países em desenvolvimento. O fato de terem menos recursos para serem aplicados nas diversas áreas limitaria a capacidade desses países de levar adiante políticas públicas de maneira a obter resultados efetivos. Muitos desses países ou regiões dependem de doações ou empréstimos das agências multilaterais.

Terceiro, a capacidade técnica de gestionar o planejamento de políticas públicas é apontada como outro limitador dos países em desenvolvimento. Faltam recursos humanos capacitados e motivados, equipamentos, experiência e competência técnica dos órgãos responsáveis para planejar as políticas públicas. Muitas vezes existe uma centralização exagerada do processo de planejamento (Manor, 1999), falta articulação entre as diversas agências responsáveis para o bom andamento de determinadas políticas públicas, ou até mesmo surgem conflitos entre os órgãos no mesmo nível ou em diferentes níveis de governo (Oliveira e Ogata, 1998). Esses conflitos limitam o processo de planejamento.

Alguns desses aspectos têm mudado nos últimos anos, particularmente no Brasil, mas muitas vezes sem conseguir melhores resultados na efetividade de políticas públicas. Temos visto uma democratização crescente dos países em desenvolvimento. Na América Latina, isso fica claro, já que boa parte dos países da região saiu de regimes ditatoriais para regimes democráticos, apesar de estes estarem ainda em formação. No Brasil, os mais de 20 anos de democracia não parecem suficientes para o estabelecimento de um sistema político-institucional efetivo no planejamento. Existem diversos conflitos quanto à jurisdição e distribuição de responsabilidades entre os diferentes níveis de governo e organizações do Estado, além da pouca *accountability* (capacidade de resposta institucional; ver Campos, 1990) dessas organizações.

Quanto às questões financeiras, elas ainda continuam limitando o planejamento de políticas públicas, mesmo com o aumento significativo da arrecadação, como no caso do Brasil. Boa parte dos países no mundo em desenvolvimento depende de recursos externos, ou destina parte considerável de seu orçamento a pagar dívidas públicas ou cobrir déficits setoriais. O Brasil – apesar de a arrecadação do Estado chegar a quase 40% do produto interno bruto (PIB) – dedica boa parte de seus recursos públicos para pagamento de dívida, folha salarial ou cobrir os rombos da previdência. Assim, mesmo com uma quantidade de recursos razoáveis, o Estado não consegue direcionar recursos significativos para investimento em políticas públicas, limitando a capacidade de planejamento.

Finalmente, temos a evolução dos aspectos da capacidade de gestão do planejamento de políticas públicas. Muitos países em desenvolvimento avançaram com respeito à capacitação técnica das organizações de Estado, mas ainda falta uma melhor articulação entre as várias organizações envolvidas no planejamento das diversas políticas públicas. Esse talvez seja o aspecto mais limitador do planejamento. Os recursos humanos e equipamentos existem e muitas das próprias organizações estatais estão capacitadas, mas o processo de planejamento de políticas públicas em geral exige a interação de diversas organizações dentro do Estado, e destas com a sociedade civil e o setor privado. Nesses pontos, ligados ao que seria o "capital social" do planejamento, ainda falta uma melhora em termos qualitativos. Ainda vemos muito o planejamento como um processo técnico, governamental, de caráter econômico e visionário.

Planejamento no Brasil

No Brasil, planejamento sempre esteve ligado à elaboração de planos e de controle. Através da história, verificamos a quantidade de planos que já foram e continuam sendo elaborados: planos trienais, planos decenais, planos econômicos, planos plurianuais, planos de desenvolvimento regionais, planos diretores etc. Temos uma cultura de planos, com a idéia de antever e organizar o futuro (como se fosse possível fazer isso de maneira racional). A idéia de controle também está presente. Quando analisamos as funções das secretarias ou do Ministério do Planejamento, percebe-se um caráter altamente controlador. Suas atribuições principais sempre giram ao redor de controlar o orçamento e a alocação de recursos para diferentes órgãos estatais e projetos.

É interessante que nós, brasileiros, em geral temos uma visão positiva do planejamento, ao contrário dos americanos, muitos dos quais vêem com desconfiança o planejamento, por ser uma forma de intervenção do Estado sobre os indivíduos e organizações. Aqui nosso sentimento positivo talvez surja até mesmo porque nos sentimos desolados com os péssimos resultados dos nossos planos e vemos a necessidade de controlar e fazer planos "que dêem certo" para o futuro (quem sabe não virá um plano que vai dar certo?).

A própria literatura brasileira clássica na área de planejamento o vê de forma simplística (Lafer, 1970; Matus, 1993). O planejamento é visto como o processo de elaborar planos e tentar controlar o futuro, dividido em várias etapas seqüenciais (estabelecer objetivos, fazer planos, executá-los etc.), como se controlar o futuro fosse uma receita de bolo. Também existe um viés economicista, em que o planejamento é econômico e puramente governamental (Ianni, 1979; Lopes, 1990), como se os governos pudessem ter controle da economia. Assim, a cultura de planejamento do Brasil ainda vive um pouco da áurea época do milagre econômico dos anos 1960 e da utopia do "Estado desenvolvimentista", ligada ao conceito de planejamento da primeira metade do século XX. Ainda não acordamos para a realidade complexa do que é o processo de planejamento.

A evolução do que é planejamento

O conceito de planejamento tem evoluído nos últimos 100 anos. A idéia de planejamento apareceu com o objetivo de tentar controlar de alguma forma o futuro através de documentos chamados planos. Primeiramente, de forma concreta, ela surgiu como planejamento espacial, no campo de planejamento de cidades, no final do século XIX e início do século XX, na Inglaterra. Criou-se o conceito de cidade-jardim (Howard, 1946), onde se poderia planejar uma cidade para ser mais amena, distribuindo espacialmente suas funções. Foi uma resposta ao caótico crescimento das cidades européias. Esse conceito teve um impacto grande na área de urbanismo do século XX, com o aparecimento de várias cidades-jardim ao redor do mundo (a concepção de Brasília sofreu influência desse conceito). Nesse ponto, planejamento era uma função estritamente técnica do urbanista ou arquiteto, que seria uma espécie de visionário. Essa aura de visionário no planejamento continua existindo um pouco até os dias de hoje.

Com a criação da União Soviética no final da década de 1910, outra vertente de planejamento apareceu: o planejamento econômico centralizado. Nele, o Estado teria completo controle sobre os recursos e os distribuía de acordo com planos e metas determinados por políticos ou burocratas. Havia completa ausência de democracia na determinação do plano. Aqui identificamos o perfil controlador do planejamento, um pouco da idéia que ainda permanece no Brasil, onde o planejamento tem função controladora e é dominado por políticos e burocratas, além do caráter governamental e econômico.

A partir das décadas de 1930, 1940 e 1950, a vertente espacial-urbanística do planejamento nos Estados Unidos e Europa encampou uma forma mais abrangente, englobando as esferas social e econômica do planejamento, talvez com um pouco da influência da vertente soviética do planejamento, cujo regime político orientador se expandia pelos países do Leste europeu e Ásia. Nessa época, começou a ganhar força também a vertente de planejamento de políticas de desenvolvimento regional, que culminou com a criação das agências de desenvolvimento, como Tennessee Valley Authority (TVA) nos Estados Unidos, Casa del Mezzogiorno na Itália, e Sudene e Sudam no Brasil. Nessa época, ainda se concebia planejamento como elaboração de planos para controlar o futuro, com um forte papel governamental nas decisões a seu respeito.

Nesse ponto, o planejamento ainda era dividido em fases seqüenciais. Não era questionado o caráter seqüencial e abrangente do planejamento. A partir da década de 1950, começou uma discussão mais acalorada sobre a abrangência e racionalidade controlada do planejamento, com a abordagem do *mudling through* (Lindblom, 1959). Nessa abordagem, o planejamento era um processo incremental (escola incrementalista do planejamento), de idas e voltas, e não uma seqüência linear de ações. Reconheciam-se as limitações do planejamento em obter informações para prever e via-se no planejamento um caráter de avanço gradativo, de maneira muitas vezes inesperada e imprevisível. Embora se rejeitasse a noção de que o planejamento poderia prever tudo e controlar tudo, ele ainda era visto como um instrumento técnico. Mais ou menos na mesma época, no bojo do movimento de direitos civis nos Estados Unidos, surgiu a idéia de que o planejamento não deveria ser um instrumento estritamente técnico, e sim político. O planejamento deveria servir como instrumento de mudança social e de "advocacia", principalmente em favor dos interesses dos menos favorecidos social e politicamente, o chamado *advocacy planning* pelos proponentes do movimento (Davidoff, 1965).

As transformações no conceito de planejamento continuaram a partir da década de 1970 em diante. O planejamento já não era mais tão visto como um instrumento técnico, e deveria ser um instrumento político, mas nem tanto de *advocacy*, e sim para moldar e articular os diversos interesses envolvidos no processo de intervenção de políticas públicas. O planejador deveria ser o mediador dos interesses da sociedade no processo, e o resultado final deveria ser definido preferivelmente em consenso (Susskind e Cruikshank, 1987). Com o crescimento das organizações envolvidas no processo de planejamento e as interações entre elas, a chamada sociedade em rede (Castells, 1997), o planejamento passou a ser um processo acoplado à qualidade das interações entre os diversos atores envolvidos. Surgiu, então, o conceito de planejamento colaborativo, que buscava um processo de construção de confiança nas decisões do planejamento de políticas públicas (Healey, 1997). O planejamento solidificou-se, assim, como um processo que depende da maneira como se estabelecem as relações de confiança entre as diversas partes interessadas e influenciadas pelas decisões. Portanto, o processo de planejamento é um processo político que depende de informações precisas, transparência, ética, temperança, aceitação de visões diferentes e vontade de negociar e buscar soluções. Além disso, temos de reconhecer as limitações do planejamento como ferramenta para prever e controlar o futuro, da idéia do "visionário", do líder iluminado. Temos de aceitar o papel do planejamento como construtor e articulador de relações na sociedade ou na organização que busca seu bem comum de maneira ética, justa e responsável. Infelizmente (ou felizmente), não temos o poder de controlar e prever o futuro; nem nós nem ninguém.

Referências bibliográficas

BARDACH, Eugene. *The implementation game: what happens after a bill becomes a law.* Cambridge, MA: MIT Press, 1977.

BERMAN, Paul. The study of macro and micro-implementation. *Public Policy*, v. 26, n. 2, p. 157-184, 1978.

BRANCH JR., Melville C. Comprehensive planning: a new field study. *Journal of the American Planning Association*, v. 25, n. 3, p. 115-120, 1959.

BRINKERHOFF, Derick W. Coordination issues in policy implementation networks: an illustration from Madagascar's Environmental Action Plan. *World Development*, v. 24, n. 9, p. 1497-1510, 1996.

CAMPOS, Anna Maria. Accountability: quando poderemos traduzi-la para o português? *Revista de Administração Pública*, v. 24, n. 2, p. 30-50, fev./abr. 1990.

CASTELLS, Manuel. *La era de la información*. Madrid: Alianza Editorial, 1997.

DAVIDOFF, Paul. Advocacy and pluralism in planning. *Journal of the American Institute of Planners*, v. 31, n. 4, p. 331-338, 1965.

ELMORE, Richard F. Backward mapping: implementation research and policy decisions. *Political Science Quarterly*, v. 94, n. 4, p. 601-616, 1979.

GOGGIN, Malcolm L.; BOWMAN, Ann O' M.; LESTER, James P.; O'TOOLE JR., Lawrence. *Implementation theory and practice*: towards a third generation. Glenview, Il.: Scott, Foresman, 1990.

GRINDLE, Merilee S. (Ed.). *Politics and policy implementation in the Third World*. Princeton: Princeton University Press, 1980.

______ (Ed.). *Getting good government*: capacity building in the public sectors of developing countries. Cambridge: Harvard Institute of International Development, 1998.

HEALEY, P. *Collaborative planning*: shaping places in fragmented societies. London: Macmillan, 1997.

HOWARD, Ebenezer. *Garden cities of to-morrow*. [1902]. Reimp. London: Faber and Faber, 1946.

IANNI, Otávio. *Estado e planejamento econômico no Brasil*. 3. ed. Rio de Janeiro: Civilização Brasileira, 1979.

KAUFMAN, Herbert. *Administrative feedback*. Washington DC: The Brookings Institution, 1973.

LAFER, Bety N. *Planejamento no Brasil*. São Paulo: Perspectiva, 1970.

LINDBLOM, Charles E. The science of "mudling through". *Public Administration Review*, v. 19, p. 79-88, 1959.

LIPSKY, Michael. *Street-level bureaucracy*. New York: Russell Sage Foundation, 1980.

LOPES, Carlos Thomaz G. *Planejamento, Estado e crescimento*. São Paulo: Pioneira, 1990.

LUTZENBERGER, José. The World Bank's Polonoroeste Project: a social and environmental catastrophe. *The Ecologist*, v. 15, n. 1-2, p. 69-72, 1985.

MANOR, J. *The political economy of democratic decentralization*. Washington, DC: The World Bank, 1999.

MATUS, Carlos. *Política, planejamento e governo*. Brasília: Ipea, 1993. t. 1 e 2.

MAZMANIAN, Daniel A.; SABATIER, Paul A. *Implementation and public policy*. Chicago: Scott Foresman, 1983.

MIGDAL, Joel S.. *Strong societies and weak states*: state-society relations and state capabilities in the Third World.Princeton: Princeton University Press, 1988.

MORAN, Emilio F. (Org.). *The dilemma of Amazonian development*. Boulder: Westview, 1983.

NAJAM, Adil. *Learning from the literature on policy implementation*: a synthetic perspective. Laxenburg, Austria: International Institute for Applied Systems Analysis, 1995. (IIASA Working Paper, 61).

OLIVEIRA, José A. Puppim. Implementing environmental policies in developing countries through decentralization: the case of protected areas in Bahia, Brazil. *World Development*, v. 30, n. 10, p. 1713-1736, 2002.

______; OGATA, M. G. Análise institucional da gestão e uso do solo nas áreas protegidas no estado da Bahia. *Análise & Dados*, v. 8, n. 2-3, p. 89-97, 1998.

PALUMBO, Dennis J.; HARDER, Marvin A. Introduction. In: ______; ______ (Eds.). *Implementing public policy*. Lexington: Lexington Books, 1981.

PRESSMAN, Jeffrey L; WILDAVSKY, Aaron. *Implementation*. 3. ed. [1. ed. 1973]. Berkeley: University of California Press, 1984.

REIN, Martin; RABINOVITZ, Francine F. *Implementation: a theoretical perspective*. Cambridge, MA: Joint Center for Urban Studies of MIT and Harvard University, 1977. (Working Paper, 43.).

RONDINELLI, Dennis A. Government decentralization in comparative perspective: theory and practice in developing countries. *International Review of Administrative Sciences*, v. 47, n. 2, p. 133-145, 1981.

SABATIER, Paul A. Top-down and bottom-up approaches to implementation research: a critical analysis and a suggested synthesis. *Journal of Public Policy*, v. 6, n. 1, p. 21-48, 1986.

SUSSKIND, Lawrence; CRUIKSHANK, Jeffrey. *Breaking the impasse*. New York: Basic, 1987.

TENDLER, Judith. *Good governments in the tropics*. Baltimore: Johns Hopkins University Press, 1997.

VAN METER, Donald; VAN HORN, Carl E. The policy implementation process. *Administration and Society*, v. 6, n. 4, p. 445-488, 1975.

A focalização das políticas públicas de fomento à atividade empresarial no Brasil

*José Cezar Castanhar**

Introdução

Recentemente, surgiu uma polêmica no Brasil sobre qual deveria ser o escopo das políticas sociais. De um lado, havia defensores de uma abordagem denominada "focalização", ou seja, uma estratégia que defende que as políticas públicas devem ser direcionadas para usuários bem delimitados e identificados, em oposição àqueles que defendem a universalização das políticas sociais, querendo dizer que essas políticas devem ter o universo de beneficiários definido da forma mais ampla possível, sem restrições ou segmentações.

Se, no que toca às políticas sociais, a posição mais progressista está associada à abordagem universalista, enquanto o enfoque da "focalização" está associado a uma visão neoliberal da ação do Estado, no que toca às políticas de fomento à atividade empresarial pode dar-se exatamente o oposto.

As iniciativas e políticas governamentais destinadas a criar condições favoráveis ao desenvolvimento econômico quase sempre se limitam às grandes políticas macroeconômicas (monetária, cambial e fiscal), ou, na melhor das hipóteses, a políticas setoriais, cujo objetivo é também de natu-

* Professor da Escola Brasileira de Administração Pública e de Empresas (Ebape) da Fundação Getulio Vargas (FGV).

reza macroeconômica, tais como as políticas industrial, energética, de tecnologia, de promoção de exportações, entre outras.

Da mesma forma, as políticas específicas de fomento à atividade empresarial, incluindo financiamentos, eventuais vantagens fiscais (principalmente para investimentos e exportações), são, em geral, definidas de forma "universal", ou seja, em princípio qualquer empresa que atenda aos objetivos e exigências do programa poderia qualificar-se, independentemente do porte, da região, do setor etc. Na prática, a maioria dessas políticas, especialmente as de financiamento a investimentos e produção, promoção de exportação etc., tende a beneficiar empresas de grande porte – seja porque elas estão mais preparadas do ponto de vista de estrutura empresarial, qualificação gerencial e de acesso à informação, seja porque têm mais solidez patrimonial e representam menor risco para os agentes financeiros (públicos e privados) que executam tais políticas.

Como forma de compensação, são definidas, episodicamente, políticas governamentais voltadas para a micro ou pequena empresa, incluindo programas de treinamento, através do sistema Sebrae, ou linhas de financiamento, através dos organismos oficiais de crédito. Em geral, essas iniciativas têm um efeito pouco mais do que simbólico, quando não apenas de marketing ou folclórico.

Existe um gigantesco segmento empresarial, composto por pequenas e médias empresas (empresas que têm entre 20 e 500 empregados e com faturamento entre R$ 10 milhões e R$ 100 milhões) que ficam num autêntico "limbo" no que toca aos benefícios das políticas governamentais de fomento à atividade empresarial. Nem estão no "radar" das instituições financeiras públicas ou privadas que repassam recursos em escala mais significativa dos programas governamentais, nem são objeto dos programas voltados para as microempresas. E, o que é pior, em muitos casos, muitas dessas empresas até poderiam qualificar-se para os programas, e mesmo despertar o interesse das instituições financeiras, considerando sua solidez e dinamismo; porém, na maioria dos casos, elas simplesmente não estão informadas sobre a existência de tais programas, ou, quando estão, não dispõem da qualificação gerencial para se habilitarem.

A ironia é que exatamente esse segmento de empresas representa, hoje, no Brasil, o segmento mais dinâmico e inovador, que tem permitido ao país atenuar os efeitos das inúmeras crises enfrentadas nos últimos anos, e que tem mantido um dinamismo que acelera a retomada do crescimento, quase sempre surpreendendo os analistas mais céticos e desinformados. Veja-se o crescimento do país em 2000, logo após as crises devastadoras de 1998 e 1999, o surpreendente desempenho em 2001, ano do racionamento de energia, e o expressivo desempenho de 2004, logo em seguida ao penoso ajuste de 2003.

O grande desafio da administração pública hoje, principalmente no que diz respeito à formulação de políticas governamentais voltadas para o estímulo da atividade produtiva, é conhecer o Brasil. No que toca à natureza, ao formato e à dinâmica do setor empresarial brasileiro, hoje em dia, o Brazil com *z* (governo e setor financeiro) não conhece o Brasil com *s* (setor produtivo).

Este estudo se propõe, assim, a apresentar alguns dados desse Brasil com *s* e, ao mesmo tempo, mostrar como as políticas governamentais atuais estão divorciadas (por uma mistura de deslumbramento neoliberal com desconhecimento puro e simples) desse segmento. Além disso, pretende propor uma agenda de iniciativas que podem aproximar esse Brasil com diversas ações já existentes, bem como propor outras iniciativas "focadas" para esse segmento empresarial.

É importante mencionar que tais iniciativas não devem restringir-se a grandes formulações macroeconômicas, nem exclusivamente à proposição de programas (ou instrumentos, na linguagem dos economistas) tradicionais, que em geral envolvem instrumentos creditícios e tributários. Programas de qualificação gerencial e de acesso à informação, que envolvem uma perspectiva de administração (em complemento à visão tradicional da economia), podem ser muito mais eficazes para aproximar as políticas governamentais desse Brasil e esse Brasil das políticas governamentais.

O potencial e as limitações das pequenas e médias empresas

Um aspecto nem sempre percebido, ou pelo menos nem sempre enfatizado, no desenho e na antecipação dos impactos dessas políticas é que o seu beneficiário final são milhares de empresas, com características extremamente distintas no que toca a setores, tamanho, experiência, qualificação e acesso a informação, localizadas nas mais diversas regiões do país. Cabe observar, portanto, que o sucesso de uma política macroeconômica ou setorial dependerá tanto da qualidade e consistência da política propriamente dita, como da capacidade das empresas de: tomar conhecimento de que essas políticas existem; saber quais são os instrumentos disponíveis e como utilizá-los; qualificar-se para ter acesso aos benefícios dessas políticas; utilizar com eficácia e competência os recursos (financeiros ou de qualquer outra natureza) obtidos através dessas políticas. Assim, um déficit na capacitação empresarial que limite sua habilidade para atender a esses quatro requisitos poderá resultar no insucesso ou limitar a eficácia de políticas muito bem desenhadas.

De fato, não são raros os exemplos de programas governamentais com recursos disponíveis para os quais faltam interessados. Da mesma maneira, são conhecidos exemplos de programas nos quais foram investidos recursos expressivos e cujos resultados são decepcionantes. Um desafio adicional e específico, portanto, para melhorar a chance de sucesso das grandes políticas governamentais é investir na capacitação empresarial, através de políticas apropriadas e direcionadas para tal.

Essas políticas são tão mais importantes quanto se reconheça que a existência de uma capacidade empreendedora e de um dinamismo empresarial disseminados em todo o país é o grande recurso que diferencia o Brasil de outros países emergentes, e que nos permitiu, muito mais do que escolhas de política macroeconômica, superar uma seqüência impressionante de crises ao longo da última década. Essa premissa encontra fartas e crescentes evidências. O reconhecido dinamismo do agronegócio brasileiro repousa em grande medida na capacidade empreendedora presente no país, tanto quanto nas vantagens competitivas representadas pela abundância de terras ou por políticas governamentais de financiamento. A abertura continuada de novas fronteiras, o aumento da produtividade nas fronteiras existentes, o desenvolvimento de novos setores ou a recuperação da capacidade produtiva do país em setores tradicionais são exemplos dessa vitalidade empresarial. Pesquisas internacionais trazem novas evidências da capacidade empreendedora do país. O último relatório do Global Entrepreneurship Monitor, grupo de pesquisa sobre empreendedorismo liderado pelo

Babson College, dos Estados Unidos, e pela London Business School, constatou que cerca de 13,5% da população economicamente ativa do Brasil pode ser classificada como empreendedora. Esse percentual situa o Brasil em sétimo lugar, em número de empreendedores, num total de 37 países pesquisados (Reynolds et al., 2003).

Investir na qualificação e no aprimoramento da capacidade empresarial e do talento empreendedor existentes no país pode gerar um altíssimo retorno, não só pelos resultados diretos que se pode obter, como pela melhoria na eficácia de outras políticas governamentais que dependem de empresários mais bem qualificados para o seu êxito.

A dinâmica empreendedora das pequenas e médias empresas brasileiras

Quando se analisa o sistema empresarial brasileiro, observa-se uma curiosa lacuna. O segmento de grandes empresas já dispõe, em geral, da sofisticação gerencial e visão estratégica necessárias para uma atuação mais competitiva, além de ter suficientes informações sobre as oportunidades disponíveis, seja em termos de mercado, seja em termos de políticas públicas de apoio. Não raro esses segmentos têm capacidade de produzir *lobby* para criar ou adequar políticas públicas para atender aos seus objetivos. No outro extremo, o de micro e pequenas empresas, existe um conjunto de instituições, públicas ou privadas, bem como recursos públicos, voltados para a capacitação empresarial e para a orientação às empresas. O sistema Sebrae, o Banco do Brasil e a Caixa Econômica Federal são exemplos de instituições que atuam de forma sistemática nesse sentido.

Existe, porém, uma grande massa de pequenas e médias empresas com déficit de capacitação e para as quais não existe um apoio institucionalizado. Em geral, por serem empresas de certo porte, ficam fora do escopo do Sebrae. E pela mesma razão não contam com instrumentos de apoio, especialmente financiamento, por parte das políticas públicas. Assim, no seu relacionamento com o mercado financeiro, por exemplo, têm de cumprir exigências comparáveis às das grandes empresas e, por não terem a mesma estrutura e solidez empresarial, acabam pagando custos maiores e tendo acesso limitado a recursos. Paradoxalmente, é esse segmento que mais pode beneficiar o país, seja em termos de geração de empregos, seja em termos de melhoria de competitividade, tanto interna, quanto externa.

Uma questão preliminar é que a própria classificação de empresas segundo o seu porte não é uma tarefa trivial e quase sempre se depara com critérios heterogêneos, o que tende a complicar a análise e a elaboração de propostas para o setor. O Sebrae, por exemplo, que foca sua atuação no segmento de micro e pequenas empresas, adota o critério de classificação pelo número de empregados, diferenciando entre as empresas do setor industrial e dos setores de comércio e serviços, conforme mostra o quadro 1.

Classificação de empresas conforme o porte, segundo o Sebrae

Porte	Indústria	Comércio e serviços
Microempresa	Até 19 empregados	Até 9 empregados
Pequena empresa	Entre 20 e 99 empregados	Entre 10 e 49 empregados
Média empresa	Entre 100 e 499 empregados	Entre 50 e 99 empregados
Grande empresa	Acima de 500 empregados	Acima de 100 empregados

Fonte: BNDES, 2002.

Já o Banco do Brasil e o BNDES adotam, como é usual no mercado financeiro, o critério de diferenciar o porte das empresas segundo o seu faturamento, utilizando, porém, segmentações diferentes. Assim, o Banco do Brasil classifica como micro e pequenas empresas aquelas com faturamento anual inferior a R$ 10 milhões, como médias e grandes empresas aquelas com faturamento anual entre R$ 10 milhões e R$ 100 milhões, e utiliza o conceito de empresas *corporate* para aquelas com faturamento anual superior a R$ 100 milhões. O BNDES, por seu turno, adota o critério de segmentar as empresas da forma tradicional: micro, pequenas, médias e grandes. O enquadramento em cada segmento obedece às seguintes faixas de faturamento: microempresas, aquelas com faturamento anual até R$ 1,2 milhão; pequenas empresas, aquelas com faturamento anual entre R$ 1,2 milhão e R$ 10,5 milhões; médias empresas, com faturamento entre R$ 10,5 milhões e R$ 60 milhões; e grandes empresas, aquelas cujo faturamento anual ultrapassa R$ 60 milhões.

Independentemente do critério de classificação adotado, o que importa é sublinhar duas constatações: o número expressivo de médias empresas existentes e a relevância desse segmento empresarial, seja para a geração de empregos, seja para a contribuição que trazem ao setor produtivo nacional, tanto no que toca ao atendimento do mercado interno, quanto no que diz respeito ao potencial dessas empresas, se adequadamente apoiadas por políticas governamentais, de contribuírem para uma participação mais expressiva do Brasil nos mercados internacionais. Apresentam-se, a seguir, algumas evidências sobre esses dois aspectos.

Segundo dados do Cadastro Geral de Empregados e Desempregados (Caged) e da Relação Anual de Informações Sociais (Rais) do Ministério do Trabalho e Emprego, havia no país, em 2002, cerca de 170 mil empresas classificadas como pequenas ou médias (com 20 a 499 empregados), representando quase 7% dos estabelecimentos empresariais formais existentes no país naquele ano. Nesse mesmo ano, as empresas desse segmento eram responsáveis pela geração de 11 milhões e 300 mil empregos formais, representando quase 40% de todo o emprego formal existente no país. Cabe observar, ademais, que esse segmento de empresas vem aumentando sua participação na geração de empregos no país ao longo do tempo. De fato, no período de 1995 a 2002, enquanto o emprego formal no país aumentou 20,75%, no segmento de microempresas o número de empregos formais aumentou em 42%, no de pequenas empresas aumentou em 23,5% e nas grandes empresas o aumento foi da ordem de apenas 11%.

Um aspecto interessante desse segmento de empresas diz respeito ao fato de que o seu crescimento tem sido mais forte fora da região Sudeste. Assim, segundo os mesmos dados do Caged, no período de 1995 a 2002, enquanto o emprego nas pequenas e médias empresas cresceu na região Sudeste 17% e 4,65% respectivamente, esse crescimento foi de 48% e 47% na região Norte, 32,5% e 17,7% na região Nordeste, 51,8% e 36,2% na região Centro-Oeste e 24,5% e 13,3% na região Sul. Dessa forma, além de ter dado uma importante contribuição para a geração de empregos no país, em particular num período de sucessivas crises econômicas, as pequenas e médias empresas contribuem também para a interiorização da atividade econômica e, dessa forma, para a redução de desigualdades regionais.

Além da expressiva participação no número de estabelecimentos e na geração de empregos, as pequenas e médias empresas têm-se tornado crescentemente competitivas e capazes de competir no mundo globalizado atual – seja disputando com produtos importados que tiveram acesso ao mercado brasileiro após a abertura da economia, seja exportando uma variedade e um volume crescente de produtos para os mais diversos mercados internacionais. A tabela 1 mostra a evolução do número de micro, pequenas e médias empresas exportadoras entre 2002 e 2003, bem como os valores exportados por esses segmentos de empresas.

Tabela 1

Exportações brasileiras segundo o porte de empresas

Ano	Número de empresas exportadoras		Valor exportado (US$ milhões FOB)	
	Micro e pequenas empresas	Médias empresas	Micro e pequenas empresas	Médias empresas
2002	9.137	5.695	1.334	4.655
2003	9.479	5.649	1.736	5.844
Variação no período (%)	37,43	-0,8	30,13	25,54

Fonte: Brasil, 2004.

Confirma-se, assim, não só o número expressivo de micro, pequenas e médias empresas exportadoras, que representaram em 2003 mais de 76% do total de empresas exportadoras brasileiras, como também o valor significativo das exportações por elas realizadas, o qual já representou em 2003 mais de 10% do valor total exportado pelo país. Observa-se, ademais, que o valor exportado por esses segmentos cresceu, nesse período, a uma taxa maior do que o total das exportações (cerca de 21% em 2003, em relação a 2002), o qual foi, é bom lembrar, o maior aumento no valor das exportações brasileiras na história. Pode-se esperar, assim, que a participação desse segmento de empresas continue aumentando sua participação no total das exportações brasileiras. No caso das micro e pequenas empresas, esse crescimento deveu-se, no período observado, a um aumento expressivo na base de empresas exportadoras, que cresceu mais de 37%. No que toca às médias empresas, o aumento no valor exportado decorreu de um aumento da exportação por empresa, já que o número total de empresas exportadoras desse segmento declinou ligeiramente. É importante notar que a existência de um número significativo de empresas exportadoras nesses segmentos é essencial para o sucesso da estratégia nacional de aumento continuado e de diversificação das exportações. De fato, são conhecidos os casos de países exportadores de sucesso, entre os quais se destacam Itália, Alemanha e Estados Unidos, nos quais a participação das pequenas e médias empresas é fundamental para o sucesso de suas estratégias.

Alguns aspectos que poderiam reduzir o mérito e a qualidade da contribuição das pequenas e médias empresas seriam: primeiro, se a produção dessas empresas estivesse concentrada em um ou em poucos produtos, o que tornaria o seu desempenho vulnerável à volatilidade do preço e à demanda por esse(s) produto(s); segundo, se a base de atuação dessas empresas estivesse concentrada numa única região do país, o que limitaria o seu impacto sobre o desenvolvimento regional; terceiro, se os mercados para os seus produtos fossem muito concentrados (em um país, ou em alguns poucos países), o que também tornaria o seu desempenho vulnerável a variações na demanda desses poucos clientes, resultante de mudanças de regras comerciais, recessão econômica etc. No caso do Brasil, a característica das exportações das pequenas e médias empresas é exatamente a oposta, ou seja, a produção é diversificada em inúmeros setores e produtos, disseminada regionalmente em vários estados do país e seus mercados externos são bastante diversificados, como se mostrará a seguir.

A tabela 2 inclui os produtos exportados por micro, pequenas e médias empresas, cujo valor ultrapassou os US$ 20 milhões em 2003. A lista inclui 20 categorias de produtos, que vão de produtos extrativos, como madeiras, a industrializados, como calçados e peças para veículos e tratores; de produtos primários, como frutas e café, a semi-industrializados, como couros e carnes. Inclui ainda produtos industrializados com significativo valor agregado, como produtos metalúrgicos e móveis, além de produtos primários que o país começa a produzir e nos quais já se tornou competitivo, como o camarão. A variedade e a extensão da lista de produtos incluídos não deixa dúvida sobre a importância e a competitividade das pequenas e médias empresas brasileiras. Deixa evidente, também, o potencial desse segmento de empresas para participar e apoiar um novo ciclo de desenvolvimento sustentado no país.

Tabela 2
Principais produtos exportados por micro, pequenas e médias empresas (2003)

Produtos	Valor exportado em 2003 (US$)
Madeiras	778.326.554,00
Granitos	308.871.695,00
Soja e derivados	250.512.888,00
Móveis	248.176.397,00
Frutas	155.848.479,00
Calçados	142.474.148,00
Café não-torrado ou solúvel	137.296.726,00
Peças para veículos, tratores e máquinas	121.292.624,00
Camarões inteiros, congelados	102.816.022,00
Couros	87.129.206,00
Açúcar	82.024.490,00
Outros ladrilhos etc., de cerâmica, vidrados, esmaltados	72.515.761,00
Portas e outras obras de marcenaria e carpintaria	64.844.511,00
Mel natural	45.081.309,00
Produtos metalúrgicos	42.378.700,00
Pedras preciosas	40.887.200,00
Suco de laranja, congelados	40.518.224,00
Outras carnes de suíno, congeladas	34.365.685,00
Confecções e vestuário	20.837.323,00

Fonte: Elaboração do autor, a partir de Brasil (2004).

Quanto à distribuição geográfica das micro, pequenas e médias empresas que atuam no setor exportador, observa-se também uma razoável diversificação, conforme indicam os dados apresentados na tabela 3. De fato, os dados apresentados mostram que, no que toca a micro e pequenas empresas, existem 10 estados cujo número de empresas exportadoras ultrapassa 1,5% do total de empresas exportadoras desse segmento, sendo que em seis estados esse percentual é superior a 5%. Quando se examina o segmento de médias empresas, encontra-se resultado muito parecido, identificando-se 10 estados cujo número de empresas exportadoras ultrapassa 1,4% do total de empresas exportadoras do segmento, e em seis estados esse percentual é superior a 4,7%.

Tabela 3

Distribuição geográfica das micro, pequenas e médias empresas: principais unidades da Federação

Participação percentual no número de empresas exportadoras (2003)

Estado	Micro e pequenas empresas	Médias empresas
São Paulo	38,8	45,5
Rio Grande do Sul	14,6	12,7
Paraná	9,2	8,8
Santa Catarina	8,2	7,7
Minas Gerais	7,0	4,7
Rio de Janeiro	5,4	4,7
Espírito Santo	3,5	2,0
Pará	2,8	2,3
Bahia	1,8	1,9
Ceará	1,5	1,4
Demais	7,3	6,9

Fonte: Brasil, 2004.

Os mercados aos quais se destinam os produtos exportados pelas micro, pequenas e médias empresas brasileiras são também bastante diversificados, como se constata pela tabela 4. Assim, além de não existir uma concentração excessiva das vendas para um único país ou região, já que nenhum país, ou bloco de países, responde por mais de 30% das vendas desses segmentos de empresas, verifica-se que as exportações dessas empresas se destinam a todos os principais blocos comerciais do planeta, além de buscar também mercados menos tradicionais.

Tabela 4

Principais destinos das exportações das micro, pequenas e médias empresas

Participação percentual no valor das exportações (2003)

Destino	Micro e pequenas empresas	Médias empresas
União Européia	28,3	27,0
Estados Unidos	23,0	26,6
Mercosul	12,8	11,6
Ásia	12,3	11,5
Aladi (exclusive Mercosul)	11,7	10,8
África	3,4	2,8
Oriente Médio	1,1	1,9
Europa oriental	0,3	1,2
Demais	7,0	6,5

Fonte: Brasil, 2004.

As evidências apresentadas neste item confirmam que o segmento de micro, pequenas e médias empresas é uma das mais importantes alavancas com que conta o país para retomar uma trajetória de crescimento sustentável. Elas têm sido capazes de manter um expressivo dinamismo na geração de emprego, num período em que sucessivas crises econômicas limitaram o crescimento do país, produzindo assim um importante efeito anticíclico na economia. Têm contribuído para a interiorização da atividade econômica do país, provavelmente atenuando as desigualdades regionais. Além disso, têm revelado uma significativa competitividade internacional, participando de forma expressiva e crescente nas exportações do país, com enorme variedade de produtos e nos mais importantes mercados internacionais.

É importante frisar que esse dinamismo ocorre mesmo na presença de importantes obstáculos que esse segmento de empresas enfrenta no seu cotidiano. Examinaremos a seguir alguns desses obstáculos.

Obstáculos ao desenvolvimento das pequenas e médias empresas

A maioria das micro, pequenas e médias empresas convive com dificuldades decorrentes de limitações na sua própria capacidade de gestão. Essas dificuldades são, de certa forma, inevitáveis em empresas relativamente jovens e que estão em fase de crescimento acelerado. De fato, a maioria dessas empresas se transforma, num período de 10 a 20 anos, de um pequeno empreendimento baseado quase exclusivamente na capacidade de trabalho, empreendedorismo e criatividade do seu fundador, em uma empresa de porte razoável, produzindo bens e serviços num ambiente crescentemente competitivo e, cada vez mais, em escala global. Isso requer, além de investimentos continuados em equipamentos e instalações para seu desenvolvimento, crescente atenção para a formação e manutenção de recursos humanos com a qualificação adequada, atualização tecnológica constante com vistas a melhorar a produtividade, a qualidade de produtos e se manter competitiva. Acompanhar (na realidade, idealmente antecipar) as mudanças nos mercados interno e externo, identificar novas oportunidades, além de, naturalmente, zelar pela solidez financeira da empresa.

Cabe notar que a administração dessas empresas não segue o modelo teórico de departamentalização, em que cada dimensão empresarial fica sob a responsabilidade de um executivo especializado (em recursos humanos, finanças, marketing, logística, produção etc.). Na realidade dessas empresas, o seu quadro gerencial mais graduado é composto por duas ou três pessoas, no máximo, entre as quais os fundadores, quando não apenas por um fundador, o qual se encarrega das decisões de todas as dimensões gerenciais, apoiado nessas funções por funcionários que se caracterizam mais pela lealdade e conhecimento da empresa, do que pela formação e experiência gerenciais adequadas.

Em face de limitações nos recursos gerenciais disponíveis, os proprietários dessas empresas, que são quase sempre o principal executivo, utilizam a intuição para se concentrar naquelas atividades que julgam mais importantes para a sobrevivência e crescimento da empresa. Assim, é comum darem mais atenção a melhorias no processo produtivo e à ampliação do mercado. Essas duas atividades são essenciais para assegurar a competitividade da empresa e, em conseqüência, a sua capacidade de ampliar mercados e manter a empresa em crescimento. Nessa escolha de prioridades, com freqüência essas empresas acabam por dispensar uma atenção menor às dimensões financeiras e de gestão de recursos humanos, por exemplo, mantendo administrações, digamos, mais tradicionais nessas duas áreas.

Note-se que essa escolha, embora validada por razões pragmáticas, já que a prioridade dessas empresas é manter-se em crescimento, não ocorre sem custos. Assim, no que toca à gestão financeira, a opção pela administração tradicional, antes mencionada, quase sempre implica utilizar predominantemente, e muitas vezes exclusivamente, o capital próprio para financiar investimentos e capital de giro. Essa opção, se por um lado dá mais segurança à empresa, já que a torna menos vulnerável aos elevados custos financeiros e a mudanças nas condições de crédito vigentes no mercado financeiro, por outro limita a sua capacidade de investimentos e, conseqüentemente, de crescimento. Outras vezes, seja por falta de recursos próprios, seja por uma estratégia de acelerar o crescimento, a empresa pode recorrer aos instrumentos tradicionais do mercado financeiro, especialmente para financiamento de capital de giro, o que pode levar a crises que podem vir a comprometer a própria solidez e solvência da empresa.

Situação semelhante ocorre com as micro, pequenas e médias empresas exportadoras. Nesse caso, ou as empresas simplesmente não têm acesso a alternativas de financiamento disponíveis para os exportadores e que podem tornar seu produto mais competitivo, seja por falta de conhecimento, seja por falta de crédito, ou têm acesso limitado a esses instrumentos, porém a custos exageradamente elevados, o que retira parte da competitividade da empresa. Além disso, a grande maioria dessas empresas, neste caso quase sempre por desconhecimento, não utiliza outros instrumentos mais sofisticados que poderiam reduzir a sua vulnerabilidade em situações de maior incerteza no mercado cambial, por exemplo. Situação semelhante à que ocorreu, por exemplo, entre o segundo semestre de 2004 e o primeiro trimestre de 2005, quando ocorreu uma valorização de 30% do real em relação ao dólar, reduzindo de forma expressiva, e em alguns casos chegando mesmo a eliminar, a margem dos exportadores. Essa perda poderia ter sido atenuada, ou evitada, com a utilização de instrumentos disponíveis no mercado financeiro, como o "travamento" da taxa de câmbio para uma data futura. Poucas empresas, mesmo as maiores desses segmentos, utilizaram esse mecanismo, mais uma vez por desconhecimento e falta de acesso a ele.

Outra limitação decorrente de um insuficiente preparo e qualificação da área financeira da empresa diz respeito à capacidade de gerar informações financeiras precisas e no prazo oportuno. Essa limitação pode levar essas empresas a deixar recursos financeiros ociosos, incorrendo em custo de oportunidade, ou a utilizar recursos no mercado financeiro, incorrendo em custos financeiros desnecessários. Além disso, pode resultar no dimensionamento impreciso do custo de produtos, o que pode afetar a estratégia de comercialização da empresa e, a longo prazo, sua própria rentabilidade e sobrevivência.

As deficiências na gestão de recursos humanos também acarretam custos para as empresas. A curto prazo, esses custos implicam, por exemplo, a dificuldade de uma divisão mais eqüitativa de tarefas gerenciais na empresa e, conseqüentemente, a sobrecarga daqueles mais qualificados, o que inclui com freqüência o proprietário da empresa. Essa sobrecarga acaba por envolver, exagerada e desnecessariamente, os executivos da empresa em tarefas cotidianas que poderiam ser delegadas, limitando sua atenção para as questões estratégicas.

A longo prazo, deficiências na gestão de recursos humanos podem ter implicações mais sérias para a empresa. Como mencionado anteriormente, a maioria das pequenas e médias empresas depende, para as tarefas gerenciais estratégicas, do seu próprio fundador e de um restrito número de empregados, que, em geral, ali estiveram desde a criação da empresa. Em algum momento, esse grupo (incluindo o próprio fundador) necessitará ser substituído. Se a empresa não for capaz de formar internamente, ou recrutar ao longo de sua trajetória, novas lideranças para substituir as que se forem retirando, isso poderá, evidentemente, comprometer sua trajetória, quando não sua própria existência. Muitas empresas contam com uma solução familiar para esse problema, ou seja, a inclusão gradual de novos membros da família para substituir as gerações anteriores. Embora viável e legítima, essa solução envolve um fator aleatório, ou seja, a disponibilidade de herdeiros com um mínimo de qualificação para exercer essas funções e que, além disso, desejem assumi-las. O mais seguro para a empresa seria, naturalmente, considerar a formação de recursos humanos como uma tarefa estratégica, como produção e comercialização, e adotar o mais cedo possível uma política eficaz para desenvolvê-la.

Outro conjunto de obstáculos que limitam o potencial das pequenas e médias empresas diz respeito ao efeito nocivo de algumas políticas governamentais, ou da omissão ou ineficácia de outras em fazer chegar até elas os seus benefícios. No primeiro caso, os exemplos mais discutidos e evidentes são a política monetária, que impõe ao país a maior taxa real de juros de mundo, e a carga tributária elevada que é imposta ao setor produtivo da economia, tanto empresas como consumidores e trabalhadores. De fato, embora não seja o objetivo deste estudo desenvolver essa argumentação, não se deve deixar de mencionar que a carga tributária decorre da taxa de juros elevada praticada pelo Banco Central, com aquiescência do governo. Isso porque a elevada carga tributária é necessária para gerar superávits primários suficientes para pagar, pelo menos, parte dos juros astronômicos estabelecidos pelo Banco Central. Porém, qualquer que seja a lógica e a relação entre essas políticas, o certo é que elas afetam com mais intensidade exatamente o segmento de pequenas e médias empresas, que ficam, por um lado, alijadas do mercado financeiro devido ao custo financeiro inviável e, por outro lado, sufocadas por uma carga tributária que limita a sua competitividade.

Ironicamente, algumas das políticas que o governo corretamente adota para atenuar os efeitos nocivos das políticas mencionadas, tais como financiamentos a taxas diferenciadas para o setor produtivo, programas de apoio à inovação tecnológica e à capacitação gerencial, programas de apoio à exportação, entre outros, acabam por não beneficiar como poderiam e deveriam esse segmento de empresas. A razão para isso é a mais prosaica e, aparentemente, improvável. A maioria esmagadora dessas empresas simplesmente desconhece a existência dessas políticas, e aquelas que as conhecem têm dificuldade (pelas limitações gerenciais já comentadas) em se habilitarem aos benefícios dessas políticas.

A seção seguinte deste estudo compreende a apresentação de um conjunto de propostas de políticas e ações governamentais voltadas, especificamente, para esse segmento de empresas e destinadas, principalmente, à melhoria de sua capacitação gerencial. Essas propostas são feitas com a convicção de que estabelecer políticas e ações focadas para esse segmento de empresas é um caminho seguro para melhorar sua produtividade e competitividade, aprimorando sua capacidade de gestão e, dessa forma, melhorando sua habilidade em identificar oportunidades no país e no exterior. Tendo em vista a importância dessas empresas para a geração de emprego, interiorização da atividade econômica e, cada vez mais, para os resultados da balança comercial, essa pode ser uma maneira segura e prática de contribuir para a consolidação do desenvolvimento sustentado no país.

Uma proposta de agenda de políticas e ações governamentais focadas no segmento de pequenas e médias empresas

Como mencionado anteriormente, a capacitação empresarial deve dar-se em duas dimensões distintas, porém complementares. Uma delas é interna à empresa e diz respeito à sua qualificação gerencial. Trata-se aqui de criar condições para que essas empresas aprimorem sua capacidade gerencial no que toca a planejar, realizar estudos de mercado, desenvolver mecanismos modernos de gestão de pessoas, utilizar tecnologias de informação de forma eficiente e eficaz, criar soluções inovadoras em logística e suprimentos, desenvolver instrumentos de gestão e controle financeiro consistentes, entre outros.

A outra dimensão é externa à empresa e envolve criar sistemas e mecanismos de informação, facilmente acessíveis às empresas, sobre: oportunidades de mercado no país e no exterior, inovações tecnológicas disponíveis, mecanismos de acesso a mercados locais (participação em *clusters* e subsistemas, qualificação como fornecedores de grandes empresas, compras governamentais etc.) e internacionais (acordos comerciais existentes, legislação sobre comércio exterior), mecanismos de financiamentos existentes, entre outros.

Para essa política de capacitação empresarial, pode-se usar, tanto para a dimensão interna quanto para a externa, instituições já existentes, tais como universidades, centros de treinamento, o próprio Sebrae, o Banco do Brasil, Caixa Econômica Federal, além da possibilidade de parcerias com os demais níveis de governo e com instituições privadas, sejam empresas, ONGs ou órgãos de classe.

Cabe mencionar, nesse sentido, uma experiência bastante exitosa desenvolvida pelo Banco do Brasil em parceria com a Escola Brasileira de Administração Pública e de Empresas da Fundação Getulio Vargas, por cerca de seis anos, entre 1996 e 2002. Através desse programa, foi oferecido a funcionários em cargos gerenciais do Banco do Brasil e a empresários, um curso de formação gerencial, com duração de um ano aproximadamente, desenvolvido nos finais de semana, com vistas a compatibilizar a participação no programa com as tarefas profissionais.

O caráter inovador do programa estava associado ao fato de que reunia, numa mesma turma, gerentes do Banco do Brasil e empresários das regiões nas quais os gerentes trabalhavam, permitindo, assim, um estreitamento de relacionamento profissional e o intercâmbio de pontos de vista e experiências de personagens que estão, em geral, em lados opostos. Além disso, permitiu acesso a um treinamento de alto nível, próximo do seu local de trabalho, a centenas de empresários localizados em regiões distantes dos grandes centros e que dificilmente teriam acesso a esse treinamento em outras circunstâncias.

É importante enfatizar que a eficácia das iniciativas concebidas e implementadas depende do caráter prático com que sejam revestidas, tanto em termos do conteúdo dos programas oferecidos, quanto em termos da sua operacionalização, assegurando-se que essas iniciativas chegaram efetivamente aos empresários visados. Apresenta-se a seguir um conjunto de propostas, que não devem ser entendidas como exaustivas, voltadas para a capacitação gerencial do segmento de pequenas e médias empresas, objeto deste estudo.

Programa de formação gerencial

Mediante convênios com instituições de ensino e com as próprias instituições financeiras oficiais (Banco do Brasil, BNB, Caixa Econômica Federal e BNDES), o objetivo é oferecer programas de treinamento de curta duração, descentralizados (em cidades que sejam pólos de regiões) e com um calendário que permita aos empresários conciliá-los com suas atividades profissionais. O programa deve incluir as dimensões gerenciais essenciais:

- planejamento;
- gestão de recursos humanos;
- gestão de sistemas e tecnologias de informação;
- gestão de marketing;
- contabilidade de custos e orçamento empresarial;
- gestão de recursos financeiros;
- gestão de recursos logísticos.

É importante ressaltar que os programas devem ter cunho essencialmente prático e aplicado, mostrando a utilidade dessas ferramentas no cotidiano do empresário. Assim, após a conclusão dos cursos, ele deverá estar capacitado a:

- elaborar e utilizar um plano de negócios;
- elaborar e utilizar pesquisas de mercado;
- desenvolver e utilizar sistemas de informações gerenciais e financeiras;
- calcular de forma coerente o custo de seus produtos;
- estabelecer políticas financeiras consistentes;
- preparar informações financeiras adequadas para o seu relacionamento com instituições financeiras;
- melhorar continuamente a qualidade de processos e produtos;

- considerar seus funcionários e fornecedores como parceiros estratégicos;
- criar um ambiente empresarial que estimule a inovação e mantenha o ímpeto empreendedor, do próprio empresário e de seus funcionários;
- atribuir a devida prioridade à geração de valor para seus clientes.

Convém ressaltar que o segmento de empresários de que estamos tratando aqui, apesar do caráter empreendedor que apresentam na sua origem e da importância para o conjunto da atividade econômica do país, não raro são, por assim dizer, tragados por um cotidiano envolvente e opressivo, em que a solução de problemas rotineiros tende a consumir a maior parte do tempo. Não raro, também, essa armadilha de problemas cotidianos decorre do excessivo empirismo do empresário e do desconhecimento de conceitos e instrumentos gerenciais que permitam desenvolver (ou resgatar) uma visão estratégica do seu negócio e das prioridades. O programa aqui proposto visa, exatamente, a oferecer a oportunidade para esse empresário adquirir esses conhecimentos e tomar contato com esses instrumentos gerenciais, bem como desafiá-lo a "pensar" o seu negócio de forma estratégica e resgatar o ímpeto empreendedor e capacidade inovadora que estiveram presentes na sua criação.

Não é demais ressaltar que a eficácia de um programa dessa natureza depende da sua capacidade de "ir onde o empresário estiver". Ou seja, é essencial que a programação de cursos massifique o treinamento, em termos da quantidade de cursos oferecidos, e que estes sejam oferecidos próximo da região em que o empresário se situa. Além disso, é importante que os cursos sejam oferecidos continuamente, de tal forma que, se o empresário (ou seus gerentes e técnicos) não tiver disponibilidade em uma determinada data, possa, rapidamente, programar-se para uma nova oferta. Essa abordagem pode parecer paternalista à primeira vista. Ocorre que o empresário, nesse caso, deve ser visto como o cliente do programa de qualificação. Assim, a programação deve ser feita para atender às suas necessidades e disponibilidade. Ademais, não se deve esquecer que esse empresário estará, prioritariamente, envolvido com o dia-a-dia do seu negócio e, quase certamente, enfrentando desafios no que toca a clientes, produção, distribuição, financiamento etc. Portanto, o desafio para um programa dessa natureza é que o treinamento oferecido seja percebido como um benefício pelo empresário, e não como um ônus. Nesse sentido, a disponibilidade e flexibilidade na oferta dos cursos são essenciais.

Apenas para comparação, cabe lembrar que o Banco do Brasil já oferece uma programação de treinamento em comércio exterior. Ocorre que os cursos são oferecidos num número limitado de cidades (geralmente capitais ou grandes cidades do interior) e num número muito limitado de vezes ao longo do ano. Embora meritória e importante, a iniciativa resultou na oferta de pouco mais de 900 cursos em quatro anos e o total de participantes, nesse período, foi pouco superior a 16 mil. Para o ano de 2005, estão programados 100 cursos em 15 cidades, dos quais cerca da metade será oferecida em apenas seis capitais. Se lembrarmos que a quantidade de empresas classificadas como pequenas e médias é da ordem de 170 mil, tem-se uma idéia da lacuna existente atualmente para se alcançar esse universo e da importância de uma abordagem que massifique e descentralize o treinamento.

Programa de estreitamento do relacionamento com instituições financeiras oficiais

O propósito desse programa é mudar a cultura do relacionamento entre a empresa e seu banco e entre o banco e seu cliente. Por razões históricas e culturais, não é usual, no Brasil, que empresas e bancos se vejam como parceiros com objetivos comuns. Quase sempre, a empresa vê nos bancos um ônus, ou um mal necessário, e quase sempre, também, os bancos vêem os clientes apenas como fonte de lucros, em que o objetivo é vender a maior quantidade de produtos possível, para alcançar metas de produção e lucro.

Na medida em que a situação estrutural da economia melhore, como se espera e deseja, permitindo a queda acentuada e contínua da taxa de juros, os bancos deverão voltar a assumir seu papel de fornecedores de crédito para o processo produtivo, substituindo as estratégias atuais, na qual o lucro se origina predominantemente das denominadas operações de tesouraria (com a aplicação em títulos públicos, ou operações especulativas em mercados de derivativos). O programa sugerido nesse item refere-se apenas a instituições financeiras oficiais, primeiro porque, mesmo que a mudança no papel dos bancos aconteça como desejado, a mudança dos bancos privados provavelmente demorará muito mais tempo para ocorrer, tendo em vista a excessiva aversão ao risco destes e o despreparo que apresentam atualmente para operar como intermediários financeiros. Segundo, porque em se tratando de uma iniciativa governamental (na forma de uma política ou programa público), a implementação desta através dos bancos oficiais está sob controle do próprio governo, enquanto para os bancos privados dependeria da sua adesão voluntária.

Como já mencionado, o objetivo essencial do programa seria criar uma cultura na qual bancos e empresas se vissem como parceiros com objetivos comuns, que se apóiam e auxiliam mutuamente. Por mais que esse objetivo possa parecer irrealista, ou mesmo ingênuo, cabe observar que essa abordagem prevalece no relacionamento entre instituições financeiras e seus clientes na totalidade dos países desenvolvidos, seja nos Estados Unidos, na Europa e com muito mais intensidade no Japão.

Essencialmente, tal iniciativa requer que os bancos (no caso específico, Banco do Brasil, Caixa Econômica Federal, BNB e BNDES) desenvolvam mecanismos que lhes permitam:

- estar mais presentes e disponíveis para os clientes;
- conhecer mais e melhor o negócio dos clientes;
- assumir o papel de banqueiros e consultores dos seus clientes.

De certa forma, o que se está propondo é que o excepcional trabalho que o Banco do Brasil desenvolve para os empresários do setor agrícola – através do qual, centenas de gerentes, em milhares de agências em todo o país, conhecem as características do negócio, identificam as necessidades dos produtores rurais, acompanham suas atividades ao longo do processo produtivo, contribuem para a criação de soluções (a Cédula de Produto Rural com aval do Banco do Brasil foi uma inovação que contribuiu, em grande medida, para a arrancada do setor agrícola nos últimos anos) – seja estendido às atividades empresariais urbanas. Da mesma maneira, pode-se mencionar o trabalho especializado que a Caixa Econômica Federal realiza no setor imobiliário e o do BNB no financiamento ao desenvolvimento regional como exemplos de ações bem-sucedidas dos bancos oficiais, que podem servir de embrião para uma ação mais generalizada para o segmento de pequenas e médias empresas.

É necessário reconhecer que essas agências oficiais já vêm se empenhando nesse sentido. O problema é que a escala das iniciativas é ainda muito limitada, e certamente insuficiente, para atender ao universo de empresas identificado neste estudo. Como exemplo, cabe mencionar o Programa de Geração de Negócios Internacionais, do Banco do Brasil. Esse programa conta com 78 gerentes de negócios internacionais, distribuídos em 14 núcleos regionais. Esses números, embora expressem uma visão estratégica inovadora da instituição, estão claramente subdimensionados para o tamanho do desafio de estender os benefícios de produtos financeiros sofisticados a um volume mais expressivo de empresas. Os resultados obtidos revelam a timidez dos recursos dimensionados para a tarefa: entre 1998 e 2003, foram captados menos de 2 mil novos clientes para a área de negócios internacionais, gerando cerca de 79 mil novas operações e representando um volume de negócios da ordem de US$ 11,7 bilhões, ou seja, uma média inferior a US$ 2,5 bilhões por ano. Se considerarmos que as exportações brasileiras já ultrapassaram os US$ 100 bilhões e se levarmos em conta que a participação do Banco do Brasil nas operações ligadas ao comércio exterior é da ordem de 25%, tem-se uma idéia do esforço adicional que necessita ser feito.

E, mais uma vez, esse esforço será tão mais eficaz quanto mais próximo o banco estiver de seus clientes, compreender seu negócio, tiver soluções para suas necessidades e capacidade de orientá-los e apoiá-los de forma estratégica. Nesse sentido, o programa deve buscar soluções inovadoras, usando de forma mais eficaz e criativa os recursos (humanos e físicos) já existentes. No que toca ao comércio exterior, por exemplo, é evidente que 78 gerentes jamais terão a capacidade e disponibilidade (física, principalmente) de atender a cerca de 100 mil empresas. O desafio aqui é criar, nas próprias agências, uma capacidade técnica que permita identificar clientes potenciais e descobrir oportunidades mútuas de negócios. Aos gerentes especializados nos núcleos regionais caberiam funções estratégicas e eles atuariam como facilitadores, instrutores e orientadores do pessoal das agências.

Outro aspecto a ressaltar, quanto à eficácia de um programa dessa natureza, diz respeito, mais uma vez, à necessidade de uma ação local, junto ao empresário. O uso de tecnologias mais sofisticadas e inovadoras, como a internet, que o Banco do Brasil vem fazendo de forma pioneira e agressiva, com a criação de salas de negócio virtuais, sites informativos etc., por mais importante que seja, tende a ser pouco eficaz para o segmento de empresários objeto desse trabalho, pelas mesmas razões mencionadas no item anterior. Ou seja, pelo menos num primeiro momento, a presença física de um representante do banco, informando, estimulando e desafiando o empresário, é insubstituível.

Programa de informação sobre oportunidades disponíveis no país e no exterior

O desafio aqui é fazer com que um conjunto de informações já disponíveis – sobre programas e instrumentos de financiamento, estudos e oportunidades de mercado, cooperativas e consórcios existentes aos quais os empresários podem aderir, oportunidade de participar como fornecedor para o governo ou para empresas privadas – chegue efetivamente ao empresariado.

Mais uma vez aqui, o desafio pode ser definido, ironicamente, como uma "volta ao passado". A solução para a disseminação dessas informações tem contado, nos últimos anos, com o uso da tecnologia, em especial da internet. Não é por outra razão que o governo brasileiro se tem destacado no uso da tecnologia de informação nas comparações internacionais. O problema é que, para o segmento de empresas pequenas e médias, esse meio de informação não é suficiente. Seja por desconhecimento da tecnologia, seja por "falta de tempo" para uma pesquisa sistemática, o certo é que não é raro encontrar-se empresários peregrinando em bancos, empresas de consultoria, ou fazendo cursos para obter informações que, em geral, já estão facilmente disponíveis e acessíveis em sites especializados ou dos próprios bancos (os sites do Ministério do Desenvolvimento, Indústria e Comércio, do Banco do Brasil e do BNDES são bons exemplos de locais virtuais com um volume impressionante de informações práticas e simples).

O desafio, portanto, é criar mecanismos e oportunidades para um contato pessoal, através do qual se transmitam informações úteis e práticas sobre os temas mencionados, além de se divulgar de forma sistemática as fontes de informações já disponíveis e estimular o hábito da pesquisa direta e permanente. O contato pessoal e direto será necessário, seja para cobrir essa atual lacuna "tecnológica" dos empresários, seja pelo reconhecimento de um traço peculiar e desejável da cultura brasileira, qual seja, a importância que se dá ao aos laços pessoais, à amizade, à confraternização. Trata-se, portanto, de reconhecer um traço cultural do nosso povo e usá-lo de forma positiva, a favor da criação de sinergias.

O programa pode ser operacionalizado através de:

- encontros com especialistas, através dos quais empresários serão convidados para tratar de temas específicos;
- feiras setoriais ou regionais (utilizando e ampliando o modelo extraordinariamente bem-sucedido das feiras agropecuárias, o qual tem sido gradualmente adotado em outros setores, como móveis, supermercados, vestuário etc.);
- programas de visitas (a instituições financeiras, órgãos do governo, pólos industriais, grandes empresas etc.).

Mais uma vez, deve-se fazer justiça e reconhecer que iniciativas desse tipo já existem e estão sendo realizadas regular e continuamente. Como exemplo importante, vale a pena citar os Encontros de Comércio Exterior, criados pelo Ministério de Desenvolvimento, Indústria e Comércio Exterior e realizados ininterruptamente desde 1997. Nesses oito anos de existência, foram realizados 84 encontros em diversas cidades e estão previstos 16 encontros em 2005. Ao longo desses 84 encontros realizados nesses oito anos, participaram cerca de 47 mil pessoas, representando cerca de 20.500 empresas. A média de participantes por encontro foi de 561 e a média de empresas participantes por encontro foi de 244. Ou seja, apesar de tal medida ser um avanço inegável, inclusive porque os encontros passaram a ser realizados também em cidades do interior do país, permanece o mesmo problema mencionado anteriormente: a enorme distância entre as oportunidades oferecidas e a demanda potencial por esse tipo de programa. Na soma dos últimos três anos, o número de empresas participantes foi pouco superior a 11 mil. Mesmo que não houvesse repetição de empresas de um ano para outro, o que, naturalmente, é muito pouco provável, compare-se esse número com as 15 mil micro, pequenas e médias empresas que já exportam regularmente, ou com o universo de 170 mil pequenas e médias empresas que poderiam tornar-se exportadoras.

O caminho a ser trilhado, mais uma vez, é o de criar instrumentos e mecanismos que possam ser massificados, o que só pode ser conseguido com o lema "ir onde o empresário está" – com uma utilização mais eficiente e intensiva dos recursos das agências oficiais, que já estão presentes na maioria das localidades brasileiras, em conjunto com a rede existente de instituições de ensino, pesquisa e treinamento, oficiais e privadas.

Mudança na cultura de crédito e nos instrumentos de cobertura de risco das instituições financeiras

Para que as iniciativas sugeridas nos itens anteriores possam ter maior chance de êxito, são necessárias duas mudanças estruturais na lógica do funcionamento do mercado financeiro. Uma delas é o que se denomina aqui mudança na cultura de crédito praticada no país. A prática vigente, inclusive para atender a regras de controle de risco estabelecidas pelo Banco Central, é fundamentar a análise de crédito em informações contábeis da empresa e em garantias oferecidas, quase sempre envolvendo ou recebíveis existentes ou hipotecas sobre ativos disponíveis e aval dos sócios. Para esse segmento de empresa, esse procedimento acaba por resultar na concessão de limites mínimos de crédito, incompatíveis com as necessidades das empresas. Isso porque não é raro que essas empresas tenham boa parte de suas atividades na informalidade, não sendo registradas pelos relatórios financeiros tradicionais. Cria-se, assim, um círculo vicioso, em que as empresas não recebem crédito por estarem na informalidade, o que as obriga a depender predominantemente do capital próprio ou de recursos de custos muito elevados, forçando-as a se manterem na informalidade para se "capitalizarem" com a "economia" de tributos.

Claro que a médio e longo prazos se espera, e se deseja, que esse impasse seja superado com a mudança na política econômica que produza a redução nas taxas de juros e, conseqüentemente, um alívio na carga tributária. A curto prazo, entretanto, são necessárias medidas inovadoras para enfrentar esse problema. A sugestão aqui é que as instituições financeiras passem a se relacionar com seus clientes com a mesma lógica de *project finance*, ou seja, que o financiamento da empresa seja garantido pela produção e pelos recebíveis futuros. Nessa perspectiva, as instituições financeiras necessitariam conhecer em detalhes os seus clientes, seu negócio, seus mercados, produtos e perspectivas, muito mais do que o seu passado ou, pior ainda, relatórios financeiros que pouco dizem sobre o passado, presente ou futuro da empresa. A empresa, por seu turno, terá motivações para estreitar seu relacionamento com a instituição, criando a cultura do "banqueiro" da empresa, existente nos países desenvolvidos, e solidificando a parceria entre ambos.

Outra mudança importante diz respeito às regras de controle vigentes. Pelas regras atuais, mesmo que uma instituição financeira (privada ou oficial) desejasse aumentar o financiamento de uma empresa baseada no conhecimento que tem do seu potencial, estaria desestimulada a fazê-lo, já que esse crédito seria classificado como de maior risco, obrigando a instituição a ter mais cobertura de capital próprio. Assim, para que uma política de apoio a esse segmento de empresas tivesse eficácia na prática, seria necessário mudar também essa regra, dando um peso maior, ou equivalente, à capacidade de desempenho futuro da empresa do que à sua situação patrimonial.

Um instrumento adicional que pode ser usado para reduzir o risco na operação com essas empresas seria a criação de fundos garantidores de crédito, especificamente para esse segmento de empresas, constituídos com recursos do Tesouro. Como sugestões de incentivos fiscais ou tributários ao setor produtivo são sempre criticadas *a priori*, cabe lembrar duas coisas: primeiro, tais mecanismos existem em todos os países desenvolvidos, onde são cruciais para viabilizar a participação do setor privado no financiamento dessas empresas; segundo, essa proposta, como, aliás, todas as propostas de políticas públicas, deve ser avaliada em termos de custos e benefícios. Assim, tendo em vista o potencial empreendedor, a diversidade setorial e regional, a capacidade de geração de empregos que as empresas desse segmento apresentam, os benefícios gerados por um estímulo ao seu financiamento com certeza excederiam os custos de tal programa. Tal mensuração pode ser feita sem dificuldades.

Aqui também cabe registrar que já existem fundos garantidores disponíveis no país, voltados especialmente para micro e pequenas empresas.

O problema, mais uma vez, é de escala e amplitude. Em geral, tais fundos têm um limite superior, por empresa, da ordem de R$ 50 mil, além de contarem com dotações limitadas. Por tudo que se argumentou nas seções anteriores, uma política focada para esse segmento deveria levar em conta a escala dos negócios dessas empresas, a maioria das quais fatura essa quantia num único dia de produção, o que torna os instrumentos atualmente existentes inócuos para a maioria delas.

Conclusão

A existência de uma capacidade empreendedora sólida, perseverante, disseminada por todos os setores da economia brasileira e presente em todas as regiões do Brasil tem sido, ao longo dos anos, o grande ativo com que o país tem contado para enfrentar sucessivas crises e crescer, apesar de todos os vaticínios em contrário. Um segmento importante desses empreendedores é constituído por empresas de porte médio, que se contam às milhares. Ironicamente, essas empresas, que são o grande combustível produtivo do país, ao invés de contar com o apoio irrestrito de políticas públicas, quanto a financiamento, infra-estrutura, informações e apoio logístico, quase sempre têm de funcionar em condições adversas no que toca a todos esses aspectos.

Além disso, não é raro que, mesmo quando existam recursos e apoios disponíveis para essas empresas, elas acabem não se beneficiando dessas possibilidades, ou por despreparo ou por desinformação. O objetivo deste estudo foi oferecer um conjunto de sugestões para diminuir a lacuna existente no apoio a esse segmento empresarial.

No Brasil, como no resto do mundo, cada vez mais o dinamismo da economia dependerá desse segmento de empresas, seja para produzir o crescimento econômico, seja para ampliar a participação do país no mercado internacional, contribuindo, assim, para reduzir a sua vulnerabilidade externa. Essa capacidade empresarial já está presente no Brasil e tem dado mostras, mesmo em condições adversas, de ser dotada de um dinamismo e criatividade excepcionais. Conceber e implantar um conjunto de medidas que contribuam para melhorar a qualificação desses empresários e, assim, permitir que tenham mais acesso a recursos e informações que, em muitos casos, já estão disponíveis, além de ampliar os instrumentos viáveis, pode ser uma política de elevada relação benefício/custo. Além disso, tal iniciativa pode contribuir para que políticas setoriais tenham mais êxito, na medida em que qualifica e capacita os beneficiários dessas mesmas políticas.

Referências bibliográficas

BANCO DO BRASIL. Negócios internacionais. Disponível em: <www.bancodobrasil.com.br/appbb/portal/on/intc/mpe/index.jsp>. Acesso em: 28 jan. 2005.

BNDES. Relatório Informe-se, n. 36, jan. 2002.

BRASIL. Ministério do Desenvolvimento, Indústria e Comércio Exterior. Secretaria de Comércio Exterior. *Exportação brasileira por porte de empresa, 2003/2002.* Brasília, 2004

______. ______. Secretaria de Comércio Exterior. *Estatísticas dos encontros de comércio exterior.* Disponível em: <www.encomex.desenvolvimento.gov.br/estatísticas.htm>. Acesso em: 4 fev. 2005.

BRASIL. Ministério do Trabalho e Emprego. Cadastro geral de empregados e desempregados (Caged). Disponível em: <www.mte.gov.br/EstudiososPesquisadores/PDET/Acesso/RaisOnLine.asp>. Acesso em: 6 fev. 2005.

REYNOLDS, Paul D.; BYGRAVE, William D.; AUTIO, Erkko et al. (Coords.). *Global Entrepreneurship monitor*: 2003 Executive Report. Babson Park: Babson College/London Business School/Kauffman Foundation, 2003.

Perspectivas da governança na era da informação: Estado e sociedade civil*

*Marco Aurélio Ruediger***

Uma percepção crítica do governo eletrônico

A proposta de construção de governo eletrônico – muito embora esteja marcada na sua fase atual mais avançada pelo desenvolvimento de sistemas relacionados ao provimento de serviços – aponta, ainda que de forma embrionária, para uma possibilidade de extensão da esfera do Estado conjugada a uma maior permeabilidade à cidadania, decorrente de uma possível diminuição do custo da informação. Nesse sentido, pode-se dizer que, da mesma forma que não se deve incorrer em um otimismo exagerado sobre as suas possibilidades, seria igualmente uma simplificação considerar o governo eletrônico apenas um mecanismo de oferta de serviços pontuais a "clientes", sem considerar que o provimento de serviços pelo Estado é, inexoravelmente, um bem público, relativo ao cidadão, influenciado em seu desenho por percepções também políticas. Ressaltamos de início essa

---

* Este capítulo consiste em uma consolidação revista de artigos apresentados em diversos congressos, entre eles o Enanpad 2002, Enanpad 2003 e Aspa 2003, além de meu ensaio premiado pelo Clad em 2002. Gostaria de agradecer à Ebape/FGV o apoio através do programa pró-pesquisa, sem o qual esse esforço não teria sido possível. Agradeço ainda a Steven Dutt Ross a dedicação na assistência de pesquisa no tratamento de dados.

** Professor doutor da Ebape/FGV.

dimensão, justamente porque ela faz com que o governo eletrônico, em teoria, não se limite apenas à conformação de uma "mercadoria" reificada pelo mercado, mas, antes, possa servir de arena cívica, dentro de uma conceituação mais ampla de *governance*, onde o provimento interno e externo de informações é um elemento central, o qual, integrado à reestruturação de processos e estruturas do Estado, promoveria uma base mais eficiente para o desenvolvimento econômico e social do país, pela maior efetividade das ações de governo. Esse é o eixo primordial deste estudo.

Assim, a aplicação do conceito de *e-governance* está restrita pelo custo, acesso e qualidade da informação, fatores críticos dos processos de escolhas públicas, sobre os quais economistas e cientistas políticos se têm debruçado, e que problematizam tanto a questão da eficiência econômica quanto a das escolhas políticas. Anthony Downs (1999), em seu estudo clássico, observa que quanto mais informação obtém aquele que toma decisões, mais confiante sobre a decisão tomada ele se sentirá e, portanto, menos terá de descontar dos ganhos provenientes de sua certeza na alocação geral de seus recursos. Outros autores clássicos também apontaram, entre as mesmas razões de imperfeição de mercado, a assimetria de informações entre as partes envolvidas. Entretanto, essa constatação nunca foi categórica no sentido de essa falha de alguma forma não poder ser minorada. Arrow (1963), tal como observado por Amartya Sen (2000), ao apontar problemas como, por exemplo, o da chamada "falha do governo", relativa aos custos de obtenção de informações, não demonstrou em seu teorema simplesmente a impossibilidade de escolha social racional, mas antes, e sobretudo, apontou a impossibilidade de uma escolha social eficiente com uma base limitada de informações.

Nesse sentido, não se discute *stricto sensu* a possibilidade de escolha social, mas sim o uso e a disponibilidade de uma base informacional adequada para os juízos e as decisões sociais (Sen, 2000). Essa dificuldade levaria a assimetrias que problematizariam a noção de equilíbrio geral tanto na escolha social, quanto, também, na escolha racional, que igualmente tem como central a questão das informações e coordenação. Nesse caso, o acesso à informação, em ambas as chaves, é uma questão muito mais complexa do que as soluções dos modelos tradicionais de equilíbrio competitivo contemplam, e que, portanto, como observado por Stiglitz (2002), poderiam igualmente levar a escolhas subótimas, se considerarmos apenas as variáveis de oferta e demanda, desconsiderando outras variáveis exógenas. A lógica do mercado, portanto, não seria necessariamente um balizador melhor para o Estado, mas apenas um dos balizadores possíveis.

Queremos ressaltar o ponto de que, nas sociedades contemporâneas, a informação poderia ser inserida nas discussões sobre a oferta de bens públicos, e seu provimento facilitado pelas novas tecnologias aplicadas na alteração, e não na manutenção, do *status quo* informacional. Em outras palavras, a escassez de um provimento amplo desse bem perpetua a assimetria de informações, seja de eleitores ou de outros agentes, aumentando as possibilidades de resultados alocativos subótimos, em especial para grupos menos articulados nas redes de poder. Trata-se, portanto, da inacessibilidade à informação para grupos majoritários de *outsiders* (Elias, 2001), que são excluídos da afluência às informações de forma sistêmica, sobre os quais, de certa forma, o Estado poderia, supostamente, estabelecer positivamente o "princípio da diferença rawlsiano" (Rawls, 1997).

Em resposta a isso, o governo eletrônico poderia ser reconsiderado – e construído – dentro de uma perspectiva mais ampla, como vetor privilegiado para promoção de mecanismos de governança, tanto no incremento da capacidade cívica e de capital social, quanto na promoção do desenvolvimento econômico, eficiência governamental e de relações mais democráticas e transparentes entre governo e sociedade civil. Ou seja, tratar-se-ia de estender o acesso ao governo, e no governo, para além dos serviços comuns, alcançando outra esfera qualitativa em termos de interação republicana, onde houvesse uma efetiva capacidade de *accountability* e interlocução entre decisores e cidadãos, bem como de provimento de informações com real valor agregado para discussão da agenda pública. Dessa forma, considerando atores racionais, o provimento amplo de informações, outra componente fundamental na construção de um Estado virtual, poderia possibilitar a agregação de preferências coletivas e de uma conseqüente ação integrada, mesmo que não necessariamente articulada, que viabilizasse a escolha social. Igualmente, no caso da promoção de negócios, a construção da oferta de informações por *clusters* de interesse, voltados para integração de serviços e dados sobrepujando a rigidez da arquitetura organizacional formal, poderia ser um instrumento fundamental na desburocratização de processos dos agentes econômicos relacionados a requisições de governo, como também na promoção de agregações e iniciativas empresariais para execuções de projetos.

Há, entretanto, entraves para o gestor público na promoção da transição de uma estrutura institucional, por vezes marcada por processos e rotinas ineficientes, excessivamente burocratizados e avessos à integração, para outros que visem maior capacidade de coordenação e comunicação, que incluam padrões claros de eficiência e *accountability*, e que tenham repercussão não apenas nos serviços prestados, mas também na estrutura que suporta esses serviços, com níveis altos de qualidade na informação provida. Ressalta-se, dessa forma, a potencialidade bifronte do uso do governo eletrônico, tanto na ação individual, atomizada, de cidadãos buscando serviços ou informações sobre o governo, bem como, queremos sugerir, numa interação crítica de sujeitos coletivos com o Estado, em termos do que poderia ser considerado um mecanismo circular de *policy feedback*. A construção do Estado virtual requer essa mudança efetiva, que poderá produzir alterações que propiciem o fortalecimento de mecanismos de *governance*, tanto no plano real quanto no virtual. Assim, como observado por Fountain (2001:203):

> *The structure of the state will change largely to the extent that changes in information infrastructure catalyze modifications in communication, coordination, and control. I use the language of the state to indicate that the internet signals not simply more efficient, effective government structured largely according to present arrangements, but deeper institutional change. Building the virtual state is about the process and politics of institutional change rather than a set of predictions about the end result. And this process is partially about rethinking the role of the state in relation to the economy and society.*

Queremos enfatizar que a constituição de um governo eletrônico nos moldes atuais parece-nos carecer de ser percebida como vetor democratizante da política e da economia, em termos de uma perspectiva funcional do Estado e de suas relações com a sociedade, se não apresentar dados socialmente relevantes de forma a minimizar a questão da "falha de governo", como também, em conseqüência, haver se reestruturado para provê-los, em termos de suas rotinas e processos que inevitavelmente deverão ser revistos, suprimidos ou modificados. Deve-se, portanto, ter em conta a perspectiva de que o Estado virtual, promotor de *e-governance*, careceria de uma efetiva integração de suas bases de dados e processos críticos, que suportam serviços e decisões de governo. Isso requer, fundamentalmente, o resgate do equilíbrio do Estado real em seu tripé constitutivo em dialética com o Estado virtual, como nos termos apontados por Evans (2002).

Referimo-nos aqui, mais especificamente, à discussão desenvolvida por esse autor em relação às características híbridas da moderna estratégia administrativa e, queremos sugerir, seu reflexo na construção de um modelo virtual de governança. Segundo observado por Evans (2002), a moderna administração pública utilizou, desde o início, três modos básicos de controle para produzir efetividade no aparato do Estado democrático, que configuram um modelo híbrido de estratégia a ser recuperado. Seriam eles: a imposição de normas weberianas de controle, hierarquia e meritocracia; a implementação de mecanismos democráticos para permitir formas de participação no desenho e implementação de políticas públicas; e, por fim, a incorporação de elementos de mercado e, em certa extensão, parâmetros, como eficiência e custo-benefício no balizamento de políticas. Essa estrutura equilibrada de Estado foi, segundo esse mesmo autor, afetada nas últimas décadas, principalmente pela ênfase na percepção do Estado como provedor de serviços a "clientes", sob a égide hipertrofiada de critérios de mercado.

Do desequilíbrio desse modelo, adviriam diversas inadequações. Em termos gerais, esse desequilíbrio, juntamente com o processo de desregulamentação e globalização assistidos nas últimas décadas, possibilitou aos mercados ampliarem sua capacidade de moldar estruturas administrativas e o desenho de políticas públicas, alterando a composição anteriormente equilibrada do referido tripé, provocando uma reestruturação conservadora do Estado, reduzindo sua dimensão e abrangência, e também insulando-o das relações cívicas que ali encontram seu lócus preferencial, transformadas em relações de mercado. Assim, como observado por Evans (2002:1):

> *effective public administration, especially when development is the goal, requires the synergistic integration of these three different modes of – what I am calling here "hibridity". If this is true, then we must be worried by the extent that a confluence of disparate factors has upset the balance*

> *dramatically expanding the role of "market signals" at the expense of the other two factors. Searching for ways to recapture hibridity, within the market constraints imposed by the current global neo-liberal regime, becomes the next challenge of the state reform.*

Em seqüência, e como conseqüência, transplanta-se também para o Estado virtual o desequilíbrio do Estado real, fazendo do primeiro instrumento de cristalização da desestruturação do segundo. Isso, evidentemente, se reflete na utilização de mecanismos de tecnologia de informação como instrumento de gestão. Estes são, supomos, utilizados de forma limitada, e limitante, objetivando não apenas a reestruturação e eficiência do aparato público sob critérios de mercado, mas, sobretudo, seu insulamento seletivo do processo político, com a manutenção e cristalização justamente de rotinas, processos e oferta de serviços *ad hoc* de atendimento ao cidadão. Não por acaso, a OECD (1999) observou, em seu relatório sobre governo eletrônico, que o potencial das novas tecnologias eletrônicas aplicadas aos processos de governo deve acompanhar outras mudanças paralelas, tais como: o advento de uma nova geração de líderes tecnicamente letrados; o aperfeiçoamento de tecnologias de interatividade, *feedback* e trabalho em grupo; maior prioridade dos tomadores de decisão em utilizar esses recursos extensamente; maior exigência da sociedade civil quanto a transparência, participação e eficiência. Em conjunto, essas questões dependem mais de resoluções políticas do que de soluções tecnológicas *stricto sensu*. Verificaremos esses pontos empiricamente mais à frente.

Assim, como dissemos, ao explorarmos aqui o tema do governo eletrônico como estratégia de governança, abordando-o pelo ângulo da democratização e eficiência do Estado, incorporamos, nesta análise, aspectos contraditórios nas possibilidades desse conceito, o que nos leva, a partir desse ponto, a um esforço no sentido de esboçar um "mapa" com foco no estado atual da questão e sua problemática, além de alicerçar um modelo para avaliação e difusão permanente de experiências bem-sucedidas.

Nos próximos itens, trataremos dessas questões em diversos cortes analíticos, feitos sobre o caso do Brasil, utilizado neste estudo como *proxy* de análise. Todos esses cortes terão, entretanto, como eixo primordial, a escassez do provimento de acesso à governança virtual, pelo ângulo socioespacial, pelo ângulo de informações e pelo ângulo dos mecanismos de gestão que sustentam esses processos. Finalizamos apontando a necessidade de repensar esses sistemas dentro de um arcabouço onde a política e a sociedade civil se tornam elementos privilegiados.

A assimetria socioespacial

Em geral, boa parte da bibliografia mundial sobre o tema concentra-se em análises sobre países da OCDE. Entretanto, nações como Brasil, México e Índia apresentam um uso intensivo dessas novas tecnologias, o que lhes confere um caráter diferenciado, e inclusivo, nesses trabalhos. Tais análises, porém, tendem a ser relativamente superficiais, sem perceberem a questão da internet *vis-à-vis* o quadro de assimetria social dos países, em especial daqueles em desenvolvimento, derivado da enorme concentração de renda e, ao mesmo tempo, em ambiente com população numerosa.

Essa leitura diagonal do problema induz uma percepção excessivamente otimista do governo eletrônico, uma vez que o número total de usuários, contraposto ao de outros países, poderia enquadrar alguns desses casos, como o do Brasil, em uma categoria desenvolvida de utilização de internet e serviços da web. Isso leva a contradições conceituais entre os profissionais e instituições que atuam no campo, os quais terminam por subestimar a exclusão de um enorme contingente de habitantes, afetando os postulados de uma administração democrática fundamentada nessas novas tecnologias.

Por exemplo, muito embora, comparativamente, a América do Sul tenha um nível de utilização da web bem inferior ao de outras regiões, o Brasil apresenta índices semelhantes aos de países desenvolvidos, em termos absolutos do número de usuários de web, e, deve-se acrescentar, com sistemas de informações online bastante avançados em todas as esferas.

O problema essencial, nesse caso, é que esses trabalhos desconsideram as especificidades de sociedades, como a brasileira, envolvida em uma tripla exclusão, ou seja, vivenciamos não apenas a exclusão social e espacial em nossas cidades, mas também agora a exclusão digital.[1]

A tabela e a figura 1 ilustram esse ponto, onde uma leitura diagonal da questão poderia induzir erros. Observando-se a tabela, pode-se notar que,

---

[1] Aqui considerada como a alocação espacial preferencial de recursos, condicionada pelo *status* social e político de populações de uma área geográfica determinada.

a despeito do acesso em termos absolutos ser significativo no Brasil, em termos relativos esse número fica abaixo da média dos países desenvolvidos. No caso brasileiro, isso se traduz em menos de 5% da população, enquanto no Canadá, por exemplo, se aproxima de quase 50%. Ou seja, por essa tabela, fica claro que os aproximadamente 14 milhões de usuários brasileiros formam um grupo de peso efetivamente considerável, que coloca o Brasil entre os países com maior população de usuários de internet no mundo.

Usuários de internet por nações selecionadas

Nações selecionadas	População (milhões)	Usuários (milhões)
Alemanha	83,0	30,2 (Forsa)
Argentina	37,4	3,88 (Nielsen NetRatings)
Brasil	174,5	16,84 (Nielsen NetRatings)
Canadá	31,6	14,2 (Media Metrix Canada)
Chile	15,3	3,1 (International Telecommunications Union)
EUA	278,0	165,75 (Nielsen NetRatings)
Finlândia	5,2	2,69 (Taloustukimos Oy)
França	60,0	16,97 (Mediametrie)
Hong Kong	7,2	4,35 (Nielsen NetRatings)
Itália	57,7	19,25 (Nielsen NetRatings)
Japão	126,8	51,34 (NetRatings Japan)
Portugal	10,3	3,6 (Instituto das Comunicações de Portugal)
Reino Unido	59,6	34,0 (Nielsen NetRatings)
Venezuela	24,0	1,2 (Cavecom-e)

Fonte:<www.nua.ie>.

Porém, e esse é um ponto fundamental, ao observarmos comparativamente esses números, não mais pelo prisma dos valores absolutos, mas, dessa feita, pelo ângulo da razão entre usuários da web e população geral, observamos que o Brasil possui uma das piores relações entre o grupo selecionado, como demonstrado pela figura 1.

Figura 1

Usuários de internet por população de países escolhidos

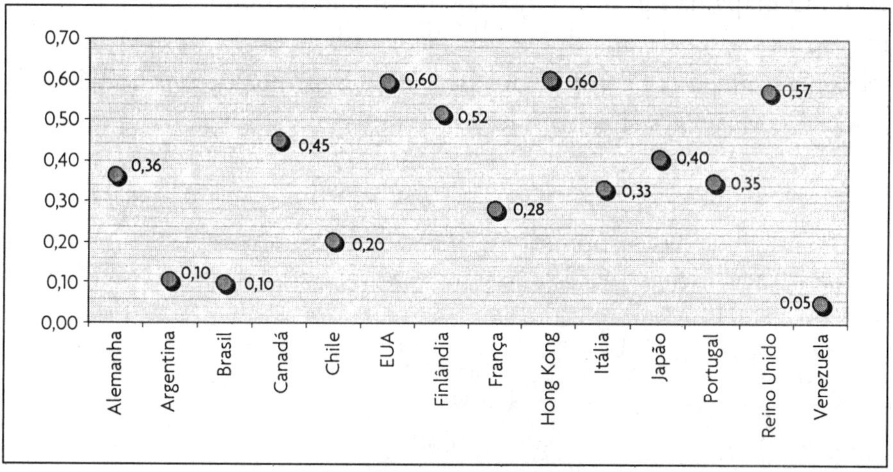

Como exercício analítico, consideremos ainda a população brasileira, da qual, segundo o último censo, aproximadamente 80% vivem em cidades. Nesse caso, o problema do *digital divide* torna-se um forte elemento adicional de assimetria social, com impacto crescente nas áreas regionais e urbanas extremamente adensadas e já com uma miríade de problemas. Dessa forma, o acesso assimétrico a novos meios informacionais tem seu reflexo no local, afetando serviços, infra-estrutura e qualidade de vida, apontando justamente para o aumento, e não para a diminuição, de disparidades socioeconômicas e espaciais que, no limite, afetam negativamente a própria capacidade competitiva de uma cidade, ou até do país, e, com certeza, a capacidade de utilização desses meios para maior competitividade e inserção no mercado, pelo ângulo das empresas privadas.

Nesse sentido, a tecnologia e seus nexos físicos promovem uma nova dinâmica social e econômica na sociedade, onde ao fluxo dos espaços se superpõe o das informações (Castells, 1997), porém a distribuição do acesso aos meios nos quais as informações públicas estão reunidas, inclusive e crescentemente aos serviços que são disponibilizados na rede, é mais expressiva àqueles segmentos que já têm acesso a canais de informação, rede de contatos, ou ainda proficiência e meios de uso das novas mídias. Assim, o espaço torna-se, em sua conjugação com o social, um elemento importante de reflexo das assimetrias observadas no caso brasileiro.

Observemos os mapas do Brasil oriundos do censo populacional de 2000. O mapa da figura 2, com base no último censo brasileiro de 2000, mostra a escassez de provimento de recursos básicos de acesso à internet, telefonia e um microcomputador pessoal, em termos de sua distribuição espacial, revelando sua concentração em áreas específicas.

Figura 2

Brasil, por potencial de acesso à internet

(telefones e computadores por domicílio)

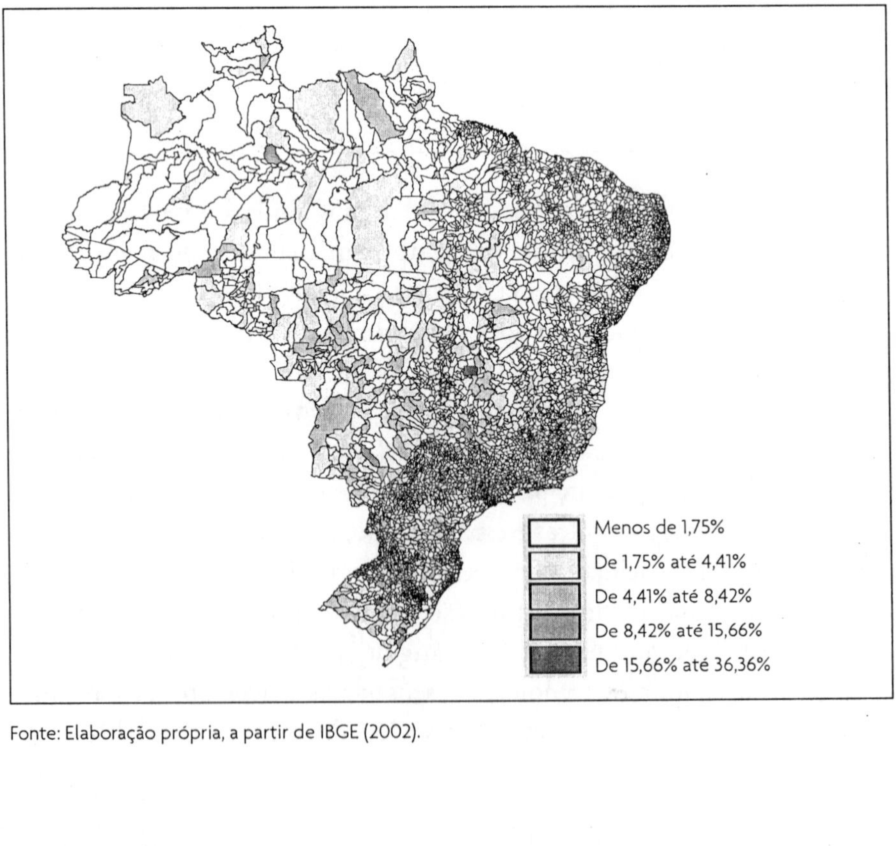

Fonte: Elaboração própria, a partir de IBGE (2002).

Dessa forma, voltamos a dialogar com Castells (1997), quando observa a relação entre tecnologia e seus meios físicos, como vimos anteriormente. Verifica-se, portanto, que a distribuição do acesso aos meios nos quais as informações públicas estão reunidas, inclusive, e crescentemente, os serviços de Estado que são disponibilizados na rede, é mais expressiva em termos de acesso àqueles segmentos que já têm acesso a canais de informação, rede de contatos, ou ainda proficiência e meios de uso das novas mídias, ou seja, têm maior *status* social e redes de relações mais próximas à elite política.

As figuras 3 e 4 buscam captar essa problemática. Na figura 3, percebemos uma divisão em termos regionais no Brasil em relação a acesso à internet, que se torna mais aguda tanto em termos regionais quanto em termos de renda. Na figura 4, temos uma exploração da questão espacial, onde se observa um estado da Federação, no caso o Rio de Janeiro, recortado por diferentes níveis de acesso possível à internet – residências onde há simultaneamente telefone e computador, conforme o censo nacional de 2000. Descendo em termos do detalhe local, temos complementarmente a cidade do Rio de Janeiro, também subdividida. Em ambos os casos, as áreas representadas com tons mais escuros são aquelas com maior potencial de acesso e, em geral, com maior *status* social.

Figura 3

Percentagem de domicílios com acesso potencial à internet (telefone e computador) por renda domiciliar (em unidades de salários mínimos) e regiões – Brasil

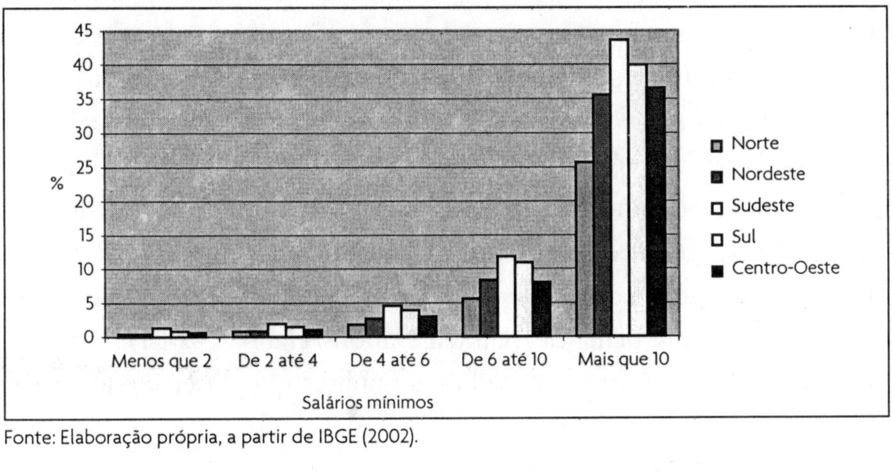

Fonte: Elaboração própria, a partir de IBGE (2002).

Figura 4
Estado do Rio de Janeiro e cidade do Rio de Janeiro (por acesso potencial à internet)

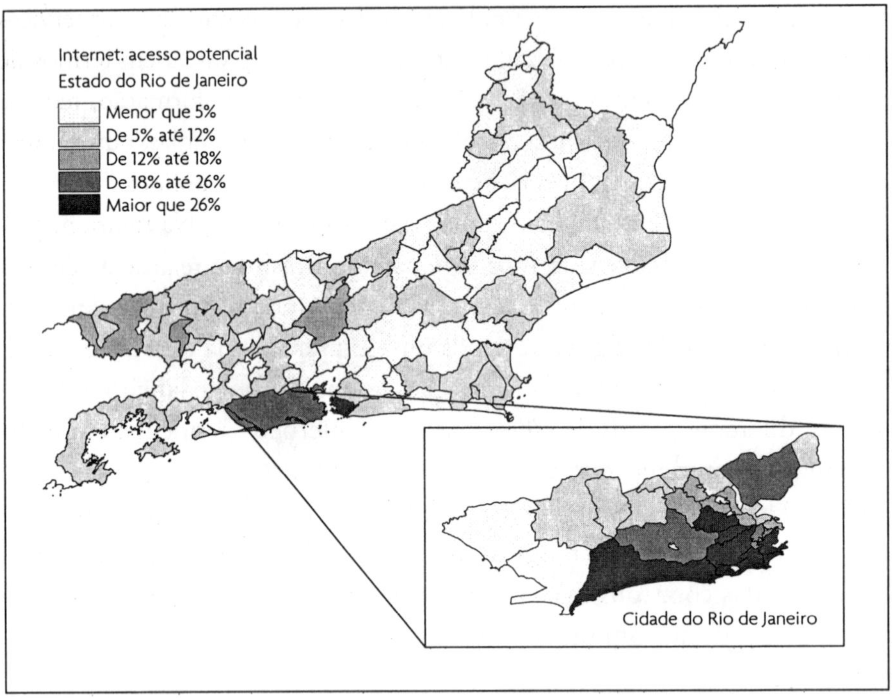

Fonte: Elaboração própria, a partir de IBGE (2002).

Em suma, mecanismos de governança e transparência, fundamentais para a reversão de um quadro problemático em termos socioeconômicos e do próprio desenvolvimento, poderiam ser impulsionados fortemente pela revolução digital, mas são obstaculizados pelas assimetrias históricas somadas a uma nova assimetria, dessa feita relativa ao mundo digital. O relatório da última reunião mundial da agência Habitat da ONU definiu governança local como: "a soma das formas pelas quais os indivíduos e instituições (públicas e privadas) planejam e gerenciam seus assuntos comuns. É um processo contínuo que pode levar ao conflito ou à ação cooperativa mutuamente benéfica" (United Nations/Habitat, 2001). Portanto, pode-se dizer que desenvolver políticas públicas que observem a oportunidade digital é um elemento fundamental de desenvolvimento com justiça, mas pode ser também um vetor de eficiência. Entretanto, qual eficiência seria possível ao restringir a uma parte da população, mesmo que significativa em termos absolutos, o acesso a informações e serviços de Estado? Complementarmente, quanto tal ausência problematizaria a construção de capital social e a eficiência da estrutura de Estado em sua inter-relação com a sociedade civil? Considerando simultaneamente essa problemática, devemos perguntar-nos se seria o governo eletrônico um campo para uma construção republicana de Estado? Nesse caso, quais as possibilidades estratégicas para operar pela política a readequação desse instrumento? Buscaremos a seguir discutir esses aspectos.

A assimetria informacional

Neste segmento, apontaremos de forma mais concreta as questões discutidas anteriormente pela observação empírica das potencialidades e dificuldades de implementação do governo eletrônico enquanto experimento democrático no campo do poder público. Assim, seguiremos essa discussão por uma análise crítica do relatório da ONU (United Nations/Aspa, 2002), aplicada prioritariamente a outras esferas que não somente a federal, comparando diversos portais de governo eletrônico em termos dos critérios do citado *benchmark*. Sobre a conceituação esboçada pelo referido relatório na análise dos portais de governo e suas funcionalidades, podemos resumidamente dizer que, no agregado, tal classificação posiciona um determinado país em um estágio de desenvolvimento de uso desses mecanismos virtuais de governança. A figura 5 é referente a esses estágios e ao número de países incluídos em cada um deles. A descrição dos estágios é detalhada no quadro 1. Nele, o Brasil e um grupo de outros 16 países inscrevem-se na categoria transacional, em termos do estágio avançado de seus sistemas de governo eletrônico.

Duas questões particularmente mereceram aqui um detalhamento especial. A primeira refere-se aos subníveis nacionais, por exemplo, os portais estaduais e aqueles das metrópoles, incluindo alguns portais federais não observados no referido estado. Como estes se colocariam no esquema analítico de critérios da ONU/Aspa? Teriam um comportamento assemelhado aos portais nacionais analisados, ou difeririam destes? Uma negativa nesse sentido demonstraria problemas em posicionar um país por completo em um determinado nível de desenvolvimento de governo eletrônico.

Figura 5

Número de países por estágio de desenvolvimento de uso de *e-government*

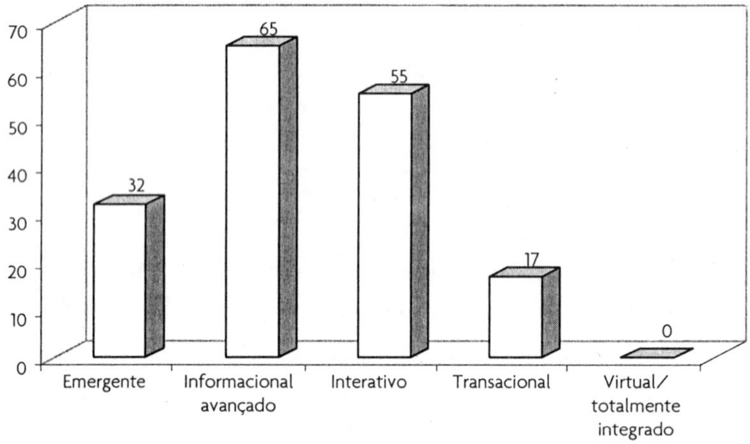

Fonte: United Nations/Aspa, 2002.

Quadro 1

Estágios do serviço de *e-government*

Situação	Descrição
Emergente (*Emerging*)	Presença na web com informações básicas, limitadas e estáticas.
Informacional avançado (*Enhanced*)	Fornecimento dinâmico de informações, usando meios como georreferenciamento de dados, animação por meio de imagens, entre outros aspectos.
Interativo (*Interactive*)	Possibilidade de interação, mediante a qual os usuários podem obter formulários, certidões e outros instrumentos administrativos.
Transacional (*Transactional*)	Usuários podem pagar serviços e taxas, ou conduzir transações financeiras online, com interação com o sistema bancário.
Virtual/Totalmente integrado (*Seamless*)	Total integração dos serviços de *e-government* por meio de uma "agência virtual", sem fronteiras entre organismos governamentais.

Fonte: United Nations/Aspa, 2002.

Em segundo lugar, o ponto importante a ser notado seria uma inadequação mais genérica ao estágio mais avançado atingido de desenvolvimento de *e-government*, chamado estágio "transacional", pois, como veremos adiante, indicaria que os processos que sustentam esse nível de sofisticação e interatividade esperados, por não se apresentarem, provavelmente não estariam efetivamente estruturados. Portanto, isso nos fornece indícios de que uma engenharia institucional de reestruturação do Estado nos moldes aqui propostos, e em concordância com os pressupostos dos autores anteriormente citados, estaria longe de sua efetivação. Vejamos a seguir, pela ordem.

Para fins desse primeiro exercício empírico, selecionamos 40 sites ou portais governamentais, escolhidos entre uma amostra retirada do universo de 130 importantes instituições inscritas, em 2002, no concurso nacional sobre governo eletrônico, patrocinado pela Associação Brasileira de Empresas de Informática Estadual (Abep).[2] Esses portais foram analisados de acordo com os critérios ONU/Aspa, em termos do detalhamento que possuem no referido relatório. Evidentemente, tratou-se ainda de um primeiro corte analítico, que será revisto de forma aprofundada na seqüência dos trabalhos de pesquisa. Entretanto, apesar de seu estágio atual ter ainda um caráter exploratório, acreditamos que seus resultados estão bastante próximos do quadro real, pois, além dos critérios mencionados, outros critérios específicos foram utilizados adicionalmente, tais como: *relevância* (presença no site de um ou mais dos seguintes setores críticos: educação, saúde, emprego, trabalho, bem-estar e serviços sociais, serviços financeiros e segurança); *usabilidade* e *navegação* (facilidade cognitiva, organização e localização); *conteúdo* (informações sobre a instituição, *links* etc.) e *inovação* (características de comunicação ou de serviços efetivamente pioneiras). Por esses critérios, obtivemos a configuração apresentada nas figuras 6 e 7.

---

[2] Ver o universo da amostra em: <www.premio-e.gov.br/>.

Figura 6

Número de portais de *e-government* brasileiros por estágio de desenvolvimento

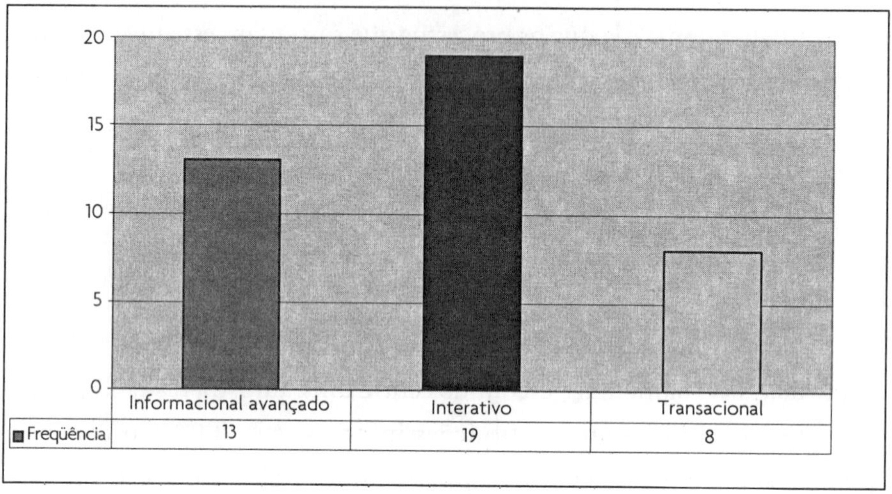

Figura 7

Distribuição percentual dos portais brasileiros por estágio

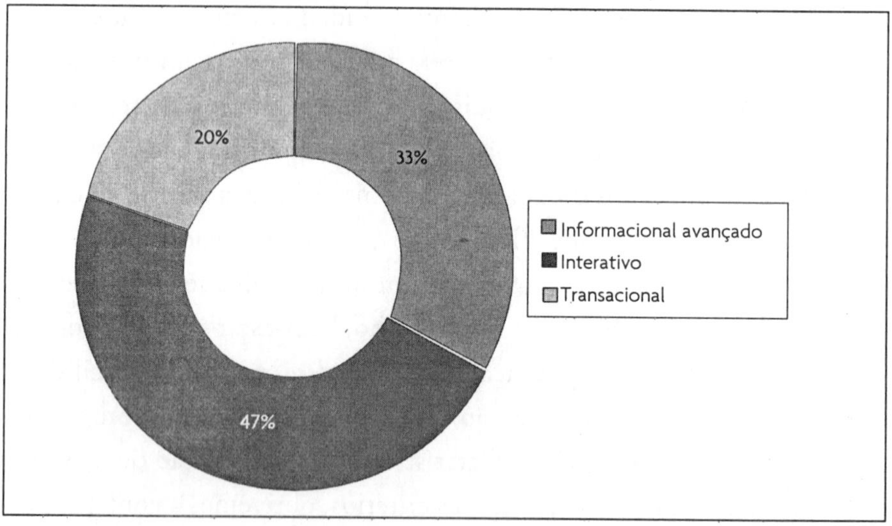

Observa-se, pelas figuras 6 e 7, um quadro diferente daquele apontado no relatório ONU/Aspa para o Brasil, que, no referido relatório, situa-se dentro do grupo transacional. Dos portais analisados, entre federais, estaduais e municipais, ou seja, 47% situam-se em um estágio imediatamente anterior ao estágio transacional, no qual o Brasil havia sido posicionado pelo estudo da ONU. Isso denota um problema no referido estudo, compreensível em termos metodológicos, mas de qualquer forma problemático para um correto entendimento tanto da extensão do desenvolvimento desses mecanismos, quanto, possivelmente, do nível de estruturação interna existente, relativo ao grau transacional de interação de serviços e organização interna de dados e processos. Some-se a isso que 33% encontram-se no estágio interativo, ainda mais precário, e apenas 20% estão efetivamente no estágio transacional conforme o referido relatório.

Adicionalmente, os outros critérios observados tiveram uma distribuição semelhante à disposição apresentada. Em termos gerais, pode-se dizer que a estrutura e o grau de desenvolvimento alcançados nos sistemas federais observados no relatório da ONU não se verificam no conjunto mais amplo das iniciativas de governo das esferas municipal, estadual e em diversos segmentos do plano federal. Devemos supor ainda que esse quadro não seja exclusividade do Brasil, inclusive porque é o país que possui uma das maiores populações de usuários da internet.[3] De qualquer forma, dado que assimetrias se verificam no provimento de informações, há, evidentemente, uma construção institucional que deve ser verificada em termos também de suas assimetrias e inadequações. Vejamos.

A assimetria gerencial

A descrição que se segue trata de um curto segmento extraído de um longo processo de análise qualitativa com grupos focais, realizada nos dias 10 e 11 de junho de 2002, com foco no uso das novas tecnologias de informação pelo governo. Trata-se de percepções de gestores de tecnologia da informação, pertencentes às classes sociais A e B (critério adotado no Brasil), os quais foram selecionados entre gestores do sistema de governo eletrônico em empresas-chave da esfera pública, ou prestadoras de serviços públicos recentemente privatizados no Brasil, como os de água, luz e telefonia.

---

[3] Ver lista completa em: <www.nua.ie>.

Como referência, observe-se que todos no grupo tinham nível superior, com uma formação bastante heterogênea, incluindo engenheiros, economistas, administradores e profissionais de comunicação. Em geral, esse grupo encontra-se em uma faixa etária de 35 a 55 anos. Um fato importante a ser notado é que nenhum era originário estritamente de uma carreira de gestor governamental, tendo, portanto, uma trajetória alternada tanto na esfera pública quanto na esfera privada. Complementarmente, foi feita, em Brasília, uma série de entrevistas em profundidade, cujas percepções são sintetizadas no quadro 2, ao final deste segmento, ao lado das externadas pelos membros do grupo focal em questão.

O objetivo, nesse caso, é de mitigar determinadas percepções do grupo focal, pelo prisma federal, este último composto de gestores de carreira estritamente da esfera pública. As discussões foram realizadas com máximo rigor técnico, incluindo um profissional de moderação, que utilizou um roteiro semi-estruturado previamente definido. A equipe de pesquisa assistiu à discussão, isolada em uma sala espelhada ao lado, e, eventualmente, promoveu interferências em tempo real, através de perguntas endereçadas por escrito ao moderador, com o objetivo de elucidar e aprofundar os rumos da investigação, em uma dialética com o curso das respostas. A seguir, descrevemos de forma comentada os principais pontos dessa fase analítica.

Inicialmente, as respostas obtidas versam sobre perguntas relativas à percepção do governo eletrônico enquanto serviço provido pelo Estado. Assim:

> Acho que o governo eletrônico deve ser criado para se aproximar da fatia carente, apesar de ocorrer o contrário. Acho que o governo eletrônico ainda é um serviço.
>
> Ainda se vê muito a perspectiva do serviço [e não o serviço em si], acho que hoje temos mais *internet banking* do que governo eletrônico. Eu tenho muito interesse nesse aspecto, me parece que, quando se trata de governo eletrônico, de cidadão no governo eletrônico, a saída que vejo [potencialmente nessa dimensão] é mais do que apenas o provimento de serviços eletrônicos.

Como parte desse processo de obliteração, os entrevistados apontam a reprodução das barreiras internas aos órgãos para a criação de novas atitudes, de novos valores e de novos comportamentos condizentes com uma nova postura gerencial, necessária à introdução das novas tecnologias de informação e suas conseqüências para o setor público. Essas barreiras refletem tanto dificuldades culturais, quanto receio de perda de poder e controle hierárquico.

> Não basta ter vontade política, o ex-presidente [do órgão ao qual o entrevistado esteve vinculado] tinha que vencer as barreiras internas para democratizar as informações, principalmente por parte do pessoal de desenvolvimento de serviços pela internet. A gerência tem que ter vontade política, mas também de mudar a cultura interna.
> O caso do Detran [Departamento de Trânsito do estado] talvez seja o melhor exemplo no estado em que um processo virtuoso, iniciado quando a internet foi implantada, alterou um processo anterior vicioso.
> Tem órgãos no estado em que a resistência ainda é muito grande.
> Tentamos começar a trabalhar com o GIS [Geographic Information System]. Isso é democratizar o acesso à informação. Mas ainda continua uma estrutura rígida, burocratizada dentro do governo. Planeja quem tem poder. Há tendência em determinadas secretarias de esconder informações, impedindo a possibilidade de ser um governo com transparência.

Tais barreiras foram muito destacadas na entrevista em profundidade. Transcrevemos, a seguir, outro trecho dos depoimentos, onde se percebe um aprendizado das limitações impostas por um modelo que não tenha como perspectiva repensar as rotinas de *back-office* em função do provimento de serviços, em especial daqueles vinculados efetivamente a funções de governo. Ou seja, a reestruturação de rotinas teria um impacto justamente na percepção cultural da extensão possível da implementação de modelos de *e-governance* e reestruturação do Estado, enquanto fundamento de qualquer iniciativa nesse sentido. Entretanto, isso não ocorre. Dessa forma:

> Em longo prazo, esse atendimento virtual começa cada vez mais a exigir alguma mudança para trás e isso pode ser um impedimento para que esse atendimento avance.

> No primeiro momento, foi jogar o computador na mesa do funcionário. Até hoje em dia, tem gente que não consegue usar o correio eletrônico, principalmente por causa da idade da pessoa, daí a absorção da tecnologia ser mais difícil. Já acontece aqui o que acontece com os usuários lá de fora: uns usam bem, outros não.
> A maioria dos projetos fracassou por falta de experiência gerencial.
> Tivemos muitas dificuldades no início, devido à cultura do órgão, o corpo técnico do órgão.

Em suma, revendo os pontos referentes à construção dos sistemas de governo eletrônico, consideramos duas chaves distintas nas discussões que se seguiram à percepção que os gestores teriam sobre as possibilidades do governo eletrônico. A primeira vincula-se à questão do provimento de serviços mais eficientes a "clientes". A segunda, mais politizada, envolve referenciais mais intensos de construção de mecanismos de participação na agenda governamental. Note-se que uma parte significativa dos entrevistados promoveu o desenvolvimento desses referidos sistemas no âmbito de uma administração vinculada a partidos de esquerda.

De certa forma, isso sugere uma incorporação, no campo da cultura desses gestores, de uma percepção mais conservadora da reforma do Estado, sem que suscitasse uma revisão crítica desse discurso. Ou seja, há uma reprodução discursiva da versão mais estreita da reforma do Estado, reificado por referenciais de mercado, reforçando os argumentos expostos sobre a falta de politização do processo de governo eletrônico, onde se aplicaram, nos exemplos citados, vertentes diretamente vinculadas a uma percepção cidadão-cliente, sem uma tradução crítica da questão como componente fundamental da percepção desses gestores.

Finalmente, devemos ressaltar um problema de fundo quanto ao papel dos responsáveis pelo governo eletrônico em incorporar como central apenas a produção de serviços *ad hoc* e, sobretudo, à ausência entre eles de uma reflexão mais clara sobre incentivos à participação cívica e promoção de capital social, que se daria além do conceito de direito do consumidor, buscando atingir a esfera política, seja pela construção de redes críticas de possibilidade de ação coletiva, ou pela reestruturação do Estado para esse fim. No caso específico dos gestores federais, as entrevistas em profundidade indicaram um padrão significativamente diferente dos gestores entrevistados das esferas estadual e municipal. Nota-se, sobretudo, no plano federal, uma percepção mais clara das dificuldades intrínsecas de reformas estruturais e, ressalte-se, a construção de um planejamento interno com o propósito de integrar elementos sistêmicos críticos e dar maior transparência à gestão. Evidentemente, percebe-se uma hipertrofia em favor de uma abordagem de mercado, mas, sem dúvida, o panorama geral está muito à frente das outras esferas, indo realmente na direção de um patamar transacional, ainda que apenas em determinados segmentos. O quadro 2 sumaria essas percepções, representando aspectos importantes do conjunto das entrevistas realizadas.

Quadro 2
Resumo das percepções

Questionamentos	Grupo II – Gestores estaduais e municipais	Entrevista em profundidade
Digital divide	O acesso está (supostamente) cada vez mais democrático.	Não se considera esse problema se percebido no tempo, que o atenuará.
Razões para a exclusão	Controversas: ausência de ações educativas e falta de conhecimento das demandas *vis-à-vis* a falta de equipamento.	Fundamentalmente, falta de equipamento; em segundo plano, assimetrias sociais ainda presentes na sociedade.
Cidadão	Cada vez mais participativo, os sites são muito acessados. Contribuições são efetivadas.	Cada vez mais participativo, os sites são muito acessados. Busca-se uma integração de processos.
Participação	Resume-se à reclamação sobre os serviços.	Ainda em fase de experimentação. Porém, observaram-se alguns debates online sobre legislação com cidadãos
Credibilidade do governo	O *e-gov* aumentou a credibilidade da esfera estatal.	O *e-gov* aumentou a transparência dos processos (leilões, agenda da reforma etc.) de forma objetiva.
Dicotomia *e-gov* e governo real	Um só governo (não percebe dicotomias entre os serviços providos pelo real e pelo virtual).	Dois governos: o virtual, novo, sem vícios *versus* o real, antigo e com vícios (percebe dicotomias, mas de forma facciosa).
Planejamento estratégico	Não há um planejamento efetivamente, apenas ações *ad hoc*, a partir de demandas da população e interesse dos gestores.	Existe um planejamento, iniciativas de estabelecimento de diretrizes importantes (tempo de resposta, *accountability* de processos críticos de compra, utilização extensiva de e-mail pelo primeiro escalão). Entretanto, é ainda limitado à percepção do serviço *ad hoc* ao "cidadão-cliente".
Divulgação	Idem	Idem

Conclusão: uma agenda para a democracia virtual no Brasil

Objetivamos, ao longo deste estudo, explorar de forma crítica os elementos que nos parecem centrais à problemática da utilização das tecnologias de informação e comunicação no Brasil, em termos de sua eficiência e efetividade, vinculadas a uma promoção da percepção republicana de relações do Estado com a sociedade civil, e como instrumento de gestão e governança. Esse ponto nos parece central para restabelecer um equilíbrio nas funções clássicas do Estado e, amparado nas novas tecnologias de informação, atingir níveis de eficiência e interatividade com a sociedade civil, que possibilitem uma administração pública capaz de enfrentar os desafios postos por um contexto complexo e, crescentemente, interpenetrado por processos simultaneamente globais e locais.

Nesse sentido, utilizamos, como referencial, análises socioespaciais do quadro informacional brasileiro e a reprodução de critérios oriundos do relatório *Benchmarking e-government*, da ONU/Aspa. Adicionalmente, verificamos as percepções de gestores envolvidos com esses desenvolvimentos. Em conjunto, esses três vetores analíticos exploraram a questão da assimetria e sua relação com a construção de uma sociedade que, no plano virtual, apontasse para uma construção republicana, não-tecnocrática, do Estado virtual em sua relação com a sociedade civil. Isso, entretanto, não foi verificado positivamente.

Em termos gerais, observa-se pela literatura e pelos dados divulgados pelo governo federal, referendados pela ONU, um esforço auspicioso para aumentar a eficiência do Estado pela utilização do governo eletrônico. Esse esforço, não obstante, tem se caracterizado, em larga escala, por uma racionalidade influenciada por referenciais de mercado, por onde se consolida uma veiculação fundada na subsidiariedade e na especialização de funções, refletida na oferta de serviços *ad hoc*, sem preocupações políticas intensas em termos de uma cidadania engajada. Assim, dadas as notórias assimetrias existentes em nosso país, fortalecem-se alguns grupos de interesse, e não outros, e, em especial, aqueles dentro do governo que carecem de uma vontade maior para uma reestruturação democrática e para um amplo provimento de informações. Com isso, inviabiliza-se o governo eletrônico como um indutor de um processo republicano de reconstrução da administração. Os impedimentos são, em suma, internos e externos.

Esse problema, com efeito, parece-nos central para a efetivação de reformas que busquem maior eficiência da esfera estatal, estando, como mencionamos, também diretamente vinculado à questão cívica – o que, completamos, dificulta a possibilidade dessa participação nos assuntos do Estado, de forma, como observou Tocqueville, que as esferas mais imediatas da vida pública[4] servissem de escolas de civismo para as grandes questões de Estado. Entretanto, os sistemas de governo, ao estarem dissociados, em sua concepção e nos processos que os sustentam, desses aspectos cívicos fundamentais, onde a racionalidade utilitária cedesse à ação coletiva, tal qual a saída ao chamado "dilema dos prisioneiros", tornam-se limitadores para o uso dessas tecnologias como instrumento de uma reestruturação democratizadora do Estado, cuja questão central seria a rearticulação entre este ator e a sociedade civil.

Voltando ao campo das tecnologias de informação em seu provimento, ao menos tecnicamente, uma oferta mais democrática de informações e do seu acesso físico seria factível. O requisito para tal é, sobretudo, político. Provavelmente, e esse é o ponto central dessa discussão, há uma necessidade imperiosa de promover uma abertura para outros atores da sociedade participarem da discussão sobre o governo eletrônico, ao mesmo tempo em que se utiliza o governo eletrônico como uma janela de oportunidade para reestruturação da administração pública. Nesses termos, a transparência e a interação entre a sociedade civil e o Estado tornam-se o elemento central desse processo, pois ambos são, efetivamente, o eixo primordial de possibilidades de reestruturação em que a dimensão democrática retome sua centralidade ante o mercado, gerando uma perspectiva não-utilitária onde o bem público seja percebido também pelo interesse individual. Esses são condicionantes estruturantes de uma nova relação cívica em um mundo tecnologicamente marcado.

---

[4] Aqui poderíamos atualizar essa observação, referindo-nos ao acesso aos serviços mais críticos ao cidadão, se desenhados com maior radicalidade para interferência na agenda pública, supondo a *net* como um *township*, ou melhor, uma ágora pós-moderna.

Referências bibliográficas

ARROW, K. *Social choice and individual values.* 2. ed. New York: John Wiley, 1963.

CASTELLS, M. *The raise of the network society.* Oxford: Blackwell, 1997. v. 1.

DOWNS, A. *Uma teoria econômica da democracia.* São Paulo: Edusp, 1999.

ELIAS, N. *Norbert Elias por ele mesmo.* Rio de Janeiro: Jorge Zahar, 2001.

EVANS, P. Hybridity as administrative strategy: combining bureaucratic capacity with market signals and deliberate democracy. In: INTERNATIONAL CONGRESS OF CLAD ON STATE REFORM AND ADMINISTRATIVE DEVELOPMENT, 7., 2002. *Proceedings...* Lisboa, 2002.

FOUNTAIN, Jane E. *Building the virtual state.* Washington, DC: Brookings, 2001.

IBGE. *Censo demográfico 2000.* Rio de Janeiro: IBGE, 2002. CD-ROM.

OECD (ORGANIZATION FOR ECONOMIC COOPERATION AND DEVELOPMENT).*Report on impact of the emerging information society on the policy development process and democratic quality.* 1999.

RAWLS, J. *Uma teoria de justiça.* São Paulo: Martins Fontes, 1997.

SEN, A. *Desenvolvimento como liberdade.* São Paulo: Companhia das Letras, 2000.

STIGLITZ, J. E. Information economics and paradigm change. *The American Economic Review*, v. 92, n. 3, p. 460-501, June 2002.

UNITED NATIONS/ASPA. *Benchmarking e-government*: a global perspective. 2002.

______. Habitat. *The state of the world's cities 2001.* 2001.

Inclusão digital no Brasil: um modelo heurístico de natureza dinâmica

*Luiz Antonio Joia**

Introdução

Muito tem sido dito e publicado sobre as grandes vantagens que a sociedade da informação pode trazer ao mundo como um todo. Essa bem recente sociedade, fortemente fundamentada na informação como seu mais importante recurso produtivo, tem estado na agenda de discussão, estudo e pesquisa de muitos acadêmicos, consultores e gestores públicos, em todo o mundo. Entretanto, segundo NUA (2002), apenas 10% da população mundial têm acesso à internet (cerca de 600 milhões de pessoas). O mesmo estudo também indica que o *gap* digital entre as nações desenvolvidas e as nações em desenvolvimento é maior do que nunca. Enquanto a Europa responde por cerca de 32% dos usuários da internet no planeta, apenas 6%

---

* Professor adjunto e coordenador do Mestrado em Gestão Empresarial na Ebape/FGV; professor adjunto da Faculdade de Engenharia da Uerj; engenheiro de fortificação e construção pelo Instituto Militar de Engenharia; mestre em ciências em engenharia civil; doutor em ciências em engenharia de produção pela Coppe/UFRJ; mestre em *management studies* pela Oxford University. O autor gostaria de agradecer ao colega prof. Gerald Quirchmayr, da Universidade de Viena, as suas sugestões relativamente ao modelo de infoinclusão dinâmica (I2D), feitas durante o World IT Forum (Witfor), realizado em Vilnius, Lituânia, em agosto de 2003.

dos usuários estão baseados na América Latina, enquanto o Oriente Médio e a África somados respondem por apenas 2% dos usuários da internet no mundo.

Dessa forma, a divisão digital, ou o que pode ser chamado de infoexclusão, isto é, a exclusão de pessoas da sociedade da informação, é uma preocupação muito recente das agências internacionais e administrações públicas. Existe considerável apreensão de que, ao invés de proporcionar melhor qualidade de vida, a tecnologia da informação possa aumentar o fosso entre os ricos e os pobres. Em países em desenvolvimento, como os da América Latina, diferenças socioeconômicas são realidades históricas. Nessas regiões, por exemplo, aproximadamente 90% dos usuários da internet são oriundos dos estratos sociais de maior poder aquisitivo (Rodríguez-Alves, 1999).

Assim, este texto objetiva apresentar um modelo heurístico para lidar com a infoexclusão nos países em desenvolvimento. O papel desse modelo heurístico é estipular ações e iniciativas para diminuir (ou mesmo eliminar) a divisão digital. Portanto, através desse *frame* teórico, iniciativas desenvolvidas pelo governo brasileiro, no que tange à inclusão digital, poderiam ser analisadas criticamente, já que o Brasil é tipicamente um país com elevada taxa de infoexclusão. Não obstante ter mais de 10 milhões de usuários da internet, menos de 8% da sua população total podem ser considerados integrantes da sociedade da informação (Neri, 2003). De fato, em termos absolutos, o Brasil é um dos maiores usuários da internet do mundo. No entanto, em termos relativos, seu desempenho pode ser considerado, na melhor da hipóteses, muito fraco.

Muitas iniciativas de infoinclusão desenvolvidas pelo governo brasileiro estão ainda em fase de projeto, enquanto outras se acham em fase de implementação. Todas podem ser analisadas criticamente, *vis-à-vis* o modelo proposto e apresentado neste estudo.

Este capítulo está dividido em cinco seções, contando com esta introdução. Na segunda seção, uma revisão bibliográfica é apresentada, envolvendo divisão digital, a definição precisa de sociedade da informação, governo eletrônico e o contexto brasileiro relativamente ao uso da tecnologia da internet. Na terceira seção, o método de pesquisa usado neste estudo é apresentado. A quarta seção discorre sobre o modelo heurístico de natureza dinâmica desenvolvido, explicando-o detalhadamente. Finalmente, a última seção apresenta algumas observações conclusivas derivadas do estudo, assim como desafios inerentes ao processo de lidar com a infoexclusão, de modo a permitir a criação de caminhos eficientes e eficazes para a diminuição de desigualdades digitais, aqui incluída a necessidade de criação de uma consciência digital nacional.

Revisão da literatura

Sociedade da informação e divisão digital

Muito se tem falado sobre a atual sociedade da informação, mas pouco tem sido dito acerca do que ela realmente é, o racional que a suporta e explica, e quais as possíveis maneiras de se lidar com ela.

De acordo com Zhong (2003), a sociedade humana pode ser categorizada segundo quatro estágios de desenvolvimento:

- sociedade nômade – na qual não havia ferramentas para a produção;
- sociedade agrícola – na qual os implementos produtivos usados eram tipicamente compostos de ferramentas estáticas e os insumos eram caracterizados pelas matérias-primas usadas, permitindo meramente atividades agrícolas levadas a cabo com o uso de ferramentas manuais (por exemplo, enxada);
- sociedade industrial – na qual os implementos produtivos típicos eram compostos de ferramentas dinâmicas e as fontes de recursos dependiam de matéria-prima e energia, de modo que tanto atividades agrícolas e industriais fossem desenvolvidas através do uso de ferramentas dinâmicas (por exemplo, motores);
- sociedade da informação – na qual os implementos produtivos típicos são ferramentas inteligentes e as fontes de recursos dependem de matéria-prima, energia e informação, de modo que tanto atividades agrícolas, industriais e informacionais sejam desenvolvidas através do uso de ferramentas inteligentes (por exemplo, computadores e redes).

Na sociedade da informação, portanto, a informação é um recurso fundamental, já que, segundo Zhong (2003), a quantidade de bens e serviços dependentes de informação, consumidos pela sociedade humana, pode tender ao infinito. Por essa razão, nas organizações, a transferência de empregados de setores ultrapassados para departamentos informatizados é absolutamente essencial.

Em muitos países em desenvolvimento, existem grupos sociais que aspiram a um padrão de vida já existente nas sociedades modernas de nações desenvolvidas, embora, para eles, informação, conhecimento e tecnologias propiciadas pela sociedade da informação tenham pouca relevância no que tange ao modo como vivem suas vidas. Por exemplo, o conteúdo informacional disponível na internet é irrelevante para analfabetos ou sem-teto, que lutam pela sua subsistência diária.

O caminho para se entenderem as disparidades existentes na sociedade da informação de países em desenvolvimento passa, inexoravelmente, pela análise contextual da inclusão/exclusão social. Tal se refere à extensão com que indivíduos ou grupos estão aptos a ter participação na sociedade e controlar os próprios destinos, levando-se em conta uma variedade de fatores relacionados a recursos econômicos, emprego, saúde, educação, moradia, lazer, cultura e engajamento cívico (O'Brien, 2001).

A idéia de exclusão social surgiu em meados dos anos 1970, através da preocupação do governo francês em adotar programas de inclusão para os cidadãos desempregados há muito tempo, em consonância com o reconhecimento de que o governo não poderia lidar com o desemprego sem atacar as desigualdades de renda, educação, assim como itens relacionados a sexo do cidadão, sua origem étnica e outras facetas da sociedade francesa. Desde então, muitos países europeus têm desenvolvido políticas de inclusão envolvendo vários setores governamentais, de modo a resolver os problemas sociais existentes (O'Brien, 2001). Grupos socialmente excluídos que há muito têm sido privados de oportunidades possuem capacidade muito limitada de participar do processo de transformação da sociedade na qual estão inseridos. Tal fato gera a necessidade de que iniciativas sejam desenvolvidas e possibilidades tecnológicas exploradas, de modo a promover melhorias na qualidade de vida ou defesa de seus próprios interesses.

Em muitos países desenvolvidos, a assistência para dar voz a esses grupos socialmente excluídos tem vindo de ONGs e envolvido a criação de canais de informação e comunicação eficazes entre os socialmente excluídos e as instituições públicas que os cercam.

Segundo Macadar e Reinhardt (2002), apenas um pequeno percentual da população mundial tem acesso à web. Takahashi (2000) diz que os Estados Unidos e Canadá juntos detêm cerca da metade dos usuários da internet no mundo, e mais de 40% das suas populações têm acesso à web. No outro extremo da escala, há países na África onde menos de 0,1% da população tem acesso à web (NUA, 2002). Mesmo em um país continental, como o Brasil, menos de 8% da população total estão conectados à internet (Neri, 2003). Tal fato vem sendo denominado divisão digital ou infoexclusão, isto é, a exclusão de pessoas da sociedade da informação, como definida anteriormente.

Takahashi (2002) afirma que a divisão digital é um dos maiores desafios a serem enfrentados pelo mundo de hoje, já que a infoexclusão pode alargar a brecha entre países desenvolvidos e em desenvolvimento, no que diz respeito ao acesso e uso de informação e conhecimento adequados e úteis.

Como visto antes, a divisão digital é geralmente conseqüência de desigualdades econômicas e sociais em países onde essas mesmas desigualdades são cada vez mais pronunciadas (Takahashi, 2002). Adicionalmente, como declarado por Zhong (2003), a infoinclusão pode representar, para os países em desenvolvimento, uma excelente oportunidade de implantação imediata das mais avançadas infra-estruturas tecnológicas e forças produtivas, sem a necessidade de primeiro implantar a tradicional infra-estrutura relacionada à sociedade industrial. Essa queima de etapas pode acelerar a inclusão de países em desenvolvimento na arena dos países desenvolvidos. Assim, a tecnologia da informação pode ser o principal motor e ponto de partida para o desenvolvimento de nações, desde que associada à inclusão digital tanto de cidadãos como de organizações.

Entretanto, a divisão digital não é apenas um desafio nas agendas dos países em desenvolvimento. Países desenvolvidos, como os Estados Unidos, estão também preocupados com essa questão. Segundo Hargittai (2003), em 2001 apenas 55% da população total dos Estados Unidos estavam usando a intenet regularmente. DiMaggio e Hargittai (2001) sugerem a expressão "desigualdade digital" como mais adequada para expressar as várias dimensões associadas a diferenças digitais que existirão, mesmo após o acesso à internet se tornar praticamente universal.

Alguns acadêmicos têm alertado para a necessidade de distinção entre os diferentes usos da tecnologia da internet, apontando o fato de que a divisão digital não é apenas uma conseqüência de se ter ou não acesso à internet, estando principalmente associada com o uso da internet, após o acesso ter se tornado possível.

Segundo a abordagem de Norris (2001), há três tipos de divisão digital:

- divisão global – que envolve as diferenças entre países desenvolvidos e em desenvolvimento;
- divisão social – que aponta para as desigualdades entre a população de uma nação;
- divisão democrática – que se refere às diferenças entre aqueles que usam/não usam tecnologias digitais para se engajar e participar da vida pública.

Wilson III (2000), por outro lado, vai uma etapa além, identificando quatro componentes para a infoinclusão:

- acesso financeiro – que indica se os usuários podem pagar pela conectividade;
- acesso cognitivo – que considera se as pessoas estão capacitadas para usar essa mídia, e encontrar e avaliar a informação que estão procurando;
- produção de conteúdo de acesso – que observa se existe material suficiente e adequado às necessidades dos usuários;
- acesso político – que considera se os usuários têm acesso às organizações que regulam as tecnologias que eles estão usando.

Esses pesquisadores, assim como outros (ver, por exemplo, Warschauer, 2003), vêm apontando a necessidade de abordagens mais holísticas e sistêmicas para o estudo da infoexclusão.

Governo eletrônico: um conceito em busca de uma definição

Governo eletrônico (*e-government*) é uma área de conhecimento ainda em estágio exploratório e, portanto, de difícil detalhamento. Some-se a isso o caráter extremamente abrangente do que, hoje, vem sendo chamado governo eletrônico.

Usando o conceito de Zweers e Planqué (2001:92), pode-se dizer que:

> Governo eletrônico é um conceito emergente que objetiva fornecer ou tornar disponível informações, serviços ou produtos, através de meio eletrônico, a partir ou através de órgãos públicos, a qualquer momento, local e cidadão, de modo a agregar valor a todos os *stakeholders* envolvidos com a esfera pública.

Já Balutis (1999), define governo eletrônico através da seguinte equação:

Governo eletrônico = $\sum$ [comércio eletrônico; *customer relationship management* (CRM); *supply chain management* (SCM); gestão do conhecimento; *business intelligence*; tecnologias colaborativas]

Segundo Lenk e Traunmüller (2001), quatro perspectivas podem ser, hoje, vislumbradas acerca de governo eletrônico, quais sejam:

- perspectiva do cidadão – visando oferecer serviços de utilidade pública ao cidadão-contribuinte;
- perspectiva de processos – visando repensar o *modus operandi* dos processos produtivos ora existentes no governo, em suas várias esferas, tais como, por exemplo, os processos de licitação para compras (*e-procurement*);
- perspectiva da cooperação – visando integrar os vários órgãos governamentais, e estes com outras organizações privadas e não-governamentais, de modo que o processo decisório possa ser agilizado, sem perda de qualidade, assim como evitar fragmentação, redundâncias etc., hoje existentes nas relações entre esses vários atores;
- perspectiva da gestão do conhecimento – visando permitir ao governo, em suas várias esferas, criar, gerenciar e disponibilizar, em repositórios adequados, o conhecimento tanto gerado quanto acumulado por seus vários órgãos.

Adicionalmente, governo eletrônico pode também ser entendido através de outras taxonomias, tal qual a expressa por Perri 6 (2001), onde o conceito pode ser compreendido através de três vertentes, expostas a seguir.

- *Fornecimento de serviços eletrônicos.* Atualmente, a maior parte dos esforços, recursos e atenção política dedicados ao governo eletrônico se concentra nessa área. Ela envolve o fornecimento de serviços de utilidade pública para o contribuinte, assim como o relacionamento entre governo e empresas, usando as tecnologias da informação e comunicação como propiciadoras para tal.
- *Democracia eletrônica* (*e-democracy*). Novas legislaturas, como as da Escócia e do País de Gales, estão usando sistemas de votação eletrônica nos seus parlamentos locais, assim como há no mundo experiências-piloto de consulta online aos cidadãos. O Brasil vem usando o *e-voting*, já há algum tempo, em eleições majoritárias e para o Congresso Nacional, o que o enquadraria nessa tipologia.
- *E-governance.* Segundo Kraemer e Dedrick (1997), essa é a área menos estudada de governo eletrônico. Ela incluiria, entre outras atividades, todo o suporte digital para elaboração de políticas públicas, tomada de decisões, *public choices* e *workgroup* entre os vários gestores públicos de diferentes escalões.

Como visto antes, várias definições estão correntemente associadas com o conceito de governo eletrônico. Claramente, o sucesso de políticas de governo eletrônico só pode ser plenamente alcançado se ocorrer concomitantemente uma reforma do Estado (Fountain, 2001), já que ambas se complementam. Por outro lado, o governo eletrônico raramente pode ser eficaz se não estiver completamente alinhado com as demandas da sociedade e livre dos obstáculos que impedem a administração pública de estar mais próxima do mundo empresarial. Portanto, é esperado que governo e negócios eletrônicos avancem acopladamente, de modo a moldar uma sociedade mais participativa e engajada, e menos desigual.

Usuários da internet no Brasil: o contexto socioeconômico

A maior parte das referências sobre usuários da internet diz respeito aos países da Organização para Cooperação e Desenvolvimento Econômico (OECD, 2002). Alguns países em desenvolvimento, como Índia, Brasil, México etc., usam a tecnologia da informação de forma bem intensiva. Esse fato pode conduzir a uma impressão extremamente otimista em relação a iniciativas de governo eletrônico.

Entretanto, como esses países têm grandes populações, números absolutos podem levar a conclusões erradas. Por exemplo, ao se comparar Canadá e Brasil, será percebido que ambos têm praticamente o mesmo número de usuários da internet. No entanto, 50% da população do primeiro podem ser considerados digitalmente incluídos, enquanto, para o segundo, essa proporção cai para menos de 10%.

O número de usuários da internet no Brasil está estimado em cerca de 10 milhões de pessoas. Assim, como já dito, trata-se de uma ínfima percentagem da população total de aproximadamente 170 milhões, de um país com o PIB de cerca de US$ 588 bilhões em 2000 (Afonso, 2001; Neri, 2003).

Segundo Afonso (2001), linhas telefônicas fixas são a opção predominante de acesso à internet no Brasil (62,5 milhões de linhas, das quais 38,8 milhões são fixas e 23,7 milhões são móveis). Serviços individuais de telefonia ainda alcançam apenas 39% da população total. Portanto, o acesso restrito a linhas telefônicas permanece como fator limitante para a expansão da internet, tanto para usuários individuais, quanto para provedores de serviço. O alto preço dos serviços de telefonia convencional também representa outra barreira num país onde a renda *per capita* é de cerca de US$ 3.500/ano.

As conexões entre *backbones* locais e internacionais são, também, bastante caras. Mais, provedores de acesso à internet (ISPs) não oferecem conexões telefônicas locais em várias pequenas cidades.

Como se pode imaginar, o preço do hardware é outra dificuldade no Brasil para o acesso à internet, devido à baixa renda *per capita* nacional. Por outro lado, a predominância de conteúdo em língua inglesa na web limita o acesso a um percentual extremamente baixo da população brasileira, isto é, aqueles com maior nível educacional.

A ausência de treinamentos, não apenas para lidar com a internet, mas também para dar suporte à infra-estrutura, assim como para desenvolver novos serviços e software, constitui-se em mais um obstáculo para a infoinclusão no Brasil.

Assim, todas essas questões configuram um ambiente propício ao fortalecimento das desigualdades digitais. Muitas dessas desigualdades são meras conseqüências de continuadas disparidades socioeconômicas no Brasil.

Apesar de tudo, segundo as Nações Unidas, o Brasil estava em décimo oitavo lugar – entre 190 países – na classificação mundial comparativa de governo eletrônico. Em 2001, o Brasil atingiu um índice de 2,24 (maior do que a Itália, 2,21), num valor máximo possível de 3,25. Os Estados Unidos estavam em primeiro lugar, com um índice de 3,11 (Ronaghan, 2002).

Método de pesquisa

De modo a melhor entender o fenômeno da divisão digital e como o Brasil poderia implementar iniciativas para lidar com ele, um modelo heurístico – denominado modelo de infoinclusão dinâmica (I2D) – é desenvolvido.

Segundo Winter (1998:172-173):

> Um modelo heurístico corresponde a um grau de definição de problema que ocupa uma posição intermediária na seqüência entre uma lista longa e indiscriminada de coisas que podem importar, de um lado, e um modelo teórico de controle bastante elaborado, do outro. Dentro de um modelo heurístico, há espaço para uma ampla gama de formulações mais específicas do problema – mas também existe estrutura suficiente fornecida pelo próprio modelo para guiar e focalizar a discussão. Por outro lado, uma variedade rica de modelos heurísticos diferentes pode representar abordagens plausíveis para um problema apresentado.

Baseado nessa formulação, o método de pesquisa adotado é um entre muitos que ainda podem ser utilizados em um futuro muito próximo, e representa um esforço para superar o efeito de "paralisia por análise" (Ansoff, 1984), extremamente comum quando se lida com coisas intangíveis, levando a discussões intermináveis e não a resultados práticos. Um modelo é bom não por causa do excesso de rigor que aplica a si mesmo, medido pelo número de variáveis levadas em consideração, mas sim pelo fato de modelar e expressar adequadamente a realidade que se enfrenta. A complexidade não é necessariamente sinônimo de bons resultados, exigindo alguma flexibilidade quando se lida com tópicos para os quais é necessário uma boa dose de senso crítico (Joia, 2004a).

A partir de um modelo estático desenvolvido por Afonso (2000), o autor projetou o modelo de infoinclusão dinâmica (I2D), de modo a capturar a dinâmica inerente ao processo de inclusão digital.

O citado modelo pode ser então utilizado para melhor entender as iniciativas já em andamento e a serem tomadas pelo governo brasileiro, relativas à diminuição da divisão digital e restrição à infoexclusão. Trata-se, portanto, de ferramenta de avaliação das políticas públicas brasileiras concernentes à inclusão digital, a partir do fato de que cada empreendimento deve estar associado a alguma faceta do modelo de infoinclusão dinâmica (I2D), proposto neste estudo.

Percebe-se, por óbvio, que o modelo heurístico proposto só estará testado quando for aplicado a iniciativas reais de inclusão digital no Brasil, e os resultados advindos da sua aplicação estiverem aderentes aos observados empiricamente.

O modelo de infoinclusão dinâmica

O modelo de inclusão digital, apresentado na figura 1, foi desenvolvido primeiramente por Afonso (2000). Ele possui quatro facetas principais, consideradas fatores críticos de sucesso para a promoção de iniciativas de inclusão digital em um país.

A primeira faceta do modelo é "infra-estrutura e acesso". Ela diz respeito à criação de condições individuais e coletivas para acesso local a um custo baixo e suportável.

A segunda faceta do modelo é "treinamento", a qual envolve a qualificação de pessoas, não apenas para usar a mídia digital, mas, também, para saber configurar, operar e desenvolver serviços e sistemas na web.

A terceira faceta é "conteúdo". Envolve o desenvolvimento de websites, serviços e sistemas de informação na língua local; democratização de toda a informação considerada pública; criação de condições para produção e disseminação de conteúdo local nacionalmente; assim como produção de interfaces gráficas amigáveis.

Finalmente, a última faceta do modelo é "sustentabilidade", que visa a garantir suporte econômico para manutenção e atualização dos serviços locais. Como acadêmicos e gestores públicos têm afirmado, governos não devem investir naquilo que não podem manter (Witfor, 2003).

Figura 1

Modelo estático de inclusão digital

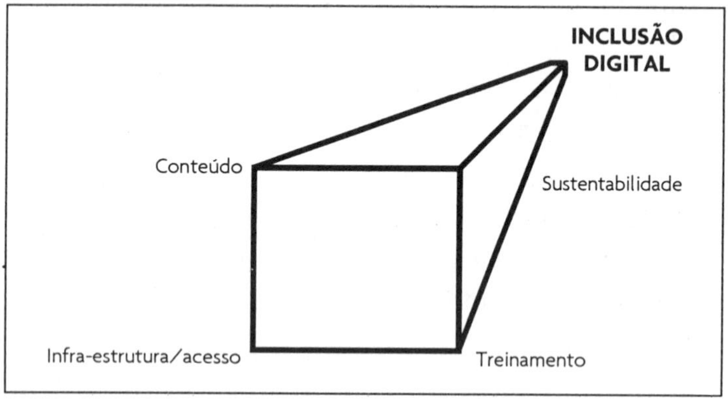

Fonte: Adaptado de Afonso (2000).

Segundo Afonso (2000), o processo de inclusão digital demanda uma cadeia de eventos tal como descrita: o acesso deve estar disponível quando necessário (tanto para a comunidade, como para os indivíduos); se disponível, deve ter um custo que possa ser suportado pelos usuários finais, considerando-se as diferenças de renda dentro do país; se disponível a custo acessível, deve ser universal (isto é, oferecer as mesmas oportunidades); e mais, deve ser tanto útil à comunidade, quanto sustentável a longo prazo.

Embora consistente e provocador, o modelo descrito é estático, não considerando as forças dinâmicas que podem interagir entre si, tornando viáveis a participação e a cidadania digitais da população.

A partir desse modelo, o autor projetou outro. Esse modelo, apresentado na figura 2 e chamado I2D (infoinclusão dinâmica), procura capturar a dinâmica do processo de infoinclusão, através de um círculo virtuoso de participação e cidadania.

Figura 2
Modelo de infoinclusão dinâmica (I2D)

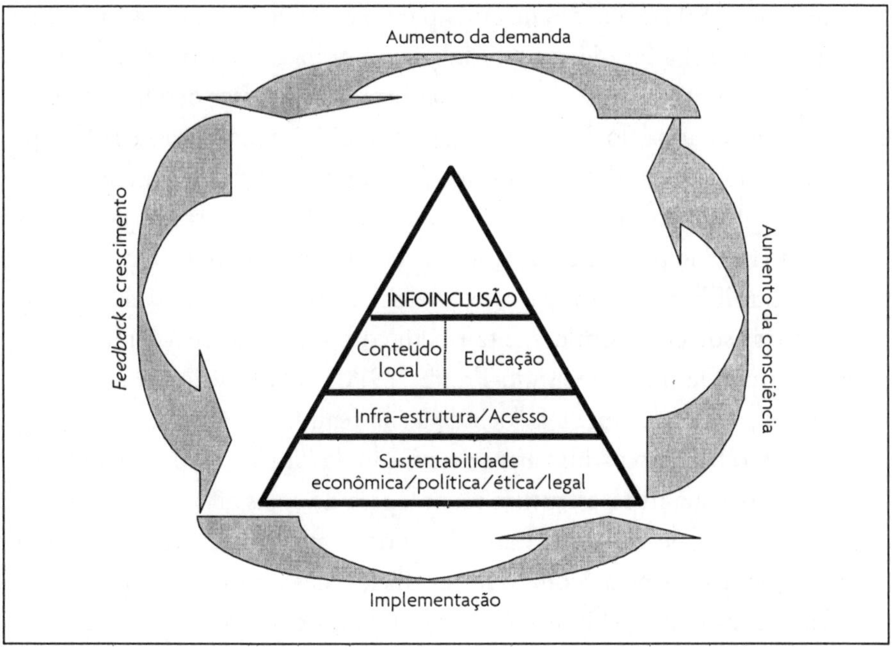

Há algumas diferenças entre o modelo de infoinclusão dinâmica (I2D), apresentado na figura 2, e o modelo estático de inclusão digital de Afonso (2000), mostrado na figura 1. As diferenças são expostas a seguir.

- *Sustentabilidade*. O modelo I2D não se preocupa apenas com a sustentação econômica das iniciativas de infoinclusão, mas também e principalmente com a sustentação política, ética e legal. Em outras palavras, os governos devem evitar descontinuidades políticas, preocupando-se com a criação de uma ambiência legal e ética que torne possível a inclusão daqueles à margem da sociedade da informação. Mais, os governos devem estar conscientes da necessidade de se evitar desigualdades digitais.

O que os governos pregam, no que tange à sua *accountability* e seu desejo de minorar *gaps* digitais, deve ser sustentado por ações coerentes e éticas.

- *Conteúdo*. Uma vez mais, torna-se necessário enfatizar a necessidade de que o conteúdo seja relevante para os infoexcluídos e relacionado à ambiência da qual fazem parte (Freire, 1970). Assim, o conteúdo deve estar relacionado com a ambiência local, de modo a motivar os usuários a acessá-lo (ver, por exemplo, Katz e Aspden, 1997, e DiMaggio e Hargittai, 2001). Soluções de cima para baixo não são, necessariamente, as mais adequadas, já que cada grupo tem sua própria realidade, freqüentemente bem distinta da encontrada em países desenvolvidos.
- *Educação*. O modelo I2D considera educação mais necessária do que treinamento, como definido no modelo anterior. Educação, em sentido mais amplo, incorpora treinamento como definido nesta seção, mas se preocupa principalmente com a consciência das pessoas, em busca de novos caminhos e oportunidades oferecidas pela tecnologia associada a mudanças socioeconômicas, e também com o esforço envolvido em tais mudanças. De novo, segundo Freire (1970), a educação do povo deve ser-lhe sempre relevante e associada à sua realidade. Pode-se citar, como exemplo, o fracasso na iniciativa de criação da Universidade Virtual Africana, com a sua infra-estrutura tecnológica do mais alto nível, de modo a permitir a conectividade, mas adotando o modelo educacional americano, que não fornecia conteúdo focalizado nas necessidades das comunidades locais (Joia, 2004b). O ponto de partida deve ser sempre as necessidades educacionais, em vez da tecnologia da informação. Esse fato atesta a forte ligação entre educação e conteúdo (ver a linha tracejada no modelo, apresentado na figura 2). Mais, educação deve produzir intervenções que possibilitem dar voz e cidadania aos grupos socialmente excluídos (Freire, 1970).

Assim, como se pode observar, trata-se de um modelo eminentemente dinâmico, que busca capturar o círculo virtuoso derivado da participação e cidadania tornadas acessíveis a populações antes excluídas.

Nesse círculo, o governo é responsável por implantar as iniciativas de infoinclusão. Essas iniciativas são propiciadoras do aumento da consciência entre os infoexcluídos. Uma vez que haja conscientização acerca do potencial que a sociedade da informação lhes pode ofertar, é esperado um aumento de demanda por novas iniciativas. Isso leva ao crescimento de iniciativas de infoinclusão, fornecendo *feedback* aos formuladores de políticas públicas, obrigando-os a buscar a implantação de cada vez melhores programas de inclusão digital.

Observações conclusivas e passos futuros

Muitos dos problemas relacionados à divisão digital no Brasil derivam da divisão social e econômica existente, a qual tem estado presente no país por séculos. Claramente, divisão digital não é causa (ou variável independente), mas efeito (variável dependente) desses dois vetores (Traunmüller et al., 2004).

O que o governo pode fazer é tão-somente desenvolver iniciativas que evitem o alargamento desse fosso digital. Assim, ações relacionadas com a redução das desigualdades sociais e econômicas são fundamentais para a erradicação da infoexclusão. No final das contas, ambas as iniciativas devem ocorrer simultaneamente. O *gap* digital é um poderoso propiciador do alargamento das já existentes divisões no Brasil. Por longo tempo, essas brechas têm crescido em ritmo constante. Com o advento da internet, essas brechas podem crescer de forma acelerada, a menos que o governo lide com o problema da infoexclusão de modo eficaz e oportuno.

Este estudo apresentou um modelo dinâmico para simular o processo de infoinclusão, denominado modelo de infoinclusão dinâmica (I2D), que objetiva representar o possível círculo virtuoso de participação e cidadania digitais, como mostrado na figura 2. Com base nesse modelo, algumas iniciativas já em andamento, ou a serem implantadas pelo governo brasileiro, relativamente a cada faceta do modelo, podem ser analisadas.

A questão central, assim como a recomendação para estudos futuros, é monitorar o impacto das iniciativas de inclusão digital, usando-se o modelo I2D, de modo a se avaliar a sua eficácia na diminuição da infoexclusão no país como um todo. Assim, um estudo longitudinal relativo aos próximos anos é recomendado, de modo a se validar integralmente o modelo proposto, dentro de variáveis de contorno predefinidas.

Adicionalmente, é importante verificar se outras ações relativas à inclusão social e econômica estão sendo desenvolvidas, de modo a melhor entender como essas iniciativas interagem entre si. A partir daí, seria possível entender a dinâmica e causalidades entre todos esses constructos.

Um item final a ser avaliado diz respeito à consciência do povo no processo de inclusão digital, fortalecendo o círculo virtuoso de participação e cidadania, como mostrado no modelo I2D (figura 2). Há necessidade de que o governo desenvolva ações de conscientização da população, centradas nas novas possibilidades oferecidas pela tecnologia da informação, dentro das condições econômicas e sociais específicas do país (Witfor, 2003). Deve haver uma tentativa consciente de incorporar essas novas tecnologias ao dia-a-dia das populações infoexcluídas. Por exemplo, os governos podem aproveitar a popularidade dos cibercafés, telecentros, quiosques públicos nos países mais pobres, tornando-os pontos de encontros sociais.

Iniciativas governamentais de construção e consolidação de uma consciência digital nacional dentro dos grupos digitalmente excluídos passam também pelo desenvolvimento de interfaces apropriadas e acessíveis, através, por exemplo, de telas de toque, reconhecimento de voz, ícones desenvolvidos localmente etc. Essas iniciativas teriam um grande sentido de relevância, de modo a imediatamente engajar cidadãos infoexcluídos.

Por fim, os governos devem também evitar a desinformação e a euforia exagerada acerca das potencialidades da inclusão digital e do governo eletrônico, facilitando o acesso da população à informação e incentivando o debate público, através dos quais os cidadãos poderiam gerar suas próprias idéias realistas sobre as inovações que poderiam efetivamente melhorar suas vidas. Enfim, mais do que inclusão digital, os governos, nas suas várias instâncias, devem propiciar a criação de uma consciência digital contextual. Esse é o grande desafio brasileiro.

Referências bibliográficas

AFONSO, C. A. *Internet no Brasil*: o acesso para todos é possível? São Paulo: Ildes/Fundação Friedrich Ebert, set. 2000. (Policy Papers, 26). Disponível em: <http://federativo.bndes.gov.br/destaques/egov/egov_inclusao.htm>. Acesso em: 9 out. 2004.

AFONSO, J. R. *E-government in Brazil*: experiences and perspectives. Montreal: Forum of Federations, Apr. 2001. Disponível em: <http://federativo.bndes.gov.br/destaques/egov/egov_estudos.htm>. Acesso em: 9 out. 2004.

ANSOFF, H. I. *Implanting strategic management.* Englewood Cliffs: Prentice Hall, 1984.

BALUTIS, A. P. Digital government – when all is said and done. *Electronic Government Journal*, v. 2, n. 6, Nov. 1999.

DiMAGGIO, P.; HARGITTAI, E. *From the "digital divide" to "digital inequality"*: studying internet use as penetration increases. Princeton: Center for Arts and Cultural Policy Studies/Woodrow Wilson School/Princeton University, 2001.

FOUNTAIN, J. E. *Building the virtual state.* Washington, DC: Brookings, 2001.

FREIRE, P. *Pedagogy of the oppressed.* New York: Seabury, 1970.

HARGITTAI, E. The digital divide and what to do about it. In: JONES, D. C. *New economy handbook.* San Diego: Academic, 2003.

JOIA, L. A. Developing government to government enterprises in Brazil: a heuristic model drawn from multiple case studies. *International Journal of Information Management*, Exeter: Elsevier, v. 24, n. 2, p. 147-166, 2004a.

______. Bridging the digital divide: some initiatives in Brazil. *Electronic Government*, Geneva: Inderscience, v. 1, n. 3, p. 300-315, 2004b.

KATZ, J.; ASPDEN, P. Motivations for and barriers to internet usage: results of a national public opinion survey. *Internet Research*, v. 7, n. 3, p. 170-188, 1997.

KRAEMER, K. L.; DEDRICK, J. Computing and public organizations. *Journal of Public Administration Research and Theory*, v. 7, n. 1, p. 89-112, 1997.

LENK, K.; TRAUNMÜLLER, R. Broadening the concept of electronic government. In: PRINS, J. E. J. (Ed.). *Designing e-government.* Boston: Kluwer Law International, 2001. p. 63-74.

MACADAR, A. M.; REINHARDT, N. Telecentros comunitários possibilitando a inclusão digital: um estudo de caso comparativo de iniciativas brasileiras. In: ENANPAD, 2002, Salvador. *Anais*... Salvador, 2002.

NERI, M. *Mapa da exclusão digital.* Rio de Janeiro, Centro de Políticas Sociais, EPGE/FGV, 2003. Disponível em: <http://epge.fgv.br/portal/pesquisa/livros/2003.html>. Acesso em: 9 out. 2004.

NORRIS, P. *Digital divide*: civic engagement, information poverty, and the internet worldwide. New York: Cambridge University Press, 2001.

NUA. *NUA analysis.* Sept. 10, 2002. Disponível em: <www.usabilitynews. com/news/article637.asp>. Acesso em: 9 out. 2004.

O'BRIEN P. K. The industrial revolutions. In: *Encyclopedia of European social history from 1350 to 2000.* Detroit: Charles Scribner's Sons, 2001. v. 2. p. 51-65.

OECD. *Measuring the information economy 2002.* 2002. Disponível em: <www.oecd.org/document/5/0,2340,en_2649_37409_2765701_1_1_1_37409,00.html>. Acesso em: 9 out. 2004.

PERRI 6. E-governance: do digital aids make a difference in policy making? In: PRINS, J. E. J. (Ed.). *Designing e-government.* Boston: Kluwer Law International, 2001. p. 7-27.

RODRÍGUEZ-ALVES, F. Present and future of the internet in Latin America. *Trends in Latin America networking.* 1999. Disponível em: <http://lanic.utexas.edu/project/tilan/reports/Present&Future.html>. Acesso em 9 out. 2004.

RONAGHAN, S. A. *Benchmarking e-government*: a global perspective – assessing the UN member states. United Nations, Division for Public Economics and Public Administration, American Society for Public Administration (Aspa), 2002. p. 7. Disponível em: <www.unpan.org/e-government/Benchmarking%20E-gov%202001.pdf>. Acesso em: 9 out. 2004.

TAKAHASHI, T. *Sociedade da informação no Brasil*: livro verde. Brasília: Ministério da Ciência e Tecnologia, 2000. Disponível em: <www.socinfo.org.br>. Acesso em: 9 out. 2004.

______. Rumo à sociedade da informação: situação atual, desafios e perspectivas para o Brasil. In: JORNADA DE PROSPECTIVA E GESTÃO DO CONHECIMENTO, Brasília, 19 dez. 2002. *Anais...* Disponível em: <www.cgee.org.br/arquivos/pro0201.pdf>. Acesso em: 9 out. 2004.

TRAUNMÜLLER, R.; CHUTIMASKUL, W.; KARNING, B. Regional developments in global connection. In: TRAUNMÜLLER, R. (Ed.). *Proceedings of the Third International Conference, EGOV 2004*. Zaragoza, 2004. p. 538-542.

WARSCHAUER, M. *Technology and social inclusion*. Cambridge: MIT Press, 2003.

WILSON III, E. J. *From access to outcomes*: digital divide report. Reston: The Morino Institute, 2000.

WINTER, S. Knowledge and competence as strategic assets. In: KLEIN, D. (Ed.). *The strategic management of intellectual capital*. Woburn: Butterworth-Heinemann, 1998. p. 165-187.

WITFOR. *WITFOR 2003, white book*. Laxenburg, Austria: IFIP Press, 2003.

ZHONG, Y. X. *Information society*: what, why and how? 2003. Disponível em: <www.witfor.lt/?page=371>. Acesso em: 9 out. 2004.

ZWEERS, K; PLANQUÉ, K. Electronic government: from a organizational based perspective towards a client oriented approach. In: PRINS, J. E. J. (Ed.). *Designing e-government*. Boston: Kluwer Law International, 2001. p. 92.

A gerência equalizadora: estratégias de gestão no setor público*

*Bianor Scelza Cavalcanti***

Da modelagem à improvisação: reinterpretando a modelagem organizacional

Entre os elementos que consubstanciam a literatura da modelagem organizacional, observa-se a convergência na identificação mais precisa das variáveis estruturais formais, de cuja modelagem apropriada depende o alcance de resultados organizacionais referentes a categorias tais como eficácia, eficiência, lucratividade, inovação, competitividade etc. O pressuposto corrente é que as variáveis de modelagem, relacionadas em quadros conceituais, estão sujeitas às decisões ou escolhas estratégicas (Galbraith, 1977; Galbraith e Lawler III, 1995; Nadler e Tushman, 1994; Hardy, 1994;

* As idéias aqui desenvolvidas foram preliminarmente apresentadas no Simpósio Internacional "Novas tendências do desenvolvimento da educação, liderança e treinamento no setor da administração pública", organizado conjuntamente pelo Public Administration Institute for Turkey and the Middle East (Todaie) e pela International Association of Schools and Institutes of Administration (Iasia), realizado em Ankara, em 19 de novembro de 2004. A argumentação central deste capítulo é mais densamente discutida em Cavalcanti (2004, 2005).

** Diretor da Escola Brasileira de Administração Pública da Fundação Getulio Vargas (Ebape/FGV).

Hall, 1984) de executivos e gerentes, estando, portanto, sob seu controle. Como Galbraith, referindo-se ao quadro conceitual por ele desenvolvido, explica, "o quadro conceitual consiste em uma série de políticas de modelagem que são controláveis pela agência e podem influenciar o comportamento dos empregados" (Galbraith, 2002:9). Outra convergência na literatura está na valorização das variáveis referentes a processos, recompensas e pessoas como foco de modelagem, em detrimento da supervalorização, já superada, das variáveis referentes à estrutura.

Fundamental ao argumento deste estudo é a adesão ao entendimento do caráter sistêmico das organizações, ao assumir que as variáveis se relacionam entre si. Esse pressuposto impõe, do ponto de vista da modelagem organizacional, o critério da coerência, compatibilidade, consonância, alinhamento ou congruência nas escolhas estratégicas de desenho adotadas, para poder garantir altos padrões de desempenho e resultados. Nas palavras de Nadler e Tushman (1994:39-40):

> A organização pode, portanto, ser considerada como uma série de componentes – a tarefa, os indivíduos, a organização formal e a organização informal. Em qualquer sistema, porém, a questão crítica não é quais são os componentes, mas qual a natureza da sua interação e como as relações entre eles afetam a maneira pela qual se combinam para dar o produto.
>
> Existe um grau de congruência relativo entre cada par de componentes organizacionais. A congruência entre dois componentes é definida como o grau em que as necessidades, demandas, metas e estruturas de um componente são coerentes com as necessidades, demandas, metas e estruturas de outro componente. A congruência é, portanto, uma medida da adequação entre pares de componentes (...) O modelo agregado, ou organização total revela um grau relativamente alto, ou baixo, de congruência sistêmica nos pares de componentes que têm uma congruência alta, ou baixa.

A formalização da hipótese básica do modelo é (Nadler e Tushman, 1994:41):

em igualdade de condições, quanto maior o grau total de congruência entre os vários componentes, mais eficiente será a organização, definindo-se a eficiência como o grau em que o produto organizacional real é semelhante ao produto esperado ou planejado, tal como especificado pela estratégia.

A centralidade do conceito de níveis de certeza/incerteza, associado à natureza da tarefa da organização e ao caráter de suas relações ambientais, decorre do requisito de congruência. A importância do conceito de incerteza reside na sua capacidade de refletir, expressar e sumariar a natureza qualitativa das interações entre organização e ambiente, tais como mediadas pela tarefa (*task*) e pela estratégia definida. Igualmente relevante é sua pertinência para a decisão, uma vez que o nível de incerteza a que um sistema está sujeito é "medido" ou avaliado em função da disponibilidade de informações para o processo decisório. Convém lembrar que, certamente, um dos maiores avanços na teoria das organizações, e, conseqüentemente, na análise organizacional moderna, foi a substituição da ação (eficiente) pela decisão (satisfatória) como principal unidade de análise (Simon, 1960). Segundo Galbraith (1977:39), "variações nos arranjos organizacionais são, na realidade, variações na capacidade das organizações em processar as informações e tomar decisões sobre eventos que não podem ser antecipadamente previstos". Portanto, em situações de alta incerteza, informações requeridas pela tarefa tendem a ser coletadas, distribuídas e processadas para a decisão, pode-se dizer, "em tempo real", isto é, durante a execução da tarefa.

Nesse sentido, compartilha-se, na literatura, o entendimento do caráter contingencial da modelagem organizacional. Em níveis baixos de incerteza, estão associadas estratégias mais simples e modelos organizacionais mais tradicionais de tipo burocrático-mecanicista. Em níveis altos de incerteza, estão associadas estratégias mais complexas, requerentes de modelagem organizacional (Ashkenas et al., 1999).

Observa-se, também, na literatura, a constatação de que, embora, em qualquer momento dado, diferenças relativas hão de existir em relação aos níveis de incerteza a que estão sujeitas diferentes organizações ou subsistemas destas, a intensidade e o ritmo das mudanças no cenário da globalização indicam uma tendência definitiva no sentido de modelagens distintas daquelas que prevaleceram no século XX, que tinha o modelo burocrático como referência maior. As constatações empíricas e proposições de formas e mecanismos desta natureza são a organização horizontal, corporação virtual, organização modular, estruturas focadas no cliente, equipes multidimensionais, coordenação eletrônica e outras (Galbraith, 2002). A despeito dessa tendência, o "aqui e agora" das decisões de modelagem requerem a consideração dos conceitos de *diferenciação* e *integração*, tal como introduzidos por Lawrence e Lorsch (1972:12-13), no final dos anos 1960.

Finalmente, observa-se na literatura a constatação de que o alucinante ritmo das mudanças na ambiência organizacional e a conseqüente imposição de mudanças organizacionais levam os modeladores à condição de "cotidianos agentes de mudança". Como observa Galbraith (2002:5), referindo-se às decisões de modelagem organizacional:

> Porém, tão logo uma decisão seja tomada, a situação muda, exigindo que o gerenciamento aprenda de novo e decida mais uma vez. A combinação da variedade, das dimensões múltiplas e da mudança leva a empresa a ter de tomar ainda outras decisões, mais freqüentemente.

Ao chamar a atenção para a necessidade de se conseguir uma "perspectiva balanceada", como um dos maiores desafios da modelagem, Galbraith preocupa-se em especificar o papel do executivo-chefe como modelador da organização, na dinamicamente mutante ambiência organizacional. Tal perspectiva critica o uso indevido, não circunstanciado, dos modelos de moda, ainda quando detentores de credibilidade, ou a insensibilidade às novas práticas potencialmente virtuosas, quando ainda carentes do aval da notoriedade. Igualmente importante, nessa perspectiva balanceada, é reconhecer que a escolha de um modelo implica *trade-offs*. É impossível a um modelo atender igualmente bem a todos os valores e atividades, a um só tempo prover uma variedade de produtos para uma variedade de clientes em curtos ciclos de tempo e, também, obter economias de escala para promover baixo custo.

Galbraith (2002:8) formula claramente a tarefa do líder, no que se refere ao seu papel e a sua ambiência organizacional imediata:

> A estratégia de negócios deveria fixar os crtérios necessários para a determinação da tarefa prioritária a se executar. Pode-se assim modelar uma organização de forma a que satisfaça estes critérios (...) A tarefa do líder é ajudar a organização a escolher. Esta escolha é a *trade-off decision*.
>
> Qualquer modelagem organizacional possui pontos positivos e negativos envolvidos em cada escolha. O excesso de modismos geralmente encobre os pontos negativos (...) Tais pontos negativos são o que o líder terá de administrar.

É interessante notar que essa abordagem de Galbraith parece ter pontos de contato, ainda que superficiais, com abordagens subjetivistas, como a de Karl Weick (1995), que entende a modelagem organizacional como um cotidiano exercício de improvisação. Já se começa a observar uma influência da visão interpretativa assumida por Weick na perspectiva emergente da modelagem organizacional; uma visão na qual a estrutura é entendida em seu dinamismo e precariedade, como um processo contínuo de construção social da realidade. No dizer de Ranson e outros (1980:3), por exemplo, a estrutura é concebida como "um complexo meio de controle que é continuamente produzido e recriado pela interação, e, entretanto, dá forma a essa interação: estruturas são constituídas e constituintes".

Esse novo interesse da parte de estudiosos da modelagem organizacional, firmemente enraizados no pensamento funcionalista, teve uma de suas importantes manifestações explicitadas numa coletânea resultante de denso programa de pesquisas longitudinais, de cinco anos de duração, levado a efeito na segunda metade dos anos 1980: *Organizational change and redesign: ideas and insights for improving performance* (Huber e Glick, 1995). Tendo por objeto de estudo 153 organizações de diversas indústrias, o programa teve por objetivo "gerar um novo conhecimento sobre quando e como os diferentes tipos de mudança ocorrem e quais são seus efeitos no desempenho organizacional" (Huber e Glick, 1995:v). Concluindo e ao se referirem especificamente ao capítulo precedente ao de Weick, os autores não se furtaram a instigar seus leitores: "Os capítulos 10 e 11 colocam-se em agudo contraste entre si, e provocarão os leitores a considerar se e como essas perspectivas díspares podem ser conciliadas" (Huber e Glick,1995:14). No mesmo tom provocativo, questionam, no capítulo de fechamento, onde buscam extrair da obra os novos aprendizados nela contidos: "Podem os executivos estimular mudanças contínuas e descontínuas por meio da improvisação e da 'bricolagem'?" (Huber e Glick, 1995:388).

O questionamento daqueles autores é central quando se busca entender e explicar as estratégias de gestão de executivos capazes de levar suas organizações a níveis mais altos de desempenho, a partir da compreensão de suas relações com as estruturas vigentes e com as pessoas. Reconhecendo a natureza dinâmica e fluida da organização, Weick chama a atenção para uma modelagem que enfatiza o "verbo" em vez do "nome"; uma perspectiva que, em vez de ressaltar a estabilidade, reconhece a importância da imprevisibilidade. Ele desmonta os pressupostos básicos da abordagem tradicional de modelagem organizacional e oferece outros pressupostos alternativos que levam a uma reconceitualização desta última, enfatizando sua base perceptiva e dinâmica.

Para deslocar a concepção da modelagem de um estágio estático para um dinâmico, Weick faz um esforço de desconstrução das pressuposições que dirigem as concepções tradicionais acerca da modelagem. Ele lembra que, ao mesmo tempo em que nos ajudam a conceber o mundo, os conceitos também nos impedem de expandir a nossa compreensão além dos limites que a categoria estabelece. Ou seja, "em outras palavras, o que cada conceito faz é excluir, bem como incluir; ignorar, bem como concentrar (atenção); remeter à obscuridade, bem como trazer à luz" (Burrell, 1997:445).

Outra contribuição importante de Weick, no entanto negligenciada, tem a ver com a sua concepção acerca do construtivismo social. Fazendo uso do conceito de "bricolagem", tomado emprestado de Lévi-Strauss, Weick nos lembra que uma das principais características do *bricoleur* é "que essa pessoa faz coisas com quaisquer instrumentos e materiais que estejam à mão". Não se trata apenas de materiais sociais ou objetos, mas de um conjunto heterogêneo de diferentes associações dos dois. A função do gerente é a do *bricoleur*, no entanto um *bricoleur* (todos o somos) mais dotado de qualidades como conhecimento íntimo dos recursos disponíveis, observação cuidadosa e intuição.

A proposição dos estudiosos da modelagem, entre outros aspectos, contém esse ponto de interesse que merece realce: "Em grande medida, a modelagem de uma organização (...) impacta diretamente a habilidade dos gerentes individuais em tomar e implementar (...) decisões" (Weick, 1995:349). Weick rejeita essa proposição, afirmando que "de muitas maneiras a idéia de um gerente individual é uma ficção" (Weick, 1995:359). Para o autor (1995:359):

> O gerenciamento é um composto de contribuições parciais feitas por muitos indivíduos cuja identidade é definida por suas relações sociais. O trabalho de gerenciamento é profundamente social, o que significa dizer que a dispersão e o significado de uma modelagem não são facilmente controlados. Modelagens não criam sistemas sociais; elas são criadas por eles. E a eficácia da modelagem é determinada pelas relações sociais existentes que são utilizadas pela modelagem.

A modelagem organizacional é construída por entidades sociais, tais como o *top management team* (Hurst et al., 1989, citados por Weick, 1995:358), as ligações das díades verticais entre superior e subordinados (Graen e Scandura, 1987, citados por Weick, 1995:360) e as relações intergrupais horizontais mobilizadas pelas lideranças. Ações de caráter integrativo, fundamentadas na dinâmica relacional, produzem *design*.

Ressaltando a importância dos processos de interpretação e *sensemaking*, Weick retoma o conceito da "gestão de significado", lançado por Smircich e Morgan (1982), segundo o qual o papel do gestor consiste, em grande parte, na geração de um ponto de referência, em relação ao qual o sentido de organização e direção emerge. Uma modelagem improvisada cria um ponto de referência em torno do qual se formam significados. Remodelar significa reespecificar esse ponto gerador. O compromisso passa a ser chave no processo de remodelagem, uma vez que torna possível a adequação das pessoas a ambientes turbulentos, possibilita a adequação às dúbias relações causa-efeito e impulsiona os processos de interpretação e padrões de ação.

O compromisso é um instrumento plausível de modelagem quando assumimos que a ação é dirigida pela interpretação, e não pela decisão (Garfinkel, 1967). Modelar para interpretação assume que pessoas podem sentir-se confusas, mas não ignorantes acerca das suas ações, e que essa confusão é reduzida pela interação, oportunidades de validação consensual, auto-organização, memória coletiva, conversação e narrativas. As modelagens que ajudam as pessoas a removerem essas ambivalências tendem a ser mais sociais, toleram a improvisação e são mais afetadas pela ação do que as modelagens baseadas em processos decisórios.

Nesse contexto, o controle direto torna-se mais difícil, parcialmente porque não existem padrões exatos para medir o desempenho. No entanto, até a improvisação implica controle, baseado em: quadros de referência que os participantes tomam como dados, embutidos em rotinas procedimentais e substantivas; vocabulário da organização; canais preferenciais de comunicação; critérios de seleção; agendas de reuniões; práticas de socialização.

As pessoas que se propõem a construir modelagens esquecem que essas entidades se inserem em contextos sociais que escapam ao total controle e compreensão. Fazendo isso, elas ignoram as modelagens emergentes, as maneiras nas quais atores interdependentes se tornam auto-organizados para enfrentar modelagens pouco especificadas, ignoram o poder da retrospectiva, ignoram as maneiras pelas quais a ação gera seu próprio significado.

Implicações para o estudo da modelagem no setor público

Não é exagero afirmar que, no Brasil, as estruturas administrativas precederam a própria sociedade, por não terem fluído originalmente da evolução do jogo social, e sim de um transplante, concebido sob medida para garantir lealdade, ordem e exploração econômica em benefício da Coroa portuguesa. A história administrativa do Brasil moderno é condicionada pela herança da imposição, proliferação e precedência da norma e reforçada pela cultura bacharelesca daquela herança derivada.

O Estado Novo (1937-45), resultante dos ideais do movimento tenentista de 1922 e da Revolução de 1930, plantou no Departamento Administrativo do Serviço Público (Dasp) suas bases de sustentação do poder federal, contraposto ao fragmentado poder conservador das oligarquias rurais exportadoras, característico da Primeira República. Instrumento de exercício de um poder central autoritário, embora comprometido com projeto desenvolvimentista, o todo-poderoso Dasp serviu ao Estado, exercendo o controle da organização, do orçamento público, da gestão do pessoal e das compras governamentais, sob a égide do valor da racionalidade administrativa, transformada em instrumento de poder. Ainda que não equacionando administração com direito administrativo, como na tradição portuguesa, o inovador Dasp não escapou às influências culturais condicionantes. Por definição, o Dasp, e seus substitutos no tempo, foi uma agência de modelagem organizacional do setor público, que teve por referência paradigmática o modelo burocrático resultante da leitura de Weber, tal como feita pelos estudiosos e reformadores administrativos norte-americanos, e os princípios de William Willoughby e de Woodrow Wilson. O primeiro propunha uma distinção clara, estruturalmente definida, entre as atividades-fim e as atividades-meio (Wahrlich, 1984:50). Wilson, em seu ensaio seminal de 1890, propunha a clara distinção entre política e administração.

Os intuitos de racionalização e padronização instituídos pelo Dasp, bem como a base analítica de princípios que compartimentam realidades sociais, fizeram-no perder, progressivamente, sintonia com o aprofundamento e crescente complexidade das mudanças em curso. De 1945 aos nossos dias, a história das sucessivas reformas administrativas e esforços de mudança no setor público brasileiro pode ser explicada e compreendida à luz do quadro conceitual da modelagem organizacional de corte funcionalista, apresentada anteriormente. Trata-se de uma busca constante da "diferenciação" necessária à lide com atividades de natureza diversa, sujeitas a diferentes graus de incerteza.

Diferentes projetos desenvolvimentistas buscaram a flexibilização do sistema através da "diferenciação" manifesta em modelos institucionais, estruturas organizacionais e processos gerenciais e administrativos correspondentes a autarquias, fundações públicas, empresas públicas, empresas estatais, organizações sociais e agências executivas e reguladoras. Assim foi com os institutos autárquicos na era Vargas, com a administração paralela que apoiou o plano de metas de JK, com as fundações e empresas no regime militar de 1964 e com a administração gerencial importada por Bresser-Pereira no governo FHC. Após cada período de flexibilização, e antes mesmo que se consolidassem estruturas e formas de fazer, os tentáculos da padronização e do controle burocrático retomaram suas funções (Pimenta, 1993). Mais sofisticada e distribuída hoje, no setor público, a chamada "política de gerenciamento público" constitui uma peça importante, por seus atributos ora restritivos, ora capacitadores, do contexto da modelagem organizacional, tanto da administração direta quanto da administração indireta. Como a define Michael Barzelay (2003:4):

> Este termo se refere às regras institucionais e às rotinas organizacionais gerais para a administração pública, e não aos ajustes que são específicos para departamentos (ou organizações individuais). Estas regras e rotinas são subdivididas nos seguintes grupos: o planejamento de dispêndios e do processo de gerenciamento financeiro, pessoal e relações trabalhistas, compras, organização e métodos, auditoria e avaliação.

Pode-se afirmar que em nenhum momento um dirigente público brasileiro e suas equipes gerenciaram com o apoio de uma modelagem organizacional, das estruturas e mecanismos de gestão formais, que atenda ao requisito da "congruência", tal como prescrito na literatura estrutural-funcionalista da modelagem organizacional.

Reformas administrativas no Brasil sob a ótica da modelagem organizacional

A burocracia pública referente ao Poder Executivo, no Brasil, é uma organização composta de organizações da administração direta e indireta (autarquias, fundações e empresas estatais públicas e de economia mista). De pronto, cabe observar que nesse aspecto reside um dos grandes desafios da modelagem do setor público. Do ponto de vista teórico, como já visto, os níveis de incerteza a que está sujeita uma organização estão sistemicamente relacionados à estrutura, a processos de informação e decisão, a sistemas de recompensa e às pessoas. O Estado brasileiro, por meio de sua burocracia, está presente em todos os setores da ação social e econômica, não apenas formulando e implementando políticas, regulamentando e fiscalizando setores econômicos, mas, em muitos deles, também produzindo. Se, por um lado, o inegável vigor desse Estado obrigou seus dirigentes políticos a reconhecerem a necessidade da diferenciação na macroestrutura burocrática para poder enfrentar os desafios e incertezas inerentes às tarefas do desenvolvimento, por outro, atitudes reticentes e incoerentes fizeram das sucessivas reformas administrativas uma história de avanços e recuos nesta questão. Observa-se hoje, na administração Lula, o desconforto com a autonomia administrativa das agências reguladoras recém-criadas.

No plano organizacional das estruturas internas às suas unidades administrativas e de produção (ministérios e órgãos ministeriais, autarquias, fundações e empresas estatais), a burocracia brasileira foi sempre centralizadora e uniformizadora, desde sua configuração moderna, estabelecida no final dos anos 1930. No plano da macroestrutura, a criação de diferentes opções institucionais, como as autarquias, as fundações, as agências e as empresas estatais, representa o reconhecimento da necessidade de diferenciação em face de subtarefas, variadas em sua natureza e sujeitas a diferentes níveis de incerteza. De certa forma, pode-se recorrer a Chandler (1962) para dizer que a macroestrutura institucional seguiu a estratégia de desenvolvimento adotada, que impôs ao Estado papel central de promotor, fiscalizador e executor, em larga medida, do desenvolvimento econômico e social.

Os esforços e mecanismos de integração dessa macroestrutura diferenciada revelam, no entanto, a esquizofrenia das concepções administrativas subjacentes aos esforços de reforma administrativa, que relutam em assumir, de maneira menos ambígua, os ditames da diferenciação.

A Revolução de 1930, sob a liderança de Getúlio Vargas, é um marco divisório na formação do Estado brasileiro. A partir desse momento, a administração pública brasileira buscou a profissionalização de seus quadros e a racionalização através da adoção do modelo burocrático. Essa foi a alternativa implementada na primeira tentativa de romper com o modelo patrimonialista até então predominante, caracterizada, como já visto, pela implantação do Dasp.

Além do Dasp, foram também criados nesse período os Departamentos Estaduais do Serviço Público, os "Daspinhos", que representaram localmente, junto a outros órgãos federais, o poder centralizado no Executivo federal.

Contudo, os sensíveis avanços em termos de racionalidade e profissionalização da administração pública não ocorreram unicamente em conseqüência das atividades do Dasp, uma vez que o surgimento de órgãos que elaboravam e implementavam políticas globais para o desenvolvimento do país foi, também, decisivo para esse processo. Esses órgãos estavam vinculados essencialmente ao processo de desenvolvimento industrial, tinham a responsabilidade de dar condições para o crescimento da indústria nacional e seus objetivos primordiais eram as questões de infra-estrutura de energia e transportes e a instalação de setores novos, tais como produção de equipamentos para instalação de fábricas. A centralização e o intervencionismo que surgem no Estado brasileiro, a partir da Revolução de 1930, eram parte da estratégia desenvolvimentista do país; contudo, esses traços, com maior ou menor intensidade, nunca mais deixaram de ser características do Estado brasileiro.

É interessante observar, no ideário administrativo brasileiro, a convivência entre duas tradições que mantêm suas perspectivas, por vezes conflitantes, no cenário nacional. Se, por um lado, as inspirações clássicas (por exemplo, Gulick e Urwick, 1937; Willoughby, 1927, 1936) eram a versão gerencial contemporânea da época, que levou o Brasil a ingressar relativamente cedo numa visão administrativa mais moderna, de inspiração norte-americana, por outro, o "enfoque jurídico dos problemas de administração não perdeu seu vigor na convivência com as novas correntes doutrinárias" (Wahrlich, 1976:50). Tal enfoque sempre considerou a administração pública como seara do direito administrativo, com ênfase na legalidade e nos rituais processualísticos, dominados, enquanto campo de saber, por procuradores e advogados.

Wamsley e Zald observam que "algumas organizações públicas descobrem, em algum momento de sua existência, que ninguém possui um comprometimento profundo ou interesse em seus resultados ou em sua tecnologia. Como conseqüência disso, elas se tornam vulneráveis à expansão 'imperialista' da concorrência ou são deixadas aos caprichos das tendências econômicas" (Wamsley e Zald, 1973:28), ou, poder-se-ia acrescentar, dos planos de estabilização monetária e de ajuste fiscal, como, hoje, no caso brasileiro. Estes autores norte-americanos citam como um dos exemplos dessas agências, nominalmente, o Dasp.

Paulo Motta (1987:32) avança essa análise para mostrar os limites das reformas administrativas e propõe mudanças que tenham impacto direto sobre as relações entre Estado e sociedade, uma vez que a simples expansão do Estado, a seu ver,

> tem servido menos ao propósito de alcançar maior eqüidade e eficácia na administração pública do que ao desenvolvimento de formas de inserção de novos grupos no sistema de clãs e grupos preferenciais vigentes. A expansão do Estado se fez sem alterar substancialmente as relações Estado/sociedade.

Esse Estado não foi substancialmente transformado nem na era Vargas, nem nos períodos desenvolvimentistas de Kubitschek e do posterior regime autoritário militar, nem na "Nova República",[1] que, ao contrário atestou sua falência. Os diagnósticos de esgotamento do modelo econômico de intervenção estatal cederam lugar à constatação de desintegração do próprio Estado.

Ao analisar esse atributo de "privatização" do Estado, não só no Brasil, mas na América Latina, Motta especifica esse processo de apropriação e explica sua permanência através dos tempos, dos regimes políticos (ditadura civil e militar, intercaladas por períodos democráticos) e das fases de maior ou menor crescimento econômico. E descreve os grupos de interesse e suas motivações (Motta, 1987:32):

> Os grupos e clãs políticos que se aglutinaram no aparelho estatal estão em busca de recursos para garantir sua sobrevivência, através de apoio de base e de liderança. Os recursos obtidos são utilizados para satisfazer tanto a interesses políticos de poder como a interesses sociais particula-

[1] Período histórico iniciado em 1985, com a posse do presidente José Sarney, marcando o fim do regime autoritário que se havia instituído em 1964.

rísticos desses mesmos grupos, tais como os interesses privados de seus membros. Os grupos agem com a motivação de obter cooperação, ajuda e proteção mútua de seus membros, através de canais formais de administração, mas também de uma organização informal, ou seja, uma rede de apoio, de comunicação e de interação ligada por laços de lealdade política e religiosa, de parentesco, de vizinhança, de compadrismo etc.

Entretanto, a estratégia de evitar o confronto direto, que faz da administração pública o estágio para esforços cuidadosamente manipulados, em vez de ser racionalmente modelado, seguindo a lógica do interesse público, independe mesmo do autoritarismo de qualquer ditador ou grupo de interesse específico que chega ao poder. Como aponta Motta (1987:32):

> Eles são grupos ativos que transformam o Estado em um campo minado de lutas políticas, mantido atrás das cenas de atividade do Estado por um processo no qual se tenta conciliar interesses conflitantes, de maneira delicada e dinâmica, de forma a não causar danos à aparente estabilidade e legitimidade do sistema. Por esta razão as disputas são bem toleradas e preferencialmente não declaradas, sendo confinadas a uma dada arena política predeterminada, notadamente o Estado. Esses campos são parte do contexto social, político e econômico que define o Estado e não pode portanto ser ignorado no corrente estágio de construção de acordo da região, quando consideram-se estratégias para modernização do aparato do Estado.

O sistema do mérito é antagônico ao controle de nichos burocráticos, representando uma ameaça muito maior no nível de cargos diretivos e de chefias do que no nível dos demais cargos. Esse loteamento da burocracia talvez seja o maior obstáculo ao ideal de um tratamento congruente das variáveis de modelagem organizacional no setor público. As escolhas em relação à estratégia, estruturas, mecanismos de informações e processo decisório, além de políticas de pessoal, são resultado de um intricado processo, influenciado por múltiplos grupos de interesse e facções que são beneficiados pelas incoerências dos desenhos institucionais e organizacionais do Estado. Esses interesses são um dos motivos pelos quais essa característica perversa do Estado e suas organizações se mantém.

Concessões à "diferenciação"

Foi exatamente o descrédito na possibilidade de viabilizar uma reforma administrativa de curto prazo que levou o governo democrático do presidente Kubitschek a confiar nos mecanismos de uma administração paralela como sustentáculo de seu ambicioso e bem-sucedido plano de desenvolvimento (Lafer, 1987). A "administração paralela" foi a forma encontrada para possibilitar uma administração eficiente e ágil, sem, contudo, realizar uma reforma complexa nas formas de atuação do governo brasileiro. Conforme mostra Benevides (1976:224-225):

> A administração paralela era, portanto, um esquema racional, dentro da lógica do sistema – evitando o imobilismo do sistema sem ter que contestá-lo radicalmente –, uma vez que os novos órgãos funcionavam como centros de assessoria e execução, enquanto que os antigos continuavam a corresponder aos interesses da política de clientela ainda vigente.

Como instrumento de planejamento governamental, "o plano de metas, pela complexidade de suas formulações – quando comparado com essas tentativas anteriores – e pela profundidade de seu impacto, pode ser considerado como a primeira experiência efetivamente posta em prática de planejamento governamental no Brasil" (Lafer, 1987:30). O período JK caracterizou-se, sobretudo, pela forte industrialização, consolidação do processo de urbanização e maior interiorização do desenvolvimento.

É muito interessante notar que o caos da administração pública durante o governo Jango pode ter sido importante para desencadear o regime autoritário pós-1964. No trabalho de Soares (1994:23-24), esse aspecto é enfatizado:

> A desordem, o caos e a anarquia, em contraposição à ordem, à estabilidade, à segurança e à tranqüilidade, ocupam posição central nas análises da situação política feitas por militares, embora sejam conceitos usualmente desprezados pelos cientistas sociais. (...) O caos está sem-

> pre presente nos discursos e pronunciamentos feitos por militares a respeito da situação que levou ao golpe de 64. (...) Nos discursos dos presidentes militares, sempre críticos do governo Goulart, deu-se mais atenção ao caos e à desordem do que à inflação ou à estagnação. (...) o clima de caos administrativo que imperou durante o governo de João Goulart, e antes dele desde agosto de 1961, parece ter contribuído para convencer os militares a intervir.

É essencial mostrar que a necessidade de reforma administrativa foi causada pela excessiva complexidade que o governo brasileiro vai, gradualmente, adquirindo quando passa a realizar tarefas referentes ao desenvolvimento econômico. O aparelho estatal cresceu sem racionalidade. O projeto desenvolvimentista implementado pelo regime militar atribuiu ao Estado papel preponderante na alavancagem do crescimento econômico e promoveu, por meio do Decreto-Lei nº 200, de 1967, a busca de um modelo organizacional coerente com a estratégia definida pelo regime.

O Decreto-Lei nº 200 renovou a estrutura básica da administração pública federal, estabelecendo a administração direta, aquela constituída pelos órgãos integrantes da presidência da República e dos ministérios, e a administração indireta, composta por autarquias, fundações, empresas públicas e sociedades de economia mista. Além disso, estabeleceu diretrizes para a reforma administrativa. Algumas transformações induzidas por esse decreto-lei foram decisivas para a nova modelagem que o governo federal assumiu.

Inicialmente, a grande valorização da administração indireta significou um período de flexibilidade na administração federal. Outro avanço possibilitado pelo Decreto-Lei nº 200 foi a contratação de serviços – tudo que não representava a atividade-fim da instituição, como, por exemplo, limpeza e segurança, tornou-se passível de contratação por terceiros. Além disso, o Decreto-Lei nº 200 viabilizava a contratação de pessoal como celetista,[2] dispensando a obrigatoriedade da realização de concurso público

[2] A denominação celetista refere-se aos trabalhadores do setor privado, os quais têm seus direitos e deveres regimentados pela Consolidação das Leis do Trabalho (CLT). A CLT rege direitos e deveres, tais como questões salariais, férias e outros benefícios dos trabalhadores, e, também, dos empregadores.

e, conseqüentemente, não proporcionando estabilidade para os funcionários assim contratados. Isso significou uma grande agilidade para a seleção e contratação de pessoal no serviço público. Chegou-se mesmo a passar da flexibilidade à permissividade, na medida em que, para contratar funcionários mais qualificados e, portanto, com salários mais elevados, os ministérios se valiam do expediente de fazê-lo através das empresas públicas (administração indireta) a eles vinculadas e sujeitas à sua supervisão. Com isso, caracterizavam-se situações esdrúxulas, em que responsáveis pela supervisão de uma empresa poderiam estar na folha de pagamento do ente supervisionado. Como agravante, os expedientes de flexibilização encontrados por intermédio da administração indireta, reproduzindo o fenômeno da administração paralela de Juscelino Kubitschek, em maior escala, arrefeceram o compromisso com o aperfeiçoamento sistemático da administração direta e, conseqüentemente, com os propósitos da reforma administrativa.

O fortalecimento da administração indireta e das empresas estatais contribuiu para enfraquecer, com o tempo, o modelo institucional do setor público. Por conta do regime autoritário, a sociedade perdeu o controle sobre o setor público como um todo e, por conta da flexibilização obtida através da administração indireta, a administração direta, ora desmoralizada, perdeu o controle, com raras exceções, sobre instituições e empresas a ela vinculadas. Tornaram-se inócuos os sistemas de integração. Os sistemas de controle perderam densidade política e passaram a manifestar sua essência burocrática, limitadora da diferenciação. Incapazes de gerenciar as suas próprias operações e as funções integrativas referentes à supervisão ministerial, os ministérios iniciaram uma fase de decadência a partir dos anos 1980, com o ocaso do próprio regime militar.

Pode-se dizer que o modelo organizacional adotado pelo regime militar foi coerente com os projetos econômico e político a que serviu. Foi capaz de gerar resultados significativos de curto e médio prazos, alcançando seu clímax nos anos 1970, porém ficou sujeito a um desgaste precoce e a uma degeneração.

Após um decênio de grande expansão da atividade econômica do Estado, de 1970-80, a grave crise nacional provocada pela crise internacional do petróleo leva o governo federal a criar, em 1979, a Secretaria de

Controle das Empresas Estatais (Sest), como instrumento de controle dos recursos e dispêndios das empresas estatais.

Com o Decreto nº 93.216/86, a Sest passa a ter maior poder de controle sobre as empresas que, direta ou indiretamente, eram controladas pela União,[3] no sentido de buscar reverter as disfunções causadas pela frouxa supervisão ministerial. Contudo, no decorrer de suas atividades, a Sest exerceu com demasiada ênfase seu poder de controle, gerando dificuldades para a gestão das estatais por parte de seus diretores, e resistência bastante acentuada por parte das organizações da administração indireta à sua atuação.

O renascer da centralização

Embora no plano econômico exista um certo consenso em definir a década de 1980 como a década perdida, não apenas para o Brasil como para outros países na América Latina ela representou um reingresso na democracia. Nesse período, estabeleceram-se os pressupostos para uma ampla e profunda revisão do Estado, que ganharia pujança na elaboração da Constituição de 1988.

No que diz respeito à modelagem organizacional do setor público, ganham evidência:

- o redimensionamento do papel do Estado, mediante privatização das empresas estatais, desregulamentação e redistribuição de competências entre governo federal, estados e municípios, de acordo com uma nova realidade fiscal que supostamente privilegiaria estes últimos em recursos;
- a institucionalização do regime único estatutário para o funcionalismo.

O abrupto ocaso do instável governo do presidente Fernando Collor de Mello (1990-92) deixou como saldo o desmonte da máquina adminis-

[3] Nos diversos depoimentos, verificamos menções à Sest, em especial ao seu excessivo poder de controle, que, muitas vezes, significava entraves para a ação dos gerentes das instituições da administração indireta.

trativa e uma tentativa abortada de "centralização" da corrupção, apesar do discurso voltado à moralização.

A reforma administrativa gerencial: o retorno da "diferenciação"

O presidente Fernando Henrique Cardoso assumiu o cargo em 1994, tendo a reforma do Estado como um de seus principais objetivos.[4] Arquitetada, em parte, por Bresser-Pereira, ela tem três vertentes principais: reforma fiscal; reforma da estratégia de desenvolvimento econômico e social do Estado; reforma do aparelho de Estado e de sua burocracia.

O Ministério da Administração e Reforma do Estado (Mare) foi o responsável pela elaboração e implantação da reforma administrativa. A ênfase desta foi posta na transição do modelo de administração burocrática para um modelo de administração gerencial, uma forma de trazer as mais recentes conquistas da administração de empresas para a administração pública. Suas principais premissas estavam voltadas para eficiência, agilidade, qualidade e flexibilidade. A administração gerencial proposta no Brasil tem suas raízes nas experiências do Reino Unido, Nova Zelândia, Austrália e Estados Unidos.[5] A reforma administrativa (Brasil, 1995) dividiu as ações estatais em quatro setores, cada um situado dentro de três possibilidades de propriedade: núcleo estratégico; atividades exclusivas de Estado; serviços competitivos ou não-exclusivos; produção de bens e serviços para o mercado. O modelo geral proposto sofreu oposição crescente para a sua implementação.

Causas da incongruência na administração pública brasileira

Cabe, agora, avançar nas questões de natureza essencialmente política, também já explicitadas, referentes ao exercício do poder em uma so-

---

[4] Com a reeleição do presidente Fernando Henrique Cardoso, em outubro de 1998, a reforma administrativa, nos moldes implementados pelo Mare, teria continuidade.

[5] Esses movimentos de reformas, identificados como "neoliberalismo" na esfera econômica, encontram-se sob a forma geral de "nova gerência pública" em suas manifestações acadêmicas.

ciedade em desenvolvimento, como é o caso do Brasil. Mostramos a seguir um conjunto de premissas formuladas por Motta (1994:178-179), ao extrair lições de casos da experiência brasileira de reforma.

> Nesse sentido, para compreender as ações de reforma na administração pública brasileira, há que se considerar as seguintes premissas:
> a) o sistema administrativo existente, se for visto segundo a lógica da gestão moderna, pode parecer altamente irracional, mas para os grupos preferenciais que dele se servem consiste num sistema lógico e altamente racional;
> b) em um sistema desenhado e dominado por grupos preferenciais, formulação de políticas em resposta a demandas de grupos marginalizados se faz por paternalismo, acomodações e concessões que não afetem a estrutura do sistema;
> c) os grupos que dominam o sistema administrativo não se constituem de pequenos grupos de aproveitadores ou perturbadores marginais da ordem; são grupos altamente organizados e institucionalizados dentro do sistema político;
> d) a carreira do chefe ou líder de um grupo preferencial se faz no sentido de maximizar os benefícios obtidos para o seu grupo político;
> e) a lealdade desses grupos à instituição pública em que estão inseridos é quase nula; assim, circulam facilmente entre repartições, procurando obter melhores benefícios independentemente dos danos que causam, tanto aos interesses, quanto ao orçamento públicos.

Ainda segundo Motta (1994), as crescentes expectativas quanto ao incremento em termos de quantidade e qualidade dos serviços oferecidos pelo Estado, advindos do processo de redemocratização, podem possibilitar a ruptura necessária nas estruturas políticas tradicionais.

Portanto, este é o ponto a ser enfatizado: é precondição para a influência dos grupos preferenciais, com representações internas na burocracia e nas políticas públicas, contribuir para as incoerências de modelagem organizacional existentes. As incoerências estruturais, que enfraquecem o sistema, são favoráveis à lógica da "privatização do Estado", isto é, da sua apropriação por grupos preferenciais que exercem poder político e econômico sem a necessária adesão ao interesse público. Tais grupos tudo fazem para favorecer mudanças cosméticas que os identifiquem, na aparência, com a reforma, mas tentam impedir, também, o desenvolvimento de sistemas modelados de tal forma que sejam mais capazes de gerar decisões e ações orientadas, prioritariamente, para o interesse público.

Constitui-se um agravante desse ponto o fato de, em muitos casos, diferentes facções políticas estarem representadas em cargos de comando numa mesma organização. Seus interesses antagônicos e difusos induzem decisões de modelagem organizacional, em suas respectivas áreas de influência, que podem ser incongruentes, incompatíveis e mesmo contraditórias, a ponto de travar qualquer sentido funcional do aparato administrativo.

Nesse sentido, cabe observar que o desenvolvimento de modelagens organizacionais mais racionais está associado diretamente, no setor público, ao desenvolvimento do sistema político, no que se refere à capacidade de a sociedade fazer valer sua vontade, decorrente dos níveis de agregação e articulação de demandas efetivamente alcançados. Numa federação grande e diversificada como o Brasil, sujeita a diferentes estágios de desenvolvimento econômico, político, social e tecnológico, em termos regionais e setoriais, é possível observar essa relação de dependência das soluções técnicas de modelagem organizacional em relação às variáveis políticas.

Uma segunda causa da incongruência na modelagem organizacional é a especialização de funções, atributo existencial do modelo burocrático. Grupos profissionais, diferenciados por formação e orientações técnicas, dispostos em diferentes unidades funcionais especializadas, tendem a agir sem adequada comunicação e coordenação. Em geral, não se dispõem a compartilhar quadros de referência conceituais que tragam coerência às suas propostas de modelagem organizacional. Engenheiros, médicos, educadores e grupos profissionais dominantes numa dada área de ação pública, por vezes pouco conscientes de seus papéis, influenciam decisões de modelagem de variáveis organizacionais de suas respectivas áreas de responsabilidade, sem se darem conta das inter-relações entre as mesmas. Como resultado, é comum a impossibilidade de se encontrar, em uma organização, o que se poderia chamar de uma racionalidade sistêmica na modelagem de variáveis organizacionais relacionadas aos elementos teleológicos (missão, objetivos, metas, estratégia), estruturas, sistemas de informação e mecanismos de decisão e sistemas de gestão de recursos humanos dessa organização.

Essa questão é agravada no setor público, na medida em que as relações interorganizacionais e interinstitucionais são de natureza ainda mais complexa do que aquelas vigentes no contexto de uma mesma organização. No setor público, núcleos técnicos especializados, estruturados em diferentes organizações do setor, são responsabilizados pela formatação e devido funcionamento dos mecanismos sob seu controle. Talvez não seja por outra razão que a história das reformas administrativas no Brasil possa ser resumida como um processo contínuo de busca da "diferenciação", ou, dito de outra forma, de fuga aos ditames padronizadores dos organismos modeladores especializados.

Estrutura e ação nas organizações públicas: a estratégia de gestão dos dirigentes

O requisito estrutural da "congruência" foi analisado por Cavalcanti (2004). Explicitou-se o caráter estrutural-funcionalista daquela tradição. Observaram-se, no entanto, os sinais de uma crescente sensibilidade de significativos estudiosos do campo para a contribuição teórica dos enfoques mais subjetivistas no estudo das organizações, orientados para uma visão interpretativa da ação humana no contexto organizacional (Silverman, 1971; Weick, 1979, 1995; Ranson et al., 1980).

Síntese dos depoimentos

Na tese que originou este capítulo (Cavalcanti, 2004), foram feitas quatro entrevistas com gestores destacados da administração pública. Assim, com base em constatações empíricas surgidas a partir das entrevistas, foi possível identificar e interpretar as estratégias de gestores que obtiveram bons resultados organizacionais. Os entrevistados foram Irapoan Cavalcanti, ex-diretor-executivo da Casa de Rui Barbosa e ex-presidente da Legião Brasileira de Assistência (LBA); Ozires Silva, ex-presidente da Embraer e da Petrobras e ex-ministro da Infra-Estrutura no governo Collor; Paulo Vieira

Belotti, ex-diretor da Petroquisa e ex-secretário-geral do Ministério de Minas e Energia; e Sérgio Rudge, ex-diretor do Hospital de Traumato-Ortopedia.

Observa-se que é comum o fato de especialistas em gestão não desenvolverem uma sensibilidade para as questões substantivas de políticas públicas, bem como para as metas políticas assumidas pelos dirigentes. Falta-lhes a ampliação de seus quadros de referência, absorvendo novas categorias que lhes permitam compartilhar interpretações e reconstruções da realidade com seus pares.

Quando da implementação de mudanças nos órgãos administrados, a nova ordem que se foi desdobrando para os funcionários, em um dos casos, correspondia a uma expectativa de valorização relativa das funções substantivas de uma organização de assistência social, em face de outras supervalorizadas. A adesão dos funcionários alimentou eventos do processo relevantes para a modelagem e implementação do plano que evoluía em etapas.

Para alcançar bons níveis de eficiência em sua administração, esses gestores precisaram lidar com rotinas da burocracia. Para forçar decisões a serem tomadas, especialmente aquelas referentes a recursos, foi necessário, por vezes, agir como um mensageiro ou guerreiro, cuja determinação funcionou como um aríete rompedor das portas dos castelos burocráticos.

Existe uma nítida relutância dos dirigentes em aceitar a responsabilidade de tomar decisões, mesmo quando os dirigentes estão convencidos da necessidade de descentralizar e desejosos de delegar poder de decisão. A descentralização, quando vista na perspectiva formalista da modelagem, não significa real inclusão dos atores no processo decisório. Mais do que disposições formais, é necessário uma construção social das bases. A ação do administrador, nesse sentido, parece determinante.

Enquanto na empresa privada a diferenciação se impõe e se formaliza naturalmente, na administração pública a diferenciação só se impõe como improvisação em conflito com a política de gerenciamento público. Na perspectiva da modelagem como improvisação, os dirigentes entrevistados parecem recorrer a estratégias de caráter mais simbólico e menos estrutural para lograrem a integração. A remuneração diferenciada como critério de premiação por competência encontra problemas no setor público, visto que as faixas salariais não são amplas nem altas, quando comparadas às da iniciativa privada.

Administradores públicos de sucesso criam escudos contra as transgressões. Enquanto esses comportamentos são considerados excepcionais em países mais desenvolvidos, no Brasil esses padrões podem ser sistêmicos. Mas há de se observar que bons administradores públicos não sancionam uma ordem contextual de dominação. Tentam fazer com que suas organizações possam limpar uma área, criando um contraponto que vise uma nova ordem contrária à de dominação, evitando sua reprodução.

A consciência das restrições estruturais internas pode ser para muitos dirigentes, na administração pública, uma desculpa para a omissão. Para outros, pode ganhar significado distinto. Essas restrições podem representar desafios a serem superados e se constituírem em fatores indutores de soluções inovadoras. Capacidade de recursos, certa continuidade no cargo e prestígio para superar barreiras burocráticas são alguns elementos relevantes para o sucesso do dirigente no setor público.

Nota-se, em casos de sucesso, a opção por deixar as estruturas se consolidarem e se desenvolverem, dando-lhes tempo. Quanto à crença de que a modelagem organizacional determina a distribuição de recursos, as entrevistas feitas parecem sustentar justamente o contrário: a distribuição de recursos determina a modelagem organizacional.

As entrevistas registraram padrões de avanços e recuos. Os elementos da "política de gestão pública", foco principal das reformas, estiveram sempre sujeitos a duas forças restritivas atuantes nas reformas. A primeira é decorrente dos condicionamentos estruturais da sociedade, já que reformas administrativas não são produzidas num vácuo político-social. A segunda é decorrente da natureza íntima dos sistemas de controle público, ou seja, o caráter burocrático e racionalista das concepções de reformas administrativas.

Estrutura e ação

Do ponto de vista de qualquer indivíduo inserido no processo de trabalho no contexto organizacional, as estruturas formais parecem ganhar existência própria, por mais precária que seja esta existência, resultante de interpretações subjetivas e intersubjetivas de indivíduos e grupos, aproximados ou apartados no tempo e no espaço. Nesse sentido, em qualquer momento, por um lado "existem" estruturas formais atuantes, no sentido de influenciar e restringir percepções, comportamentos, decisões e mesmo interpretações reflexivas e ações mais conscientemente articuladas e, por outro, são sempre limitadas as condições e as oportunidades de qualquer ator modificar formalmente essas estruturas, ainda que elas estejam sujeitas, no tempo, a um inexorável e contínuo processo de transformação, pela ação humana, informal ou formalmente.

Coloca-se a seguinte questão central: é possível depreender-se daquelas práticas gerenciais, contextualizadas, um significado subjacente a todas elas? Algo como trazer, para a "consciência discursiva" de acadêmicos e práticos da administração pública, um elemento relevante e compactado da "consciência prática" (Giddens, 1993:93) do gerente. Um conceito que, como tal, construção ideal com conteúdo fixo repetível, ao permitir à mente retornar aos "mesmos" pontos da experiência para compará-los, associá-los, distingui-los, inseri-los em estruturas lógicas maiores, ajude a estabelecer uma distinção da ação de administradores públicos profissionais, atuantes em realidades estruturalmente restritivas, em face dos demais. Isto é, aqueles que "transgridem em causa própria", aqueles que "primam pela omissão", ou aqueles que "dançam conforme a música". Ou mesmo, num sentido mais positivo, mas não necessariamente com melhores conseqüências, aqueles que, com "nobres" intenções, agem por simples reflexo condicionado a estímulos discursivos (não raro ideológicos) que evocam associações emocionais estocadas em suas memórias afetivas,[6] ou ainda aqueles que, aleatoriamente, improvisam ao sabor de um mundo subjetivo.

No seu dia-a-dia, os gerentes lidam com condições conhecidas de ação, assim como estão sujeitos a condições desconhecidas. Suas ações estão sujeitas a produzir os resultados pretendidos, assim como resultados não intencionados. O monitoramento reflexivo das ações vivenciadas continuamente em contextos expressivos produz a "compreensão teórica" dos gerentes, que se adensa e refaz no tempo e nos espaços de atuação, formando sua consciência prática e sua consciência discursiva. Parece plausível afirmar que, entre as conseqüências não intencionais da ação dos administradores, podem estar tanto a reprodução de mecanismos perversos de

---

[6] Devo ao polemista e filósofo Olavo de Carvalho esse ponto (Carvalho, 2003).

dominação social, capturados por análises estruturalistas e funcionalistas mais ou menos críticas, como também os efeitos transformativos e construtivos de novas realidades, em níveis organizacional e social.

Em busca de um conceito pelos caminhos da metáfora

As analogias com modelos mecânicos e sistemas orgânicos e cibernéticos para explicar a sociedade e as organizações são bem conhecidas. Gareth Morgan (1996) explorou oito enfoques das organizações, fazendo uma belíssima compilação da literatura da teoria das organizações segundo abordagens passíveis de caracterização por expressões metafóricas diferenciadas. O autor mostra as organizações como máquinas, organismos, cérebros, culturas, sistemas políticos, prisões psíquicas, fluxo e instrumentos de dominação, para demonstrar que as organizações são muitas coisas a um só tempo.

Nesse sentido, a busca de um conceito integrativo das ações gerenciais que este estudo empreende tem aspectos convergentes, mas também complementares a essa abordagem. Este estudo toma a ação gerencial, em si, como o fenômeno pesquisado, revelador da integração prática das dimensões organizacionais, inerente ao comportamento gerencial. Assim, o que se busca é um único conceito capaz de dar conta da ação gerencial nos universos estrutural, técnico, político, cultural e humano da organização.

A metáfora da equalização

Os elementos formais do modelo organizacional atuam como uma estrutura de sinalizações, indutoras de comportamentos funcionais dos empregados, quando e se adequadamente modelados. Não obstante o ritmo e a intensidade das mudanças em nossos dias, o caráter artificial das organizações requer estruturas e mecanismos formais de gestão, ainda quando sujeitos a remodelagens em menores espaços de tempo. Esses "sinalizadores" do comportamento podem ser comparados ao moderno *Instrument Landing System* (ILS), que orienta o pouso na aviação em condições de visibilidade limitada. No caso, é simplesmente impensável a possibilidade de distorções no sinal que conduzam o piloto ao desastre. No reino das organizações, no entanto, são comuns as incompatibilidades no desenho de estruturas, políticas e mecanismos de gestão. Muitos dos sinais produzidos anulam-se mutuamente, ao invés de se reforçarem de maneira devida. Nessas situações de modelos organizacionais impróprios, a gerência, ao invés de apoio à sua atuação, tem nesses mecanismos fontes de problema e obstrução do seu desempenho. As pessoas, por sua vez, sentem-se desnorteadas, com planos que indicam prioridades não observadas no orçamento, por mecanismos de consulta que não correspondem à urgência dos fatos, por recompensas que premiam a incompetência, por normas que obstaculizam a realização de metas programadas.

Do ponto de vista de uma orientação gerencial, é plausível considerar os elementos estruturais de uma organização focal ou os de um sistema organizativo que a contenha, a administração pública, como um conjunto normativo de elementos orientadores da conduta dos agentes públicos. Desse imenso conjunto, fazem parte elementos tais como dispositivos constitucionais, planos, orçamentos, estatutos e regimentos com suas expressões de estruturas organizacionais e atribuições, entre outros.

Presume-se que a modelagem organizacional desse conjunto de dispositivos formais, que se constituem como uma estrutura de relações sociais em nível amplo embora circunscrito, seja satisfatoriamente funcional. Tal funcionalidade pode ser entendida como a capacidade de induzir, nos agentes do sistema, comportamentos contributivos para a realização dos fins determinados. Trata-se, portanto, numa visão simplificada, de um sistema de sinalizações codificadas, transmitidas por vários meios para receptores que as decodificam e nelas encontram orientações e restrições para suas ações. Seus conteúdos intencionados podem ser consoantes ou dissonantes, para efeito da funcionalidade do sistema. Ao fim e ao cabo, tem-se um complexo conjunto de sinais, cujo resultado pode ser claro ou distorcido para os receptores. Quando há distorções, faz-se necessária, nos sistemas eletrônicos, a equalização. Nos sistemas administrativos, ocorre a improvisação.

Equalização é, portanto, um termo tomado emprestado à eletrônica, que significa a diminuição da distorção de um sinal por meio de circuitos que compensem as deformações, reforçando a intensidade de algumas freqüências e diminuindo a de outras. *Equalizadores*, os dispositivos que permitem a equalização, referem-se a vários tipos de redes elétricas corretivas que são introduzidas em determinados circuitos, a fim de ali se obter uma resposta global desejada. Utilizados em sistemas de comunicação, sistemas de gravação e reprodução de filmes, fitas magnéticas e gravação de discos, os equalizadores se apresentam em forma de redes elétricas que empregam combinações de resistência, capacitação, variação e distribuição de fluxos. Sua ação seria, de acordo com Sell (1944), no sentido de compensar, contrabalançar, equilibrar, igualar, estabilizar.

A importância da metáfora da equalização está em sua capacidade de refletir a lógica subjacente às improvisações dos gerentes, revelando o *substratum* das relações entre agentes e estruturas no contexto da ação transformadora. A metáfora reafirma a centralidade referencial das estruturas formais e dos elementos culturalmente estruturais da sociedade, ao qualificar a ação de improvisação, resgatando-a de um puro subjetivismo de caráter ocasional, que não faz justiça ao administrador público profissional. Esse administrador, mais do que um "improvisador", é mais apropriadamente descrito como um "equalizador", uma vez que a equalização é uma práxis do seu repertório de ação gerencial transformativa.

Da modelagem ao modelar e do improvisar para o equalizar

Cabe ao estudioso do setor público e de suas organizações considerar de forma dinâmica e interativa:

- os elementos estruturais da sociedade, em suas manifestações reprodutivas;
- as estruturas e os mecanismos estruturais da administração pública;
- os indivíduos engajados na ação social transformadora.

Sólidos argumentos constatam a persistência do modelo burocrático na sociedade e indicam sua condição de promotor da racionalidade, quando não avaliado por critérios reducionistas que se atêm à mera eficiência (Goodsell, 1983; Gajduschek, 2003) ou na ótica simplista de um gerencialismo descontextualizado constitucionalmente (Rohr, 2002). Esse posicionamento é ainda mais defensável, quando se trata da máquina administrativa do Estado em relação à empresa privada.

Sólidos, também, são os argumentos em prol da inexorabilidade da mudança, transformação ou flexibilização do modelo burocrático, em face das rápidas e intensas dinâmicas ambientais. Nesse sentido, a modelagem organizacional deveria ser capaz de gerar estratégia sintonizada com a dinâmica do ambiente e promover as "diferenciações" necessárias no trato das variáveis organizacionais, em relação ao todo e às partes da organização, em alinhamento com a estratégia, bem como gerar a necessária "integração" sistêmica, sob a égide do critério da "congruência" do modelo.

Igualmente sólidos são os argumentos que privilegiam a ação social transformadora, que recodifica continuamente a compreensão da realidade a partir das experiências coletiva e individualmente vivenciadas, num esforço cotidiano de construção social de novas realidades.

No seu cotidiano, o gestor público depara-se com uma realidade que se lhe apresenta como possibilidades, oportunidades, restrições e limitações. Isso tanto pode ser gerado como expressão dos padrões estruturais que são reproduzidos na sociedade (por exemplo, clientelismo, nepotismo, corporativismo, autoritarismo); ou como uma conseqüência da predominância das organizações burocráticas em diversas esferas sociais, sobretudo na governamental, onde a hierarquia e a base normativa substituem a prevalência da mera competição; ou, ainda, pela relativa inviabilidade da promoção da "congruência" sistêmica contingencial da modelagem organizacional.

Certamente o administrador público responsável contribui, de alguma forma, para o redesenho objetivo das estruturas sociais e administrativas que o cercam, procurando aperfeiçoá-las. Indubitavelmente, também, ele improvisa (Weick, 1995), enquanto interage no seu microuniverso de trabalho. Sua improvisação, no entanto, não é descontextualizada, errática, caótica, eventual ou irresponsável.

O administrador público que conduz sua organização a resultados notáveis é um consciente e sistemático mediador entre as estruturas e as pessoas no trabalho. Privilegiado pela autoridade, ele se "apresenta" (Arendt, 2003), cotidianamente, compartilhando e inspirando interpretações da realidade. Consciente das incongruências estruturais, da impossibilidade de simplesmente ignorá-las, e das suas limitações para transformá-las a curto prazo, ele compensa os sinais distorcidos emitidos por essas estruturas sistêmicas impróprias, por meio da ação equalizadora. Toma, pois, em conta as estruturas como um referencial vivo e relevante na configuração de realidades, e entende a congruência sistêmica como um elemento inexistente, porém necessário, para a promoção de resultados. Assim, promove, ativamente, níveis mais elevados de congruência sistêmica para efetivar realizações por meio da ação social cotidiana, construtora de novas "estruturas" latentes. Estas corrigem as estruturas formais, ao compensar os sinais distorcidos emitidos por aquelas, que são indutoras de valores, atitudes e comportamentos disfuncionais. As continuamente renovadas estruturas latentes, sustentadas em larga medida pelo discurso dos indivíduos e, sobretudo, pelo discurso do dirigente, ganham vida na intersubjetividade de suas compartilhadas interpretações cotidianas.

Assim, a despeito das incoerências sistêmicas sociais e organizacionais, mais facilmente observáveis empiricamente, os resultados, teoricamente dependentes da congruência da modelagem organizacional, são efetivamente alcançados pela práxis equalizadora, no fluxo cotidiano das relações sociais. Isso sugere que bons resultados organizacionais, quando alcançados no setor público, não são fruto de uma modelagem formal coerente, pois em momento algum ela é obtida, por melhor que possam ser as grandes reformas administrativas, sujeitas a avanços e recuos.

Por outro lado, a prevalência do modelo burocrático, constitucionalmente contextualizado em Estados democráticos, ou mesmo sob regimes autoritários mais modernos, não permite entender, explicar ou muito menos prescrever, a ação do gestor público e demais funcionários como "improvisação", de natureza voluntarista ou simplesmente ignorante ou insensível aos elementos estruturais. Entre as definições mais triviais do verbete improvisar, no *Dicionário Aurélio* (Ferreira, 1993), há uma cuja conotação nos é de especial preocupação: "Adotar de má-fé, ou por necessidade, uma profissão, uma qualidade etc." Contrariamente a esse sentido, ainda quando "improvisa", o gestor público responsável está longe de ser um "improvisador", ou de estar "improvisando" numa atividade que não é a sua, seja ele engenheiro, médico, educador, militar, economista ou administrador profissional. Seu repertório profissional ganha, quando envolvido com a gestão do aparelho de Estado, o espaço público da aparência, que transmuta a mera atividade em "ação", com sentido social e histórico. O gestor público profissional, comprometido com resultados, ao lidar com as estruturas e demais mecanismos estruturais, o faz no exercício de sua "consciência prática".

Trata-se de analisar principalmente os altos escalões superiores e motores da hierarquia do Estado. Pessoas que, como agentes, negociam competentemente a gradual e progressiva transformação da máquina do Estado, com todas as implicações que isso tem para a sociedade em que estão inseridos.

Nesse sentido, Norma Riccucci está correta em seu *The unsung heroes* (Riccucci, 1995) ao classificar seus *execucrats* como heróis. Contudo, uma compreensão mais aprofundada da práxis desses *execucrats* faz-se necessária aqui, isto é, um entendimento que vá um pouco além de rótulos comportamentalistas que envolvam atributos e habilidades pessoais, ou mesmo estratégias de caráter instrumental, captando, assim, a essência da imersão dos executivos no processo da ação. Dessa outra forma, valoriza-se o entendimento da pluralidade humana que caracteriza e condiciona a "ação", a singularidade do gestor entre as demais singularidades e seu ato libertário maior, que é a decisão de engajamento comprometido no processo da ação, independentemente de intenções, motivos, objetivos e conseqüências. Como Arendt (2003:199) observa: "A conotação de coragem, que hoje reputamos qualidade indispensável a um herói, já está, de fato, presente na mera disposição de agir e falar, de inserir-se no mundo e começar uma história própria."

Quando não efetivado, o poder perde-se, sendo algo que se efetiva:

> enquanto a palavra e o ato não se divorciam, quando as palavras não são vazias e os atos não são brutais, quando as palavras não são empregadas para velar intenções, mas para revelar realidades, e os atos não são usados para violar e destruir, mas para criar relações e novas realidades.
>
> (Arendt, 2003:212)

Referências bibliográficas

ARENDT, Hannah. *A condição humana.* 10. ed. Rio de Janeiro: Forense-Universitária, 2003.

ASHKENAS, Ron et al. *The boundaryless organization*: field guide. San Francisco: Jossey-Bass, 1999.

BARZELAY, Michael. *Designing the process of public management policy change*: practical implications of case studies on Brazil and Peru. 2003. ms.

BENEVIDES, Maria Victoria de Mesquita. *O governo Kubitschek*: desenvolvimento econômico e estabilidade política: 1956-1961. Rio de Janeiro: Paz e Terra, 1976.

BERGER, Peter L.; LUCKMANN, Thomas. *A construção social da realidade*. 20. ed. Petrópolis: Vozes, 2001.

BOBBIO, Norberto. *Dicionário de política*. Brasília: Universidade de Brasília, 1986.

BRASIL. Secretaria de Planejamento. Secretaria de Controle de Empresas Estatais. *Plano Diretor da Reforma do Aparelho de Estado*. Brasília: Presidência da República, Câmara da Reforma do Estado, Ministério da Administração Federal e Reforma do Estado, 1995.

BRESSER-PEREIRA, Luiz Carlos. A reforma gerencial de 1995. *Cadernos Adenauer*, São Paulo, Fundação Konrad Adenauer, v. 2, n. 3, 2001.

______; SPINK, Peter Kevin (Orgs.). *Reforma do Estado e administração pública gerencial*. 2. ed. Rio de Janeiro: FGV, 1998.

BURNS, T.; STALKER, G. M. *The management of innovation*. London: Tavistock, 1961.

BURRELL, Gibson. Ciência normal, paradigmas, metáforas, discursos e genealogia da análise. In: CALDAS, Miguel Pinto; FACHIN, Roberto; FISCHER, Tânia (Orgs.). *Handbook de estudos organizacionais*. São Paulo: Atlas, 1997.

______; MORGAN, Gareth. *Sociological paradigmas and organizational analysis*. London: Heinemann, 1980.

CARVALHO, Olavo de. Entre os Cacás e os Gushikens. *O Globo*, 17 maio 2003.

CASTOR, Belmiro Valverde Jobim. *O Brasil não é para amadores*: Estado, governo e burocracia na terra do jeitinho. Curitiba: Ebel/IBQP-PR, 2000.

CAVALCANTI, Bianor. *The "equalizer" administration*: managerial strategies in the public sector. 2004. Dissertation submited to the Faculty of the Virginia

Polytechnic Institute and State University in partial fulfillment of the requirements for the degree of doctor of philosophy in public administration and policy, Blackburg, Virginia, 2004.

______. *O gerente equalizador*. Rio de Janeiro: FGV, 2005.

CHANDLER, A. *Strategy and structure*. Cambridge: MIT Press, 1962.

FERREIRA, Aurélio Buarque de Holanda. *Minidicionário da língua portuguesa*. Rio de Janeiro: Nova Fronteira, 1993.

GAJDUSCHEK, G. Bureaucracy: is it efficient? Is it not? Is that the question? *Administration and Society*, v. 34, n. 6, p. 700-723, 2003.

GALBRAITH, Jay R. *Organization design*. Massachusetts: Addison-Wesley, 1977.

______. *Designing organizations*. San Francisco: Jossey-Bass, 2002.

______; LAWLER III, Edward et al. *Organizando para competir no futuro*. São Paulo: Makron, 1995.

GARFINKEL, Harold. *Studies in ethnometodology*. Englewood Cliffs: Prentice Hall, 1967.

GIDDENS, A. Problems of action and structure. In: CASSEL, Philip (Ed.). *The Giddens reader*. London: Macmillan, 1993.

GOODSELL, Charles T. *The case for bureaucracy*: a public administration polemic. New Jersey: Chatham House, 1983.

GRAEN, G. B.; SCANDURA, T. A. Toward psychology of dyadic organizing. In: CUMMINGS, L. L.; STAW, B. M. (Eds.). *Research in organizational behavior*. Greenwich, CT: JAI Press, 1987. v. 9. p. 175-208.

GULICK, L.; URWICK, L. (Eds.). *Papers on the science of administration*. New York: Institute of Public Administration, 1937. p. 3-13.

HALL, Richard. Intraorganization structure variation: application of the bureaucratic model. *Administrative Science Quarterly*, v. 7, n. 3, p. 295-308, 1962.

______. *Organizações*: estrutura e processos. 3. ed. Rio de Janeiro: Prentice Hall do Brasil, 1984.

HARDY, Cyntia. *Managing strategic action*: mobilizing change, concepts, readings and cases. London: Sage, 1994.

HUBER, G. P.; GLICK, W. H. *Organizational change and redesign*: ideas and insights for improving performance. New York: Oxford University Press, 1995.

HUMMEL, Ralph. Stories managers tell: why they are as valid as science. *Public Administration Review*, Jan./Feb. 1991.

HURST, D. K.; RUSH, J. C.; WHITE, R. E. Top management teams and organizational renewal. *Strategic Management Journal*, v. 10, p. 87-105, 1989.

LAFER, Celso. O planejamento no Brasil: observações sobre o Plano de Metas (1956-1961). In: LAFER, Betty Mindlin (Org.). *Planejamento no Brasil*. São Paulo: Perspectiva, 1987.

LATOUR, B. *The promisses of construtivism*. 2003. Disponível em: <www.ensmp.fr/~latour/articles/article/087.html>.

LAWRENCE, P. R.; LORSCH, J. W. *O desenvolvimento de organizações*: diagnóstico e ação. São Paulo: Edgard Blucher, 1972.

MARTINS, Paulo Emílio Matos. *A reinvenção do sertão*: a estratégia organizacional de Canudos. Rio de Janeiro: FGV, 2001.

MINTZBERG, H. The design school: reconsidering the basic premises of strategic management. *Strategic Management Journal*, v. 11, p. 171-195, 1990.

MORGAN, Gareth. *Images of organization*. Thousand Oaks: Sage, 1986.

MOTTA, Paulo Roberto. Modernização administrativa: propostas alternativas para o Estado latino-americano. *Revista de Administração Pública*, Rio de Janeiro: FGV, v. 21, n. 4, out./dez 1987.

______. Participação e descentralização administrativa: lições de experiências brasileiras. *Revista de Administração Pública*, Rio de Janeiro: FGV, v. 28, n. 2, p. 179-194, jul./set. 1994.

NADLER, David; TUSHMAN, Michael. Projeto de organizações com boa adequação: uma moldura para compreender as novas arquiteturas. In: ______. *Arquitetura organizacional*: a chave para a mudança empresarial. Rio de Janeiro: Campus, 1994.

PFIFFNER, John M.; SHERWOOD, Frank. P. *Organização administrativa*. São Paulo: Bestseller, 1965.

PIMENTA, Carlos César. *O papel da Secretaria de Administração Federal no processo de modernização da "função-administração" – Brasil, 1988-1992*. 1993. Dissertação (Mestrado) – Eaesp/FGV, São Paulo, 1993.

PORTER, Michael. *Competitive strategy*: techniques for analyzing industries and competitors. New York: Free, 1980.

POWELL, Walter W.; DiMAGGIO, Paul J. (Eds.). *The new institutionalism in organizational analysis*. Chicago: University of Chicago Press, 1990.

RANSON, Stewart; HINNINGS, Bob; GREENWOOD, Royston. The structuring of organizational structures. *Administrative Science Quarterly*, v. 25, n. 1, 1980.

RICCUCCI, Norma M. *Unsung heroes*: federal execucrats making a difference. Washington, DC: Georgetown University Press, 1995.

ROHR, John Anthony. *Civil servants and their constitutions*. Kansas: University Press of Kansas, 2002.

SELL, Lewis L. *Comprehensive technical dictionary*. New York: McGraw-Hill, 1944.

SILVERMAN, D. *The theory of organisations*. New York: Basic, 1971.

SIMON, Herbert A. *The new science of management decision making*. New York: Harper & Row, 1960.

SMIRCICH, L.; MORGAN, G. Leadership: the management of meaning. *Journal of Applied Behavioral Science*, v. 18, p. 257-253, 1982.

SOARES, Gláucio A. D.; D'ARAUJO, Maria Celina; PINTO, Almir Pazzianoto (Orgs.). *21 anos de regime militar*: balanços e perspectivas. Rio de Janeiro: FGV, 1994.

VAN DE VEN, A.; DELBECQ, A. A task contingent model of work unit structure. *Administrative Science Quarterly*, v. 19, n. 2, p. 183-197, June 1974.

WAHRLICH, Beatriz M. de Souza. Institucionalização da reforma administrativa: a atuação do Conselho do Serviço Público Civil e da Comissão Permanente. *Revista de Administração Pública*, Rio de Janeiro: FGV, v. 10, n. 4, out./dez. 1976.

______. A reforma administrativa no Brasil: experiência anterior, situação atual e perspectivas – uma apreciação geral. *Revista de Administração Pública*, Rio de Janeiro: FGV, v. 18, n. 1, jan./mar. 1984.

WAMSLEY, Gary L.; ZALD, Mayer N. *The political economy of public organizations*. Massachusetts: Lexington, 1973.

WEBER, Max. *A ética protestante e o espírito do capitalismo*. São Paulo: Pioneira, 1967.

WEICK, Karl. *The social psychology of organizing*. 2. ed. Reading, MA: Addison-Wesley, 1979.

______. Organizational redesign as improvisation. In: HUBER, G. P.; GLICK, W. H. *Organizational change and redesign*: ideas and insights for improving performance. New York: Oxford University Press, 1995.

WILLOUGHBY, W. F. *Principes of public administration*. Washington: The Brookings Institution, 1927.

______. *The government of modern states*. New York: D. Appleton Century, 1936.

Liberdade de imprensa e administração pública brasileira: relação de dependência ou independência?

*Octavio Penna Pieranti**

*Deborah Moraes Zouain***

Contextualização

A Constituição Federal de 1988 revolucionou, no Brasil, a compreensão sobre a liberdade de imprensa. Defendida oficialmente e combatida na prática em períodos anteriores da história republicana, essa liberdade foi assegurada pela Constituição Federal promulgada em 1988, que também aboliu mecanismos que pudessem, de alguma forma, torná-la mais frágil.

Esse conceito, no entanto, enfrenta restrições teóricas e problemas práticos. O significado real da liberdade de imprensa e a forma como ela é operada são passíveis de discussão. Também pode e deve ser questionada a real liberdade de imprensa no Brasil. Para que haja, de fato, uma imprensa livre, faz-se necessário um compromisso dos atores participantes da administração pública, visando ao cumprimento da lei e a um distanciamento voluntário dos meios de comunicação, no que tange à sua linha editorial. Há, para que se garanta a liberdade de imprensa, limites a serem estabelecidos e cumpridos pelo poder público.

Este capítulo tem por objetivo discutir o significado da liberdade de imprensa no contexto brasileiro, seu papel no fortalecimento do Estado democrático e os limites, nesse setor, a serem respeitados pela administra-

---

* Jornalista e mestre em administração pública pela Escola Brasileira de Administração Pública e de Empresas da Fundação Getulio Vargas (Ebape/FGV).

** Professora titular da Ebape/FGV; chefe do Centro de Formação Acadêmica e Pesquisa da Ebape/FGV; diretora e editora da *Revista de Administração Pública* (*RAP*), editada pela FGV.

ção pública. Para promover essa discussão, optou-se por uma pesquisa documental, baseada em uma análise de livros, reportagens, artigos acadêmicos e entrevistas que envolvam a liberdade de imprensa, jornais e membros da administração pública.

Para iniciar esse debate, proceder-se-á a uma análise da relação entre o conceito de liberdade de imprensa e democracia. Essa investigação será feita com base em modernas teorias de comunicação, entre as quais a corrente conhecida como "jornalismo cívico", e de ciências políticas, como a defendida por Robert Dahl. Essa discussão passa, muitas vezes, por outra, acerca das funções da imprensa em um Estado democrático.

A seguir, será feito um breve histórico da liberdade de imprensa no Brasil até os dias atuais. Planeja-se interpretar esse conceito segundo a realidade nacional ao longo da história. Nem sempre a simples menção à liberdade de imprensa significou, de fato, uma imprensa livre.

Em um terceiro momento, o conceito de liberdade de imprensa será confrontado com o de liberdade de empresa – nesse caso, claro, as empresas jornalísticas. Trata-se de debate inicialmente travado por profissionais de imprensa e acadêmicos brasileiros críticos à confusão desses conceitos.

Por fim, pretende-se questionar a liberdade de imprensa no Brasil e as garantias dadas a ela pela administração pública, com base na discussão feita anteriormente.

Estado democrático e liberdade de imprensa

O surgimento e a consolidação do conceito de liberdade de imprensa estão intimamente ligados à derrocada das monarquias absolutistas na Europa, à difusão das idéias iluministas e à afirmação da democracia como sistema de governo viável e escolha natural de diversas nações. Na Inglaterra, ainda no século XVII, o poeta John Milton protestou contra uma determinação legal que dava à Coroa o direito de decidir sobre a publicação de livros. Na França influenciada pelo Iluminismo, mais de um século depois, a liberdade de expressão, tema já em voga à época, foi fartamente debatida. A inexistência de restrições à liberdade de expressão parecia, aos pensadores dessa corrente, um direito fundamental dos indivíduos.

A liberdade de expressão foi oficialmente reconhecida como necessária e garantida pelo Estado a partir da independência norte-americana, em 1776, e da Revolução Francesa, em 1789. Na Primeira Emenda à Constituição dos Estados Unidos da América, promulgada em 1788, a liberdade de imprensa ganhou lugar de destaque. O Congresso está proibido, desde então, de criar legislação que cerceie a liberdade de expressão ou de imprensa.

Note-se que a liberdade de imprensa depende de reconhecimento e fiscalização por parte do Estado. Por si só, meios de comunicação são incapazes de garantir essa liberdade, já que podem ser submetidos a mecanismos estatais de coerção. Assim, cabe ao Estado e, mais precisamente, aos atores ligados à administração pública não só estabelecer legislação que compreenda a liberdade de imprensa, como também anular a possibilidade de existência de mecanismos capazes de coagir e inviabilizar a prática jornalística.

Ainda que devam viabilizar a liberdade de imprensa, os participantes da administração pública são um alvo constante de periódicos e programas jornalísticos. Faz parte das funções da imprensa fiscalizar o funcionamento da máquina estatal e o comportamento de seus atores (Wheeler, 1997).

O conceito de independência está intimamente ligado ao de liberdade de imprensa, sendo um avanço deste. Apenas uma imprensa livre de censores oficiais é capaz de relatar a verdade sem interferências. A ausência de restrições, porém, não lhe é suficiente. Somente uma imprensa que não esteja ligada ao Estado, nem que tenha interesses nele ou em seus principais atores, é capaz de difundir fatos com a veracidade esperada. A independência, nesse caso, refere-se, como frisam Kovach e Rosenstiel (2003), ao afastamento da imprensa em relação a partidos políticos, anunciantes e negócios. Quando se referem a negócios, os autores criticam a tendência atual de transformar empresas jornalísticas em negócios como quaisquer outros, submetidas às mesmas regras de mercado, cobranças de resultados e legislação.

Não se trata, nesse caso, de pregar que periódicos e programas jornalísticos rechacem anunciantes, ignorem partidos políticos ou fujam de negócios. Trata-se, sim, de separar claramente publicidade de material jornalístico: este não pode ser submetido às idiossincrasias daquele, seja qual for sua natureza. Partidos políticos e empresas devem ser alvo de cobertura da imprensa, ao passo que anunciantes devem comprar espaço publicitário sem que interfiram no conteúdo jornalístico.

À luz das idéias apresentadas até agora, pode-se apontar que uma imprensa só é livre quando também é independente. Herman e Chomsky (2003) associam essas premissas à construção de um Estado democrático sólido.

Para que seja possível validar o postulado democrático, faz-se preciso conceber a mídia como canal fechado a interferências dos "poderosos". Presume-se, pois, um afastamento desta não só em relação a membros da administração pública, como também em relação a grupos econômicos fortes. Empresários da imprensa e jornalistas não poderiam, assim, ser influenciados pelos "poderosos" e, mais que isso, para a existência de uma independência ampla por parte da imprensa, não poderiam ocupar cargos públicos ou em grandes grupos privados.

A existência de uma imprensa livre e independente está associada à vigência da democracia. Estados autoritários, por sua natureza, tendem a estabelecer legislações restritivas e coercitivas, reduzindo o espaço para críticas públicas e punindo supostos excessos cometidos contra os limites por eles estabelecidos.

Ao discutir a democracia, Robert Dahl (2001) cunhou o termo *poliarquia*, na verdade um regime político com grande participação, valorização dos direitos e alternância de poder. Seria essa, por assim dizer, uma democracia com características diversas e eventualmente acentuadas. Das seis instituições políticas apontadas por Dahl como essenciais para uma *poliarquia* em grande escala – governos nacionais –, duas estão relacionadas à imprensa: *liberdade de expressão* e *fontes de informação diversificadas*. As outras são *funcionários eleitos, eleições livres, autonomia para as associações* e *cidadania inclusiva*.

Dahl reconhece na liberdade de expressão o acesso dos cidadãos ao governo, caminho pelo qual se lhes possibilita influenciar o planejamento estatal. O direito à expressão está ligado, segundo o autor, às noções de participação e de representação na vida política. A eficiência dessa instituição política é reforçada pela existência de uma opinião plural, capaz de promover maior reflexão acerca das temáticas nacionais e contribuir para o esclarecimento das soluções. A pluralidade pressupõe a existência de fontes de informação privadas, dissociadas da máquina estatal e impenetráveis, em sua essência, por ela.

A liberdade de imprensa nas constituições brasileiras

A tentativa de se garantir a liberdade de imprensa no Brasil data do século XIX. Segundo Rötzsch (2004), o movimento que pregou a instalação da República Pernambucana em 1817, posteriormente debelado, citava a liberdade de imprensa em sua Constituição, ainda que submetida ao respeito aos bons costumes e ao caráter dos indivíduos. Note-se que o estabelecimento de conceitos subjetivos como esses limita a liberdade de imprensa à interpretação de indivíduos específicos, enfraquecendo-a e, em última instância, invalidando-a. Ainda assim, tornar-se-ia comum na história nacional esse caráter restrito da liberdade de imprensa.

Durante a fase colonial, porém, a liberdade de imprensa não existia em território brasileiro. A impressão e a simples leitura de livros e jornais foram, em grande parte, proibidas. A ignorância total, ao raiar do século XVIII, era castigo destinado exclusivamente aos brasileiros: mexicanos conheceram a imprensa em 1539; peruanos, em 1583; habitantes das colônias inglesas, em 1650 (Sodré, 1994). Em 1792, eram duas as livrarias no Rio de Janeiro, mantidas com as vendas de poemas e calendários.

A abertura dos portos às nações amigas facilitou a entrada de livros e jornais no país. Um dos primeiros jornais feitos no Brasil, a *Gazeta do Rio de Janeiro*, era censurado por nobres ligados à Coroa. A publicação de jornais de oposição esbarrava em medidas coercitivas adotadas pelo governo: edições foram apreendidas, redações foram empasteladas e jornalistas, presos.

Declarada a independência brasileira, a imprensa conheceu grau de liberdade até então inimaginável. Durante a fase regencial, foi ainda maior o grau de autonomia da imprensa – segundo Sodré (1994), um dos maiores da história do país. A Constituição de 1824, em seu art. 179, chegou a prever a liberdade de comunicação de idéias, sem que houvesse qualquer censura por meio de palavras, cartas ou da imprensa. Abusos seriam tratados pelas leis em vigor.

"Abusos", segundo o entendimento da época, não eram raros, a julgar pelas atitudes das autoridades responsáveis pela fiscalização da imprensa. Medidas coercitivas fartamente usadas durante o período colonial continuaram sendo empregadas, principalmente contra jornais esporádicos e essencialmente críticos – os pasquins. Dessa forma, imperadores e regentes preveniam-se de críticas, reprimiam seus opositores e, na prática, minavam qualquer possibilidade de existência de uma imprensa realmente livre.

A primeira Constituição republicana do Brasil, promulgada em 1891, reafirma, em seu art. 72, a liberdade de pensamento manifestado pela imprensa, sendo cada um responsável por eventuais abusos. Não mudou, também, o comportamento do Poder Executivo em relação à imprensa. *A Tribuna,* do Rio de Janeiro, criticou e ofendeu duramente o presidente da República Deodoro da Fonseca. O governo reagiu com sua política característica para o setor: o empastelamento. Mudou, sim, nesse momento, a forma de a imprensa lidar com esse mesmo problema, tão presente em sua história. Dezessete periódicos do estado e até de outros países subscreveram uma nota em que se exigia a punição dos culpados pelo empastelamento d'*A Tribuna*. Ainda que não viesse a ter conseqüência prática, o movimento significou inédita tomada de posição conjunta da imprensa.

O art. 113 da Carta Magna de 1934 suprimiu qualquer referência à imprensa. Manteve uma tímida permissão à liberdade de pensamento, sem dependência de censura, mas ressalvados os abusos de praxe. Diversões públicas e espetáculos seriam alvo da censura. O documento legal previa, ainda, a publicação de livros e periódicos sem que estes dependessem de licença do Estado. Estabelecia, porém, a não-tolerância de propaganda de guerra ou subversiva, conceitos naturalmente passíveis de interpretações distintas.

A Constituição Federal de 1937, reflexo de um Estado com características mais autoritárias, derrubou garantias obtidas décadas antes. Ao Estado, ficava facultada a possibilidade de estabelecer censura prévia à imprensa e à radiodifusão. O documento estabelecia regras básicas a serem seguidas pela imprensa, entre as quais o julgamento, por um tribunal especial, de jornalistas acusados de crimes contra o Estado e contra a economia.

Os dois documentos demonstram a supressão, por parte do Estado, de garantias individuais conquistadas nas décadas anteriores, entre as quais a liberdade de expressão sem dependência de censura prévia. Admitia, assim, a repressão à difusão livre de idéias e estabelecia barreira consistente contra críticas da imprensa. Em 1939, consolidando a política adotada nos anos anteriores, o governo Vargas criou o Departamento de Imprensa e Propaganda (DIP), responsável por difundir o ideário oficial e vigiar os meios de comunicação. Maior alvo do Estado Novo e melhor exemplo da truculência do regime, o jornal *O Estado de S. Paulo* recebeu um interventor oficial durante cinco anos e meio e seu proprietário foi preso 17 vezes, antes de ser exilado em 1940. Não bastassem a censura e as punições impostas pelo DIP, era ele também o responsável pela distribuição da publicidade oficial, da qual provém parte da receita de periódicos e emissoras de rádio e televisão. Essa verba era usada como forma de pressionar empresas críticas ao governo, relegadas a segundo plano na distribuição da publicidade.

A Constituição Federal de 1946, a primeira da história brasileira feita durante o governo de um presidente eleito democraticamente, retomou, em seu art. 141, o texto constitucional de 1934 referente à liberdade de pensamento. Este não dependeria de censura prévia, salvo quando manifestado em espetáculos e diversões públicas. Jornais e revistas não dependeriam de autorização, mas eram novamente submetidos a conceitos dúbios, como propaganda de guerra e de subversão da ordem. Mesmo durante um período de vigência de princípios democráticos, as autoridades máximas da administração pública mostravam-se fechadas a críticas e posturas discordantes por parte da imprensa. Pressionavam-se os opositores e criavam-se mecanismos de punição, ainda que estes ferissem direitos naturais em contextos democráticos.

O regime militar criou um aparato legal amplo para fiscalizar a imprensa e a radiodifusão brasileiras. A Constituição Federal de 1967, em seu art. 150, manteve a liberdade de pensamento sob os mesmos moldes de suas antecessoras e previu a censura à imprensa em caso de decretação de estado de sítio. Mais enfáticas foram outras normas legais criadas no período.

A Lei nº 5.250, de 1967, conhecida como Lei de Imprensa, também estabeleceu parâmetros de coerção. Se, em seu art. 1º, afirmava que eram livres a manifestação do pensamento e a difusão de idéias, logo no *caput* do mesmo artigo foi estabelecida a proibição de propagandas de guerra e de processos de subversão da ordem. Instrumento autoritário destinado a regular o dia-a-dia de toda a sociedade civil, o Ato Institucional nº 5, de 13 de dezembro de 1968, determinava que jornalistas enquadrados em crimes previstos na Lei de Imprensa poderiam ter seus direitos políticos suspensos e cassados e, se presos, não teriam direito a *habeas corpus*.

Em setembro de 1969, entrou em vigor o Decreto-Lei nº 898, conhecido como Lei de Segurança Nacional. Em seu art. 1º, afirmava que todas as pessoas são responsáveis pela segurança nacional, estando todos, implicitamente, submetidos aos ditames previstos no documento. Os crimes e punições previstos na lei são regulados por 47 artigos. Jornalistas poderiam ser enquadrados principalmente nos crimes de veicular propagandas consideradas subversivas, divulgação de fato ou notícia falsa com o intuito de criar conflito entre autoridades e a sociedade civil, subversão da ordem, estímulo à guerra revolucionária ou subversiva, e ofensa à honra de autoridades. A liberdade de manifestação de pensamento tornava-se ainda mais frágil, com a possibilidade de ser encarada como propaganda subversiva ou tentativa de confrontar sociedade e governo. A possibilidade de aproximar, por meio legal, jornalistas no cumprimento de suas funções, críticos do regime e integrantes de grupos guerrilheiros era propositalmente perigosa. Se a imprensa podia ser associada à "subversão", era melhor que a população se mantivesse vigilante e confiasse apenas na versão oficial, apresentada pelos defensores da segurança nacional.

Documento-chave para a censura à imprensa durante o regime militar foi o Decreto-Lei nº 1.077. Smith (2000) defende que esse instrumento possibilitava a proibição moral de livros e de periódicos, mas não se referia à censura de informações. A censura prévia de jornais e revistas permaneceria, portanto, ilegal, segundo a autora. É aceitável o argumento de que o texto desse decreto-lei é amplo e impreciso. Em nenhum momento, ele utiliza a palavra "censura", a não ser quando se refere ao Conselho Superior de Censura, órgão que seria instalado apenas em 1979 e que contava com a participação de representantes da sociedade civil. No entanto, em 1970, já eram tantos os documentos legais que tolhiam a liberdade de imprensa e tantas as práticas coercitivas empregadas pelo regime militar, que a censura à imprensa se tornava mera conseqüência de um ambiente essencialmente autoritário.

A liberdade de imprensa é defendida com ênfase inédita pela Constituição Federal de 1988. Seu art. 5º, cláusula pétrea da Carta Magna, afirma que são livres a manifestação de pensamento e as expressões artísticas, culturais e de comunicação, sem dependência de censura. O art. 220 do mesmo documento é ainda mais incisivo, ao reafirmar a liberdade de imprensa e a proibição de qualquer tipo de censura artística, política ou ideológica.

O caráter democrático da Constituição Federal de 1988 contrasta com o autoritarismo da legislação que ainda rege a imprensa e a radiodifusão brasileiras. O Código Brasileiro de Telecomunicações, ainda vigente no que tange à radiodifusão, data de 1962, mas foi modificado pelo Decreto-Lei nº 236, de 1967. Desse mesmo ano é a Lei de Imprensa, também em vigor. É evidente que esses documentos apresentam determinações dissonantes ao espírito da Constituição Federal promulgada em 1988. Assim, além de ser desatualizado, o aparato legal criado durante o regime militar e apenas parcialmente revogado – casos da Lei de Segurança Nacional e do Decreto-Lei nº 1.077 – configura-se empecilho para a relação entre Estado e meios de comunicação em um contexto democrático e possibilita afrontas à liberdade de imprensa.

A simples configuração da liberdade de imprensa como garantia constitucional não significa o respeito a esse princípio. A organização não-governamental Repórteres Sem Fronteiras elaborou, em 2003, um *ranking* da liberdade de imprensa, no qual o Brasil ocupa a 71ª posição entre 166 países. A situação brasileira é pior que a vivida pela imprensa no Timor Leste (30º colocado), país marcado por duradoura guerra de independência; na Bósnia (37ª), marcada por grande conflito interno; em Israel (44ª), território alvo de constantes atentados; e na Bolívia (51ª), envolvida em problemas com o narcotráfico. Na América do Sul, o Brasil só ocupa posição melhor no *ranking* que a Venezuela (96ª) e a Colômbia (147ª). Atualmente, a organização vê "problemas reconhecidos" no Brasil, o terceiro de cinco graus disponíveis na avaliação.

As considerações feitas pela organização são reflexos de atentados constantes contra a liberdade de imprensa, que vão de pressões econômicas a assassinatos de jornalistas não esclarecidos pelo aparato policial, geralmente no interior do país. Os responsáveis pelos ataques, segundo a organização, são forças policiais, membros de grupos econômicos e políticos fortes. O desrespeito à liberdade de imprensa parte, não raro, de oligarquias regionais ligadas a políticos de pequenos e médios centros.

Nem sempre, porém, as ameaças à liberdade de imprensa vêm de atores externos a ela. Às vezes, são empreendidas dentro das próprias redações, por profissionais que se confundem com a administração pública.

Liberdade de *empresa* e limites para a imprensa

Quando se referem à liberdade de imprensa, os documentos legais brasileiros imaginam a atividade jornalística como uníssona e harmônica. Parecem presumir que, ao assegurar essa liberdade, a imprensa difundirá informações naturalmente de interesse público, sem que sobre as mesmas paire qualquer tipo de controle. Nessa ótica, a liberdade de imprensa garantiria que determinado material jornalístico apurado pelo repórter chegaria sem filtros ao público.

Esquece-se a legislação, porém, de que periódicos e emissoras são, antes de tudo, *empresas*. Quem aprova o material apurado pelo repórter e decide se ele será publicado são editores, editores-chefes e diretores de jornalismo. Em última instância, quando o conteúdo for considerado excessivamente polêmico, recorre-se aos executivos que comandam a empresa.

A liberdade de imprensa no Brasil corresponderia, na prática, assim, ao direito que ocupantes de cargos de chefia têm de publicar o que bem entenderem. A inexistência de censura prévia transferiria do Estado para diretores oriundos da sociedade civil a responsabilidade pelo conteúdo divulgado pela mídia.

José Arbex Júnior (2001) faz diferenciação semelhante entre liberdade de imprensa e de empresa. Para ele, discute-se, no Brasil, a liberdade de imprensa como a liberdade que os donos dos veículos de comunicação têm de publicar tudo o que quiserem. Note-se que essa interpretação do conceito não se restringe aos limites da máquina estatal, mas se expande para os próprios meios de comunicação, academia e intelectuais. Essa, porém, é a liberdade de empresa. Ele lembra que a liberdade de imprensa é mais ampla: trata-se de um princípio jornalístico e é pública, não podendo, assim como o seu exercício, pertencer a uma organização privada, ao contrário da liberdade de empresa.

Existem e são aplicadas em diversos países formas de preservação da liberdade de imprensa como princípio jornalístico e público. Defende-se, nesse caso, o direito que o público tem – e que, em tese, deveria ser garantido pelo Estado – de receber as informações tal como foram coletadas pelo repórter e, portanto, sem filtros posteriores. Uma dessas formas é o estabelecimento da "cláusula de consciência" na legislação que regula a imprensa. Em países onde vige essa cláusula – o que não ocorre no Brasil –, jornalistas podem recusar-se a seguir ordens se julgarem que estas podem comprometer sua dignidade e reputação. Em alguns países, vigora a determinação de que jornalistas não podem ser demitidos por causa de suas crenças. Ainda que essas duas medidas não garantam a difusão de informações tal como foram recebidas, restringem os filtros entre repórteres e público.

Outra forma de defesa da liberdade de imprensa seria o estabelecimento de regras mais rígidas para a posse de empresas difusoras de conteúdo jornalístico (Herman e Chomsky, 2003). As limitações no que tange à posse dessas empresas no Brasil são essencialmente flexíveis. O Decreto-Lei nº 236, de 1967, estabelece que cada entidade só pode ter 10 rádios locais, seis regionais, quatro nacionais e 10 emissoras de televisão, sendo, no máximo, cinco VHF e duas por estado. Por si só, esse limite já permite a formação de redes necessariamente vinculadas a grandes grupos econômicos. Ainda assim, esse critério oferece brechas: não raro os donos de uma emissora são parentes, correligionários e amigos dos donos de outra, o que dá margem à formação de cadeias ainda maiores. Como não há limitações para a posse de jornais e revistas, não é difícil apontar que, por falta de restrições estabelecidas pelo Estado, grandes grupos econômicos podem ter forte influência sobre todos os meios de comunicação existentes em uma dada região.

No que tange à atividade política dos donos de meios de comunicação, os marcos legais brasileiros são igualmente flexíveis. O Código Brasileiro de Telecomunicações, de 1962, afirma que as funções de diretor e gerente de emissoras de rádio e televisão não podem ser exercidas por quem goza de imunidade parlamentar, mas não faz qualquer restrição a essas pessoas serem donas ou acionistas de empresas desse setor. A Constituição Federal de 1988 impede que deputados e senadores eleitos exerçam cargos em empresas concessionárias de serviços públicos, como é o caso de emissoras de rádio e televisão. Não proíbe, porém, que parlamentares sejam acionistas e donos dessas emissoras.

A distribuição de concessões de emissoras de radiodifusão era, até 1988, prerrogativa única e exclusiva do Poder Executivo. A partir da promulgação da atual Constituição Federal, essa distribuição passou a ser revisada pelo Congresso Nacional. Note-se que, por vezes, os responsáveis por organizar a distribuição de concessões são os mesmos que as recebem.

Tradicionalmente oscila, em todo o período da Nova República, acima de 25% o número de parlamentares que têm ligações conhecidas com empresas de radiodifusão. Motter (1994) estimou-os em, pelo menos, 146 (26,12% do total) durante a vigência da Assembléia Nacional Constituinte. Dez anos depois, Pacheco (2004) listou 29 senadores (35,8% do total de membros do Senado Federal) que mantêm ligações com essas emissoras. Note-se que o número, em ambos os casos, pode ser bem maior, já que as estimativas foram feitas com base em investigações pessoais e, em alguns casos, não-conclusivas.

É impossível dizer que o Estado, no Brasil, garante a independência da imprensa em relação aos grandes grupos econômicos e políticos. Ocorre, na verdade, o inverso: dada a fragilidade da legislação, os meios de comunicação, excelente mecanismo para a batalha por votos, são distribuídos para políticos e grandes grupos econômicos. Não seria exagero afirmar que a liberdade de imprensa, tal qual a conhecemos, está associada – senão submetida – às diretrizes traçadas pelas empresas do setor, por sua vez de propriedade de membros da administração pública ou de pessoas a eles ligadas. Ainda assim, a liberdade de imprensa, em sua plenitude, é sempre evocada quando são debatidas matérias que possam afetar a prática jornalística e, principalmente, a estratégia das empresas desse setor.

Considerações finais

Garantia prevista no texto constitucional, a liberdade de imprensa encontra, na prática, dificuldades para ser implementada. Parte dessas dificuldades decorre da ausência de condições ideais no que tange aos pré-requisitos básicos para a existência de uma imprensa realmente livre.

O contexto democrático, sem o qual não há imprensa livre, tem bases pouco sólidas na história do Brasil. Dos 41 presidentes da República desde 1889, incluindo aí os interinos, apenas 16 (39%) foram eleitos diretamente pelo povo. O número seria ainda menor, se fossem desprezadas as eleições reconhecidas como fraudulentas à luz da historiografia oficial. Das sete constituições federais promulgadas na história do Brasil, apenas uma, a atual, afirma incondicionalmente as liberdades de expressão e de imprensa, sem submetê-las a idiossincrasias do poder e a órgãos de censura nas mais diversas esferas. É, pois, recente no país a crença de que democracias modernas dependem da existência de uma imprensa livre. Ainda que afirme a liberdade de imprensa como princípio constitucional, a Carta Magna de 1988 não estabelece mecanismos para regulá-la e protegê-la. A legislação que deveria ser responsável por isso é, como se viu, antiquada e excessivamente flexível. Esse princípio perde, assim, sua funcionalidade e torna-se, por vezes, ideal a ser buscado sem que jamais possa ser alcançado. É necessário lembrar que a liberdade de imprensa depende de garantias por parte do Estado, alvo maior da atividade jornalística, para que possa ser protegida.

Mais que histórico democrático, parece faltar, nesse setor, cultura democrática. A existência de limites apenas parciais para o cerceamento da atividade jornalística, seja dentro das redações, seja por parte de membros da administração pública, favorece relações dúbias e práticas de abuso. Ligada a esse aspecto, está a fragilidade de outro pré-requisito para uma imprensa livre: a independência.

Não bastassem laços afetivos e ideológicos possíveis entre jornalistas e membros dos grandes grupos financeiros e da administração pública, esses dois setores estão intimamente ligados à posse das empresas de mídia. Historicamente, imprensa e poder – notoriamente o poder público – se confundem no Brasil. Os exemplos são infindáveis e passam por relações conhecidas, como os cargos públicos ocupados pelo dono dos *Diários Associados*, Assis Chateaubriand, e pelo dono da *Tribuna da Imprensa*, Carlos Lacerda, bem como a proximidade das principais esferas da administração pública de que desfrutam os donos e diretores de empresas desse setor. Passam, também, por pequenos e médios municípios, onde periódicos e emissoras dependem de políticos para sobreviver.

A falta de independência da imprensa em relação à administração pública reflete-se em números. Tradicionalmente, mais de 25% dos membros do Congresso Nacional têm reconhecido interesse em emissoras de rádio e televisão. A legislação, ainda que restrinja a possibilidade de participação desses políticos nas empresas de radiodifusão, não a impede por completo. Nos casos em que há limites para a posse dessas empresas, formam-se grupos em que, não raro, figuram parentes e correligionários próximos de membros da administração pública. O setor de mídia impressa ainda é menos regulamentado. O Estado não só não pode exigir licença dessas publicações ou proibi-las, como também não existem limites e restrições para a posse dessas empresas por membros da administração pública. Note-se que, além de os limites nesse setor serem flexíveis, são pouco claras as relações entre imprensa e grupos que por ela deveriam ser investigados, prejudicando a compreensão do conteúdo jornalístico por parte do público.

Não se pode negar, porém, que as garantias à liberdade de imprensa evoluíram na última década no Brasil, em grande parte graças à ação do Estado. A liberdade de imprensa tornou-se princípio constitucional, o que demonstra uma mudança de percepção por parte de membros da administração pública em relação às características de uma sociedade democrática. Foi abolida a censura prévia de material jornalístico por órgãos ligados ao Estado, bem como desapareceram a apreensão de edições e a repressão física. Em caso de supostos abusos cometidos pela imprensa, recorre-se à Justiça. Cabe a ela, e não mais ao Poder Executivo, decidir não só as punições cabíveis, como também impor os mecanismos de resposta. Percorrem-se, nesse caso, os trâmites e instâncias comuns, garantidos, aí, o amplo direito de defesa e a possibilidade de recursos.

Referências bibliográficas

ARBEX JÚNIOR, José. *Showrnalismo*: a notícia como espetáculo. São Paulo: Casa Amarela, 2001.

BITELLI, Marcos Alberto Sant'anna (Org.). *Coletânea de legislação de comunicação social.* São Paulo: Revista dos Tribunais, 2001.

BRASIL. Ministério das Comunicações. *Relatório dos sócios das emissoras de rádio e televisão*. 2003. Disponível em: <www.fndc.org.br/DataACIONISTAS. pdf>. Acesso em: 20 out. 2004.

BRENER, Jayme; COSTA, Sylvio. Coronelismo eletrônico: o governo Fernando Henrique e o novo capítulo de uma velha história. *Comunicação & Política*, Brasília, v. 4, n. 2, p. 29-53, 1997.

CAMPANHOLE, Adriano; CAMPANHOLE, Hilton Lobo. *Constituições do Brasil*. São Paulo: Atlas, 1989.

CARTA, Mino. Caubóis da liberdade de imprensa. *Carta Capital*, São Paulo, p. 18, 18 ago. 2004.

DAHL, Robert. *Sobre a democracia*. Brasília: UnB, 2001.

FENAJ. *Patrões, parlamento e governo se unem para enterrar projeto do CFJ*. 20 dez. 2004. Disponível em: <www.fenaj.org.br/materia.php?id=351>. Acesso em: 23 dez. 2004.

HERMAN, Edward S.; CHOMSKY, Noam. *A manipulação do público*: política e poder econômico no uso da mídia. São Paulo: Futura, 2003.

KOVACH, Bill; ROSENSTIEL, Tom. *Os elementos do jornalismo*: o que os jornalistas devem saber e o público exigir. Tradução de Wladir Dupont. São Paulo: Geração Editorial, 2003.

KUCINSKI, Bernardo. *A síndrome da antena parabólica*. São Paulo: Perseu Abramo, 2000.

MOTTER, Paulino. O uso político das concessões das emissoras de rádio e televisão no governo Sarney. *Comunicação & Política*, Brasília, v. 1, n. 1, p. 89-116, 1994.

PACHECO, Paula. Pires para a mídia. *Carta Capital*, São Paulo, p. 30, 14 abr. 2004.

REPÓRTERES SEM FRONTEIRAS. *Ranking da liberdade de imprensa*. 2003. Disponível em: <www.rsf.org/article.php3?id_article=8249&var_recherche= ranking>. Acesso em: 14. fev. 2005.

RÖTZSCH, Rodrigo Gustavo. *O Conselho Federal de Jornalismo e a liberdade de imprensa no Brasil atual.* Monografia de conclusão de curso. Rio de Janeiro: Escola de Comunicação/UFRJ, 2004. ms.

SMITH, Anne-Marie. *Um acordo forçado.* Rio de Janeiro: FGV, 2000.

SODRÉ, Nélson Werneck. *História da imprensa no Brasil.* São Paulo: Mauad, 1994.

WHEELER, Mark. *Politics and the mass media.* Oxford: Blackwell, 1997.

O futuro dos serviços públicos no Brasil: em busca de inspiração para repensar a educação em administração pública

*Armando Cunha**

Introdução

Conforme já prognosticava McHale no início dos anos 1970, bem como vários outros autores, o último terço do século XX caracterizou-se como uma era de crítica transformação, revolução e descontinuidade. Em sua opinião, um dos aspectos básicos inerentes à mudança seria o descompasso na compreensão cognitiva dos processos sociais através dos quais a sociedade deve lidar mais efetivamente com as mudanças. Segundo o autor, a compreensão e o domínio conceitual sobre a velocidade e a magnitude das mudanças em andamento e potenciais, e suas possíveis conseqüências, seriam um dos imperativos para a sobrevivência (McHale, 1972:1).

Parece que o magnetismo do ano 2000 (Bell, 1967:640) constituiu-se, nesses últimos 30 anos, em elemento catalisador para estimular o pensamento prospectivo.

Nesse período, numerosos encontros internacionais voltados para o debate sobre a gestão pública reconheceram uma crescente percepção de que o governo vem se tornando mais ineficiente, agigantando-se, consu-

---

* Professor da Ebape/FGV; primeiro presidente da Associação Nacional de Programas de Pós-Graduação em Administração (Anpad); membro da Academia Brasileira de Ciência da Administração e do comitê editorial do International Public Management Journal.

mindo mais recursos proporcionalmente aos serviços efetivamente prestados à sociedade, deixando de atender expectativas quanto ao que seria socialmente desejável. Por outro lado, tem sido igualmente reconhecido que a sociedade depende, em qualquer lugar, da provisão dos serviços públicos para a sustentação do processo civilizatório.

Considerando-se os desafios que se foram clarificando ao longo do período referido, entende-se que os anos à frente, neste início do novo século, irão demandar extrema vitalidade do serviço público para que a distribuição dos frutos do progresso se dê sob um adequado balanceamento de poder na sociedade, como ressaltou Herbert Simon na LVIII Conferência Nacional da American Society for Public Administration (Aspa), em 1997 (Simon, 1998).

Simon, autor de *Administrative behavior* (1947), uma das obras de maior influência sobre administração pública já escritas, sugere que o caminho mais promissor é reorientar as organizações governamentais para o alcance de resultados socialmente relevantes, é garantir talentos em todas as esferas de gestão, é conseguir que o grau de compromisso, senso de responsabilidade e identificação institucional, que se pode observar em muitos servidores públicos na atualidade, sejam ampliados em larga escala.

Focalizando-se especificamente o contexto brasileiro, entende-se que a consolidação das marcantes mudanças políticas, econômicas e sociais, em evolução desde os anos 1980, impõe desafios adicionais à gestão pública no país.

Para aqueles que se ocupam e se preocupam com a educação em administração pública, importantes questões estratégicas se apresentam para especulação, como as sugeridas por Metcalfe (1993:121): qual será o sentido das transformações na sociedade? Que respostas governamentais serão necessárias? Que novas capacidades serão requeridas para uma gestão pública de qualidade? Que papel deverá ser exercido pelas atividades de formação, treinamento e ações correlatas, para garantir que as novas capacidades estarão disponíveis quando necessárias?

Quais têm sido algumas das questões críticas enfrentadas, e os caminhos trilhados pela educação em administração pública nos últimos 30 anos?

Quando se considera, por exemplo, a experiência norte-americana, contexto no qual se desenvolveu originalmente a educação em administração, influenciando a Europa e outras partes do mundo, inclusive a América Latina, um artigo assinado por Caldwell em 1965 bem ilustra o debate à época. Analisando a evolução do estudo da administração pública no contexto das universidades norte-americanas, o autor ressalta que a característica de qualquer arte, ciência ou profissão bem consolidada é o contínuo relacionamento entre a educação avançada e o mundo da prática.

Caldwell argumenta que os conceitos, valores, padrões e técnicas das artes, ciências e profissões têm raízes na educação preparatória e contínua. Segundo ele, a vitalidade nesses campos depende de um fluxo recíproco de alimentação intelectual entre professor e praticante, entre teoria e prática, entre os centros educacionais e os indivíduos e organizações envolvidos com a aplicação dos conhecimentos (Caldwell, 1965:52).

As referências a essas experiências centradas numa perspectiva mais integrada sobre a formação avançada no campo da administração pública têm como estímulo básico a reflexão quanto ao teor da educação em administração pública, ou dito em outras palavras, que respostas a educação em administração pública deve dar aos desafios atuais e futuros da gestão pública no país.

Assim, direcionando o foco para os desafios prospectivos no contexto brasileiro, à luz das transformações que ora se observam num cenário mais globalizado, busca-se inspiração para reorientar o escopo e métodos da educação em administração pública, numa perspectiva que esteja em consonância com as novas realidades para a gestão pública nesses anos iniciais do século XXI. A seguir, objetiva-se estabelecer conexões relevantes entre elementos da conjuntura da governança e os movimentos de reforma que se intensificaram desde os anos 1980.

Um episódio exemplar

Um recente episódio da atualidade política brasileira oferece especial oportunidade para se ilustrar o problema: uma crise devastadora no Senado Federal, envolvendo funcionários públicos e parlamentares, que se contradizem, mobilizando uma atenta opinião pública nesses novos tempos que experimenta a sociedade brasileira.

Em 2000, o Senado Federal registrou em seus anais um dos episódios mais importantes de sua história de mais de 175 anos: pela primeira vez, foi cassado o mandato de um senador da República. Durante o mês de abril de 2001, dois outros senadores, o presidente da Casa e o líder do governo no Senado, à época, envolveram-se num escândalo de grande repercussão, o qual poderia levar, igualmente, à cassação dos seus mandatos. A acusação contra os dois foi a de que patrocinaram a violação do painel eletrônico do Senado, quebrando o sigilo da votação da cassação do senador no ano anterior, com o propósito de conhecer como votou cada senador naquela ocasião. O desenvolvimento do episódio pode ser sintetizado pela transcrição dos trechos extraídos da revista *Veja* (2 maio 2001):

> 5 mar. – Convocada para depor na comissão de inquérito que investigava a violação do painel eletrônico, a ex-diretora de informática do Senado, Regina Borges, nega que tenha quebrado o sigilo da votação da sessão que cassou Luiz Estevão, e garante que não recebera de ninguém nenhuma "ordem, instrução, anuência ou incentivo" para extrair uma lista de votação do painel.
> 16 e 19 abr. – Na segunda-feira, dia 16 de abril, Regina volta a depor para a comissão de inquérito. Pressionada pela confissão de um subordinado, revela a violação do painel. Na quinta, dia 19 de abril, depõe aos senadores no Conselho de Ética, repete tudo: Arruda lhe pediu a lista em nome de ACM. Seu depoimento conquista a maioria dos senadores.
> 17 abr. – No plenário do Senado, Antônio Carlos (ACM) afirma aos colegas: "não recebi lista nenhuma nem me foi entregue por ninguém lista alguma".
> 18 abr. – O senador Arruda, ainda líder do Governo no Senado, sobe à tribuna e, com fúria de um vulcão explodindo, diz que jamais leu ou viu a lista de votação da cassação de Estevão.
> 23 abr. – O mesmíssimo senador, já ex-líder do Governo, sobe à mesma tribuna e, lágrimas nos olhos, confessa que leu e viu a lista de votação da cassação.
> 26 abr. – Em depoimento ao Conselho de Ética do Senado, ACM admite que recebeu a lista em seu gabinete, leu-a voto por voto e depois a destruiu.

Esse episódio e seus desdobramentos tiveram grande impacto sob vários pontos de vista, não só pela importância de seus protagonistas, mas também em face das próprias transformações em curso na sociedade brasileira.

Sem qualquer pretensão de focalizar o caso sob as diferentes questões que suscita, a sua menção aqui ilustra dois componentes centrais a serem considerados em face dos propósitos deste ensaio: a análise atual e prospectiva sobre a educação em administração pública deve ser referenciada à questão da governança; e, segundo, as novas realidades sob as quais se dá a gestão pública no país ressaltam o desafio em se alcançar maior vitalidade das instituições que constituem o Estado. De qualquer forma, episódios como esse não podem passar despercebidos quando se buscam novas inspirações para repensar o escopo e métodos para a educação em administração pública.

Ao escrever o prólogo do instigante trabalho de Dror (1999), o presidente do Clube de Roma,[1] Ricardo Diez-Hochleitner, ressalta que o problema da governança foi preocupação básica entre as que levaram à criação daquela instituição:

> Chamou a atenção dos fundadores do Clube o fato de os governos mostrarem-se incapazes de adotar perspectivas de longo prazo, e deixarem-se absorver exclusivamente por questões do dia-a-dia e por dificuldades políticas circunstanciais. Essa falta de visão e a impotência dos governos e de instituições internacionais em face dos problemas extremamente sérios que afligem o mundo moderno (o desemprego, o subdesenvolvimento, a proteção do meio-ambiente, os conflitos sangrentos que assolam a África e outros pontos do planeta, a aids etc.) levantaram questões fundamentais sobre a estrutura e os métodos da governança, assim como sobre a competência dos políticos.
>
> (Dror, 1999:15)

---

[1] O Clube de Roma foi criado em 1968 com 100 membros, de diferentes ideologias e profissões. A instituição apresenta-se como uma organização global independente, dedicada à discussão de problemas em escala global, considerados cruciais para o futuro da humanidade, numa perspectiva de médio e de longos prazos.

Ao prefaciar a referida obra, Bresser-Pereira ressalta que é preciso se ter nítida a distinção entre o Estado e o governo. Ao governo incumbe a formulação e implementação das políticas públicas e as decisões sobre o Estado que se quer, o qual "facilitará o trabalho dos governos" (Dror, 1999:9).

O episódio mencionado sobre a conjuntura brasileira reflete, à luz das percepções de Dror sobre a capacidade de governar, um tipo do que se denomina "beco sem saída", que ilustra a necessidade de se redesenhar a governança.

No depoimento do ex-presidente do Senado à Comissão de Ética da instituição, a "razão de Estado" foi apresentada como justificativa para que a verdade dos fatos não tenha sido dita no seu depoimento em 17 de abril, no plenário do Senado. Dror (1999:176), que ressalta a questão ética como elemento essencial para a governança, propõe exatamente substituir a *raison d'État* pela *raison d'humanité*. Em suas palavras:

> A principal e mais importante mudança exigida na governança é torná-la mais moral, acima de tudo para atender constantemente a concepções mais elevadas da *raison d'humanité*! Essa é uma parte integrante da necessária evolução da humanidade.
> A menos que todos os níveis de governança adotem cada vez mais a *raison d'humanité* como critério de decisão e meta principal, haverá dissonância crescente entre as exigências humanas de prosperar, enquanto os perigos aumentam e as oportunidades são perdidas.

O autor ressalta que a *raison d'humanité* é direcionada mais para as conseqüências do que para as intenções.

Os desafios da governança

Muitos trabalhos relatam os movimentos de reformas no setor público a partir dos anos 1980, em vários países. Interessante notar-se a semelhança entre essas reformas, não obstante os distintos contextos nos quais são experimentadas. Sobre isso, manifesta-se Kaboolian (1998):

> O surgimento, nos anos recentes, de reformas similares no setor público em países com sistemas políticos e econômicos tão distintos como os Estados Unidos, Coréia, Reino Unido, Portugal, França, Brasil, Austrália, Suécia, Nova Zelândia e Canadá é, naturalmente, um tópico para pesquisa acadêmica e discussão. Se as inovações representam uma "mudança paradigmática" em linha com o pensamento de Thomas Kuhn (1962), ainda é uma questão empírica não respondida. Que os elementos característicos das inovações parecem baseados num conjunto de princípios partilhados parece mais evidente (Nagel, 1997).

Uma ilustração desses movimentos reformadores da gestão pública encontra-se no trabalho de Catalá (1992), ao explorar as experiências de modernização administrativa nos países da OCDE, desde os anos 1980. Segundo o autor, a resposta desses países para lidar com a crise econômica, com a crise do Estado do bem-estar e com a "emergência de novos valores legitimadores del sector público" pode ser compreendida através das tendências ao estabelecimento de controles mais estritos dos custos dos serviços públicos, da desregulamentação, da privatização e da busca da eficiência. Quanto a esta última tendência, ressalta a revalorização da gestão bem como as tentativas de se introduzirem elementos de mercado na organização e gestão dos serviços públicos (Catalá, 1992:62).

Tais tendências exemplificam a natureza de um movimento – importador de várias técnicas de gestão para o setor público, mas não só – conhecido pela expressão "nova gestão pública" (NGP, *new public management*), surgida na literatura sobre administração pública no início da década de 1990.

O que se denomina NGP parece ser, em síntese, uma resposta, pretensamente inovadora, para se garantir competência adequada para a implementação das invenções (Metcalfe, 1993) inerentes às novas capacidades de governar (Dror, 1999).

O que significa exatamente a expressão NGP? Barzelay (2001) responde que isso é matéria de controvérsia. Segundo esse autor, originalmente considerava-se a NGP um corpo doutrinário que desacreditava a capacidade da "administração pública progressiva" de fornecer respostas práticas para a ação de governo, e que se apresentava como uma nova filosofia administrativa. Uma variação dessa visão seria a de que a NGP é um conjunto de idéias sobre gestão pública, de grande mobilidade, que se espalhou rapidamente para outros países a partir de experiências originais, como a da Nova Zelândia.

Barzelay indica que uma visão contrastante seria a de que a NGP é uma válida estrutura de referência para se tomar decisões sobre como estruturar e gerir os serviços públicos. Nessa perspectiva, estaria fundamentada em idéias teóricas sobre organização e gestão cujas linhas principais de sustentação estariam estabelecidas nos campos da economia e da ciência política.

O autor cita ainda uma terceira visão, a qual considera a NGP um estilo empírico de se organizar os serviços públicos, exemplificado pela construção de *quasi-markets* nos setores da educação e da saúde, abrangendo também mudanças nos sistemas governamentais mais amplos de gestão orçamentária e financeira, de gestão de pessoal, de organização e métodos, de aquisição de bens e serviços e de auditoria.

As questões suscitadas pela NGP requerem, pois, especial atenção da educação em administração pública. A importância do tema para a formação de gestores públicos é reforçada, seja considerando a NGP uma tendência na gestão pública contemporânea observável em distintos contextos políticos, econômicos e sociais (Kaboolian,1998), tal como consagrado nos artigos de Aucoin (1990) e Hood (1991), citados por Barzelay, ou um campo no qual é crítica a necessidade de se fazer progresso à luz das especificidades dos distintos contextos considerados.

As implicações de não se levar em conta o contexto específico no qual se aplicam conceitos e idéias associadas com a NGP podem ser compreendidas, novamente, na análise de Kaboolian. A autora ressalta que, para a lógica da NGP funcionar – o uso das forças de mercado e a satisfação de preferências –, duas condições devem existir: competição, e disponibilidade de informações sobre escolhas por parte dos destinatários dos serviços públicos.

Autores citados por Kaboolian, como Kelly (1995) e Behn (1991), argumentam que tais condições não são razoavelmente atendidas na realidade de setor público. Behn, por exemplo, refere-se à ausência da segunda condição como "civic failure" ("falha cívica") ou "the failure of civic engagement" ("a falha de engajamento cívico"), e propõe: "Os gestores públicos podem ajudar a corrigir essa falha cívica em nosso sistema de governança. Mas, para isso, eles precisam liderar. Eles precisam educar. Eles precisam clarificar..." (Behn, 1998).

Novas agendas para a educação em administração pública

Que respostas a educação em administração pública deve dar aos desafios da governança?

Kettl, em recente e importante artigo que analisa o contexto norte-americano, chama a atenção para uma transformação (pouco noticiada) no teor da ação governamental, na qual se identificam novos processos e instituições (divisões de responsabilidades entre os diferentes níveis de governo, entre o governo e a iniciativa privada, e entre governo e organizações não-governamentais). Ressalta que duas tendências, a globalização e o que denomina *devolution* (a tarefa do governo é levada adiante através de uma extensa rede de contratos e outros acordos legais formais e, às vezes, informais), definem a agenda da governança neste início do século XXI (Kettl, 2000).

Ao estabelecer a relação entre tal agenda e a educação em administração pública, ele indica que o descompasso entre essa nova realidade da governança e o que é oferecido nas escolas está produzindo sérias perdas ao que Dror denomina "capacidade de governar". Segundo Kettl, a maioria dos programas de formação na área de administração pública nos Estados Unidos ainda não se ajustou adequadamente em face dos desafios atualmente enfrentados pela gestão pública no país. Nessa perspectiva, os futuros gestores públicos, que deverão garantir o interesse público através de ações desenvolvidas dentro e fora do setor público, não receberão a formação de que necessitam na atualidade. Ressalta, ainda, que cada vez mais os objetivos dos programas governamentais serão alcançados através de ações implementadas por organizações não-governamentais. Em síntese, afirma que "a formação na área da administração pública necessita alargar suas perspectivas em relação aos instrumentos emergentes de gestão pública, e em relação ao ambiente cambiante no qual os gestores públicos os utilizam" (Kettl, 2000:495).

Trazendo a questão para o contexto brasileiro, sua importância cresce acentuadamente. Primeiro, pelas diferenças no grau de consolidação da democracia numa análise comparativa com os Estados Unidos e, segundo, o país apresenta um alto grau de diversidade, com diferentes contextos políticos, econômicos, sociais e culturais, tornando o desafio muito maior para a educação em administração pública.

Trazer a questão para o contexto brasileiro é, também, enfrentar duas "verdades deprimentes" de que fala Castor (2000:1):

> milhões de pessoas vivem na miséria, em um país que a natureza premiou com recursos naturais abundantes e poupou de furacões, vulcões, terremotos e outros desastres; e chegamos ao final do século XX, às voltas com níveis vergonhosos de concentração de renda e desigualdade social, enquanto o mundo desenvolvido ingressa na Terceira Revolução Industrial, na Era do Conhecimento, em que a satisfação universal das necessidades humanas básicas será coisa do passado dentro de poucas décadas.

Impõe-se reconhecer que os indicadores sociais brasileiros, na atualidade, exceto pelo grau de concentração da renda, talvez nunca tenham sido tão bons... em relação ao próprio país, o que não é razão para muita euforia.

Há que se considerar, igualmente, uma situação caracterizada pela transição (política, social, demográfica, econômica etc.), com agendas socioeconômicas complexas, marcadas pela constante tensão entre o combate à pobreza, a busca do bem-estar social, o crescimento econômico, a geração de empregos e a preocupação ambiental.

É preciso reconhecer, também, que a democracia é muito mais do que o direito (ou obrigação?) de votar e, ainda, que o papel do Estado não é o de dominar.

Como derivar disso tudo, e do que mais couber, agendas relevantes para repensar a educação em administração pública no país?

Referências bibliográficas

BARZELAY, M. *The new public management*: improving research and policy dialogue. Los Angeles: University of California Press, 2001. Preface.

BEHN, Robert D. What right do public managers have to lead? *Public Administration Review*, v. 58, n. 3, p. 209-223, 1998.

BELL, Daniel. The year 2000: trajectory of an idea. *Daedalus*, Summer 1967. Toward the year 2000: work in progress.

CALDWELL, Lynton K. Public administration and the universities: a half-century of development. *Public Administration Review*, p. 52, Mar. 1965.

CASTOR, Belmiro V. J. *O Brasil não é para amadores*: Estado, governo e burocracia na terra do jeitinho. Curitiba: IBQP-PR, 2000.

CATALÁ, J. Prats i. La modernización administrativa en las democracias avanzadas: las políticas de los 80: contenidos, marcos conceptuales y estrategias: modernización de la administración pública: dilemas y desafíos. *Selección de Documentos Clave-Dic.*, v. 9, n. 2, p. 55-107, 1992.

DROR, Y. *A capacidade para governar*: informe ao Clube de Roma. São Paulo: Edições Fundap, 1999.

A ILHA da fantasia. *Veja*, São Paulo, v. 34, n. 17, p. 42-47, 2 maio 2001.

KABOOLIAN, L. The new public management: challenging the boundaries of the management vs. administration debate. *Public Administration Review*, v. 58, n. 3, p. 189-193, 1998.

KETTL, Donald, F. The transformation of governance: globalization, devolution, and the role of government. *Public Administration Review*, v. 60, n. 6, p. 488-497, 2000.

McHALE, J. *World facts and trends*. New York: Collier, 1972.

METCALFE, J. L. Desarrollo de la gestión pública: el reto del cambio. *Modernización administrativa y formación*. Madrid: Ministério para las Reformas Públicas/Seminario Internacional Inap, 1993.

SIMON, Herbert A. Why public administration? *Public Administration Review*, v. 58, n. 1, 1998.

Esta obra foi Impressa pelo
Armazém das Letras Gráfica e Editora Ltda.
Rua Prefeito Olímpio de Melo, 1599 – CEP 20930-001
Rio de Janeiro – RJ – Tel. / Fax .: (21) 3860-1903
e.mail:aletras@veloxmail.com.br